S0-GGX-792

BEITRÄGE ZUR HISTORISCHEN THEOLOGIE
HERAUSGEGEBEN VON GERHARD EBELING

56

Andreas Gerhard Hyperius

Leben - Bilder - Schriften

von

GERHARD KRAUSE

Mit 12 Abbildungen

1977

J. C. B. MOHR (PAUL SIEBECK) TÜBINGEN

CIP-Kurztitelaufnahme der Deutschen Bibliothek

Krause, Gerhard
Andreas Gerhard Hyperius: Leben, Bilder, Schriften.
– 1. Aufl. – Tübingen: Mohr, 1977.
 (Beiträge zur historischen Theologie; 56)
ISBN 3-16-140122-0

92
H999

7902178

Gedruckt mit Unterstützung der Deutschen Forschungsgemeinschaft

©
Gerhard Krause
J. C. B. Mohr (Paul Siebeck) Tübingen 1977
Alle Rechte vorbehalten
Ohne ausdrückliche Genehmigung des Verlags ist es auch nicht gestattet,
das Buch oder Teile daraus
auf photomechanischem Wege (Photokopie, Mikrokopie) zu vervielfältigen
Printed in Germany
Satz und Druck: Gulde-Druck, Tübingen
Einband: Heinrich Koch, Großbuchbinderei, Tübingen

VORWORT

Die hier vorgelegten Arbeiten entstanden auf dem Wege von meinem Bericht über „Andreas Hyperius in der Forschung seit 1900" (Theol. Rdsch. 34, Tübingen 1969) zu einer Edition seiner von mir gesammelten Briefe. Dabei galt es vor allem, die seit dem 16. Jahrhundert fast unverändert tradierte Biographie des aus Ypern stammenden und von 1541–64 in Marburg tätigen Theologieprofessors auf historisch zuverlässigen Grund zu stellen. Die Bibliographie konnte durch die Auskünfte zahlreicher Bibliotheken korrigiert und durch einige Entdeckungen, besonders für die langen Studien- und Wanderjahre (1528–41), ergänzt werden. Im Verlauf der erforderlichen Einzeluntersuchungen stieß ich auf eine erstaunliche Reihe von Gelehrtenporträts, die das Wissen über Hyperius in der europäischen Geisteswelt bis ins 18. Jahrhundert maßgeblich lebendig erhielt. Ihre Erforschung und Darstellung zähle ich zu den in der Gegenwart nicht gerade häufigen wissenschaftlichen Vergnügungen. Zahlreiche Erkenntnisse und Anregungen habe ich bei diesen Arbeitsgängen dankbar den neueren Forschungen belgischer, niederländischer, schweizerischer und deutscher Gelehrter über das 16. Jahrhundert entnommen. Der Leser wird das auf Schritt und Tritt spüren.

Bescheidung und Versuchung historischer und auch historisch-theologischer Studien, aus Mangel an Quellen manche Frage offen oder aber auf Vermutungen angewiesen lassen zu müssen, konnten auch bei Hyperius nicht ausbleiben. Aber der nicht so seltene, vereinfachende Brauch, seine Theologie nur aus seiner posthum und unvollendet edierten „Methodus Theologiae" (1567) zu erheben oder ihn als den im 19. Jahrhundert entdeckten „Vater der praktischen Theologie" nur nach einigen Standardzitaten aus seiner Homiletik (1553) und seiner Schrift über das rechte Theologiestudium (1556) zu zeichnen, könnte jetzt abgetan werden. Zwar konnte in diesem Bande eine gründliche Untersuchung der Denkweise und theologischen Lehre des Hyperius noch nicht geliefert werden, sondern nur das Material für die Einsicht in das Ausmaß ihrer Prägung durch die den Bildungsgang und die spätere Berufsstellung bestimmenden Personen und geschichtlichen Gegebenheiten. Die Entwicklung des jungen Flamen vom niederländischen Reformkatholizismus zum biblischen Humanismus erasmischer Prägung und zum Professor der Theologie an der jungen evangelischen Universität Hessens und später das Bemühen des „vielgereisten, auch mit der Politik vertrauten Gelehrten" (Christoph von Rommel), eine Synthese von Humanismus und Reformation bei den konkreten Aufgaben der hessischen Hochschule und Kirche zu bewähren, ist eng mit der Geistes- und Kulturgeschichte der Zeit verflochten, theologiegeschichtlich bedeutsam und nicht zuletzt im Menschlichen, selbst wenn es befremdet, reizvoll. Hyperius hat in den von politischen und theologischen Kämpfen erfüllten Jahrzehnten nach Luthers Tod, als die Vorboten der Orthodoxie auftraten, bei aller Freundschaft zu oberdeutschen und schweizerischen Reformatoren Erasmus über sie alle gestellt, den von Calvin verfluchten Castellio zitiert und empfohlen, für die Magdeburger Zenturien des Flacius ein Gutachten verfaßt und mit dem Reformkatholiken Cassander korrespondiert, bevor er für die von Lutheranern bedrängten reformierten Theologen – Zanchi in Straßburg und Hardenberg in Bremen – eintrat, und er hat mehrfach den Deutschen das Schicksal der verfolgten und emigrierten Evangelischen der westeuropäischen Länder vor Augen gestellt. Ob er damit nur auf der hessisch-landgräflichen „Mittelstraße zwischen Lutherischen und Zwinglischen" blieb oder nicht doch der heute wieder erwachten „dritten Kraft" zur Versöhnung der Konfessionen im Geiste des biblischen Humanismus folgte, – das ist die Frage, vor die jede Beschäftigung mit Hyperius stellt.

Mein Dank beim Abschluß dieser Arbeit gilt vor allem den Mitarbeitern der zahlreichen, auf S. 127 ff. aufgeführten Bibliotheken für ihre bereitwilligen und hilfreichen Auskünfte und den Leitern wie Kustoden der Kupferstichkabinette in Dresden, Paris, der Veste Coburg und im Kunsthistorischen Institut zu Marburg für ihre mündliche und schriftliche Beratung beim Suchen und Verifizieren der Porträtbilder. Auswärtige Recherchen hat mir mehrfach und erfolgreich meine Tochter Sigrid, jetzt Studienrätin in Haan, abgenommen. Eine Vorübersetzung der Gedenkrede Wigand Orths steuerte als studentische Hilfskraft Herr Eberhard Kenntner bei; das Register fertigte Herr stud. theol. Burkhard Schäfer. Ihnen und den an den Schreib- und Korrekturarbeiten beteiligten Mitarbeitern an der Hermeneutischen Abteilung im Evangelisch-Theologischen Seminar in Bonn sei hiermit auch öffentlich gedankt.

Ippendorf im Juni 1977   Gerhard Krause

INHALT

Vorwort III

Erster Teil: Biographie

I. Biographie und Theologie in Wigand Orth's Rede über Leben und Sterben des Doktor Andreas Hyperius 1

II. Oratio de vita ac obitu D. Andreae Hyperii a D. Wigando Orthio Theologo Marpurgensi D. XXVII Febr. MDLXIIII habita, lateinischer Text und deutsche Übersetzung 10

III. Historisch-theologische Erläuterungen und Ergänzungen zur Hyperius-Biographie in Wigand Orth's Rede 48

Zweiter Teil: Ikonographie

IV. Zum Gelehrtenporträt des 16. und 17. Jahrhunderts 91

V. Abbildungen und Beschreibung der Hyperius-Bilder 101
   1. Holzschnitt im „Thesaurus Picturarum", Darmstadt 1564 101
   2. Georg Harders Buchprägestempel, Marburg 1565 103
   3. Phantasieporträt in Pantaleons Heldenbuch, Basel 1570 104
   4. Holzschnitt-Kopie von Abb. 2, Genf 1580 105
   5. Holzschnitt aus Tobias Stimmers Werkstatt, Straßburg 1587 . . . 107
   6. Kupferstich von Th. de Bry und R. Boissard, Frankfurt 1598 . . 112
   7. Kupferstich von Hendrik Hondius, den Haag 1602 115
   8. Holzschnitt von Wilhelm Dilich, Hessen ca. 1615 117
   9. Kupferstich von Friedrich v. Hulsen, Frankfurt 1650 118
   10. Holzschnitt von Joh. Gottfr. Zeidler, Wittenberg 1686 121
   11. Kupferstich-Kopie von Abb. 7, Nürnberg 1698 122
   12. Kupferstich von Joh. Christ. Sysang, Leipzig 1743 123

Dritter Teil: Bibliographie

VI. Geschichte, Probleme und Anordnung der Hyperius-Bibliographie. Tabelle befragter Bibliotheken 125

VII. Chronologisches Verzeichnis der Werke von A. G. Hyperius, Ausgaben, Übersetzungen, Bibliotheksbestände, Literatur 130

VIII. Quellen- und Literaturverzeichnis 159
　　　1. Wichtige Hyperius-Biographien in chronologischer Folge 159
　　　2. Abkürzungen der Nachschlagewerke 161
　　　3. Sekundärliteratur 162
IX. Register der Orte und Personen 168

Erster Teil

BIOGRAPHIE

*I. Biographie und Theologie in Wigand Orths Rede
über Leben und Sterben des Doktor Andreas Hyperius*

Andreas Gheeraerdts aus Ypern, der sich schon 1530 als zwanzigjähriger Student in Paris nach seiner Vaterstadt mit dem Humanistennamen „Hyperius" nannte, fand in den seither verflossenen Jahrhunderten zahlreiche niederländische und deutsche Biographen. Da aber jene zumeist katholisch, diese durchweg evangelisch waren, blieb die wissenschaftliche Zusammenarbeit bescheiden. Aus dieser breiten biographischen Tradition werden hier nur diejenigen Texte herangezogen, die durch Fortschritte oder Irrtümer der historischen Erkenntnis Bedeutung erlangten. Alle diese Biographien gehen auf die „oratio de vita ac obitu D. Andreae Hyperii" zurück, die der Hyperius-Schüler und Professor Wigand Orth am 27. Februar 1564 in der Marburger Universität hielt und bald danach drucken ließ. Obwohl sie die Zusammenhänge von Biographie und Theologie nur im moralischen Felde thematisiert, im theologisch-konfessionellen aber verschleiert, bildet Orths akademische Gedenkrede auch heute noch die wichtigste Quelle der Hyperius-Biographie und wird daher in ihrem lateinischen Wortlaut und in parallel gedruckter deutscher Übersetzung wiedergegeben (II.). Aber die Rede Orths ist nicht die einzige, erst recht nicht eine absolut glaubwürdige und unüberbietbare Quelle, wie das noch K. F. Müller in seinem panegyrischen Hyperiusbuch von 1895 meinte (S. 29). Die älteren Biographien haben von den Primärquellen die Werke des Hyperius nur auswahlweise verglichen, die Archive so gut wie gar nicht nach den „Urkundlichen Quellen zur hessischen Reformationsgeschichte" befragt (hg. von Günther Franz 1951–55) und die jetzt gesammelten und zur Edition vorbereiteten Briefe von Hyperius nicht gekannt, ausgenommen Christoph von Rommel, der 1835 drei Briefe nachweist und einen vierten zitiert (S. 472). Was diese Quellen und die Sekundärliteratur zur Erläuterung oder Ergänzung der Rede Orths beitragen, ist weitläufiger als es Anmerkungen vertragen und wird daher zu bezifferten Stichwörtern der Übersetzung der Gedenkrede in einem gesonderten Abschnitt dargestellt (III.). Vom Ende des 16. bis in die Mitte des 18. Jahrhunderts wird die Hyperiusbiographie überliefert als Textbeigabe in den Sammlungen der sogenannten „Gelehrtenporträts". Ihnen gebührt allein schon wegen der Bemühung um bildhafte Darstellung und deren Tradierung eine besondere Behandlung (2. Teil). Auch die im 3. Teil erarbeitete kritische Bibliographie trägt zur Biographie bei. Am Schluß findet man die zitierten Biographien chronologisch verzeichnet, die wichtigste Sekundärliteratur alphabetisch, dazu die Abkürzungen und ein Register der Orte und Namen.

Wigand Orths Rede befaßt sich nur im ersten Drittel mit der Biographie. Aufs Ganze gesehen ist sie eine im genus demonstrativum gehaltene akademische Trauer- und Gedenkrede, war als solche dem Lob verpflichtet und bediente sich zu diesem Ziel der in ihren drei Abschnitten sich steigernden rhetorischen Mittel: über den Bildungsgang des Hyperius belehrt sie, von seinen Fähigkeiten und seinem Charakter entwirft sie ein religiöse und ethische Ansprüche höchst befriedigendes Bild, seine überzeitliche Bedeutung für Wissenschaft und Kirche wird endlich in zunehmend überschwenglichem Stil akzentuiert zu Appellen, ihm nachzueifern. Vermutlich verdankte Orth seine rhetorische Kunst dem von Hyperius selbst erhaltenen Unterricht. Mit dieser Redeform verband sich gut die schon zur Stoffsammlung der antiken Biographie zählende Regel, die vita durch dogmata und apophthegmata der zu lobenden Person zu pointieren und dann den gesamten Redestoff unter ein Thema zu bringen, das der Absicht diente, die Würdigung des Verstorbenen seitens des Redners zu einem in entsprechendem Verhalten der Zuhörer sich bewährenden ehrenden Andenken werden zu lassen.

Der rhetorischen Tendenz ist das Biographische wesentlich ein Mittel zum Zweck – das wurde vielfach übersehen –, freilich ein Mittel, das kontrollierbar ist an der Wirklichkeit oder durch das Wissen der Zuhörer, die zum Teil vieljährige Kollegen des Verstorbenen waren; das verpflichtete den Redner zur Wahrheit. Wenn das Lob des Redners beim Publikum die beabsichtigte Überzeugung von der bedeutsamen Vorbildlichkeit der gewürdigten Person nur in Übereinstimmung mit einem consensus omnium in historischer, menschlicher und moralischer Hinsicht erwecken konnte, mußte der rhetorisierten Vita ein hoher historischer Wert zukommen. Dementsprechend führt Wigand Orth im ersten Abschnitt seiner Rede eine Reihe bekannter Schul- und Studienorte, berühmter humanistischer Lehrer und so genauer Kalenderdaten an, daß man ein ihm bekanntes Itinerar oder Tagebuch des Hyperius vermuten möchte. Wo sich diese biographischen Details nachprüfen ließen, erwiesen sie sich als glaubwürdig, wo aber keine Überprüfbarkeit möglich war, behielten sie gegenüber anderslautenden Nachrichten späterer Biographien, zum Beispiel von einer Humanistenreise nach Spanien oder von einem Studium in Löwen oder gar in Straßburg (Erläuterungen: III, Nr. 15, 16, 18), die größere Wahrscheinlichkeit. Wenn sich Orth demgegenüber bei der Kombination der Vita Hyperii mit Ereignissen der politischen Geschichte gelegentlich um ein Jahr irrte (Erläuterungen: III, Nr. 8 u. 20), oder wenn er bei den wissenschaftlichen Schriften seines Lehrers ein längst gedrucktes Büchlein zu den noch unveröffentlichten Manuskripten zählt und von diesen eine Menge später posthum edierter Traktate gar nicht zu kennen scheint (Erläuterungen: III, Nr. 12, 26, 27), so sind das, verglichen mit der Vielzahl historisch wertvoller Einzelangaben, unbedeutende Kleinigkeiten. Freilich läßt Orth manche der heute interessierenden Fragen offen: Über die beiden flandrischen Patrone des siebzehnjährigen Studenten in Paris (Erläuterungen: III, Nr. 9) weiß man bis heute nur die von Orth mitgeteilten Namen. Weshalb wird von den 1537 bereisten fünf deutschen Universitäten, zumal von Wittenberg, keine Persönlichkeit genannt, mit der Hyperius Bekanntschaft schloß (Erläuterungen: III, Nr. 17)? Während die lange Zeit offene Frage nach der Fühlung, die Hyperius von Marburg aus mit seiner Familie in Ypern hielt, jedenfalls durch einen seiner Briefe positiv beantwortbar wurde (Erläuterungen: III, Nr. 7), bildet die bisher erfolglos gesuchte Korrespondenz mit Charles Mountjoy, seinem englischen Mäzen für vier Jahre, eine empfindliche Lücke. Mehr noch als die in Orths Vita offenbleibenden Fragen sind das Abbrechen der Biographie mit des Hyperius Anstellung in Marburg 1542 und ihr Fortfall im Blick auf die zweiundzwanzigjährige Berufstätigkeit in Hessen ein Beleg für die wesentlich funktionale Bedeutung biographischer Angaben in der Gedenkrede. Das von dieser Redekomposition verursachte Ungleichgewicht zwischen dem biographisch genau skizzierten Bildungsgang und dem Verzicht auf biographische Tatsachen aus den entscheidenden Jahren der Lehrtätigkeit des Hyperius hat alle späteren Biographien über Hyperius mit einem historischen Manko belastet, das sich erst jetzt durch die Erschließung der genannten Quellen einigermaßen ausgleichen läßt (Erläuterungen: III, Nr. 23).

Für Orth war jenes biographische Manko Absicht und Vorteil. Er konnte sein im bescheidenen Stil mit biographischen Informationen nur erst exponiertes Thema in den beiden folgenden Redeabschnitten durch Ansprache von Gefühl und Willen im mittelhohen und pathetischen Stil zum Ziele bringen. Dieses Thema hatte Orth im ersten, biographischen Teil seiner Rede zunächst indirekt eingeführt: mit der leitmotivischen Betonung der Ausbildung seines Lehrers während der drei Studienabschnitte in den „bonae litterae", mit der Nennung der als Freunde des niederländischen Humanistenkönigs bekannten Lehrer, mit der Erwähnung des Besuchs eines Collegium trilingue, dem Studium in Paris, den Reisen durch Frankreich und Italien und dem Aufenthalt in Löwen, – um dann bei der Aufnahme in England durch Charles Mountjoy den Namen „magnus ille Erasmus Roterodamus" zu nennen, aus dessen Heimat Hyperius stammte und in dessen Fußspuren er nun nach mancherlei Annäherungen förmlich getreten war. Auf die kürzeste Formel gebracht will Orth sagen, „daß Hyperius als Erasmianer nach England ging" (Frielinghaus 170). Das war keine Übertreibung. Wir wissen, daß sich Hyperius in England mit der Exegese der Bibel, speziell der Paulusbriefe befaßte und sich in der Praefatio seiner ersten Marburger Veröffentlichung – sie wird das vom hessischen Kanzler verlangte specimen eruditionis gewesen sein – als Nachahmer „magni illius paraphrastae D. Erasmi Roterodami" vorstellt (s. u. HypBibl. Nr. 4 u. 24). Vier Jahre später schon zitiert Conrad Gesner diese Stelle in seiner „Bibliotheca Universalis" als bemerkenswerte Charakteristik des Hyperius (Zürich 1545, p. 39 b). So gilt auch von Hyperius' erster Berufstätigkeit in Marburg: „Theologisch führte er sich als Erasmianer ein" (Frielinghaus 174). Das ließe sich noch umfassender belegen (s. meinen Forschungsbericht: Theol. Rdsch. 34, 1969, S. 282 f.), und auch Orth hätte das wohl gekonnt. Aber die indirekte und nur einmal ausdrückliche Herausstellung des Themas gilt nicht nur als rhetorisch geschickter; eine durch Wiederholungen allzu laute Betonung hätte in diesem Zusammenhang wohl auch Fragen wecken können, die Orth, wie sich noch zeigen wird, gerade im Interesse seines Themas vermeiden mußte.

Mit der Parallelität des Lebenslaufes von Hyperius zu dem des Erasmus war das Thema freilich nur intoniert; erst mit seiner Ausführung im zweiten und dritten Teil der Gedenkrede kommt Orths theologische Absicht deutlicher zur Sprache. In einer den Nekrolog dem akademischen Publikum anpassenden Weise entfaltet der Redner in vielfältig differenzierender, aber nur wenig systematisierender Darstellung, was den Verstorbenen als theologischen Erasmianer charakterisiert. Dazu gehört zunächst im Bereich von Hyperius' Lehre und Charakter sein gelehrtes Wissen aus vielen Fachgebieten, das seine Bücher bezeugen, seine methodisch konsequente Lehrweise, die auf praktische Nützlichkeit und Vermeidung von Streitigkeiten ausgerichtet war, und die Harmonie von Lehre und Leben im Ethos; sodann sein ständiges Nachdenken über die Reformation der Kirche „nach dem Vorbild der Alten Kirche", das auf Wiederherstellung des einfachen Gottesdienstes, gereinigt von leerem, unter dem Papsttum entstandenem Beiwerk, und auf Erneuerung der kirchlichen Disziplin zielte und zu dem auch die Verbesserung der theologischen Studien zählte; endlich als Bestätigung das letzte Abendmahl „more veteris ecclesiae" und das Bekenntnis des Sterbenden, an der von ihm vertretenen Glaubenslehre unwandelbar festzuhalten. In dieser Entfaltung des Themas wird der Name des Erasmus nicht genannt, aber man kann Anklänge an erasmische Theologie aus ihr heraushören. Theologisch bildet das Reformationsprogramm den Schwerpunkt, der jedoch durch Vermeiden von Entscheidungen gegenüber den strittigen Glaubens- und Lehrfragen eine auch für manche Arten des Reformkatholizismus annehmbare via media skizzierte. Damit war die Theologie des Hyperius nicht genau wiedergegeben, aber es war erasmisch und so wollte Orth seinen Lehrer zeichnen. Weshalb? Die Antwort gibt der dritte Abschnitt der Gedenkrede über des Hyperius bleibende Bedeutung. Auf dem Hintergrund einer nach apokalyptischem Muster geschilderten Gegenwartsdiagnose, die für Wissenschaft und Kirche Verwirrung und Zwietracht voraussah, erscheint Hyperius als der maßvoll auf Frieden und Eintracht bedachte Wiederhersteller der reinen Religion und der Freiheit von päpstlicher Tyrannei Seite an Seite mit den großen Reformatoren. Allerdings läßt Orth Zwingli und Calvin ungenannt; er vermag auch die Hauptstücke der Religionslehre, als deren Vertreter er Hyperius abschließend darstellt, nur formal als Schriftautorität und Beharren bei der „certa formula sanae doctrinae" zu beschreiben. Aber sein Redeziel weist in andere Richtung: In der von unseligem Streit erschütterten Gegenwart sollen alle Hyperius als dem Liebhaber des Friedens und der Eintracht nacheifern zum Wohle der Studien und der Frömmigkeit.

Mit dieser Zuspitzung seiner Schilderung des Erasmianers Hyperius auf das Vorbild kirchlichen und theologischen Friedens zum Nutzen der Wissenschaften hat Wigand Orth alle späteren Hyperiusbiographien maßgeblich beeinflußt. Die Frage nach der historischen und theologischen Legitimität dieses Bildes läßt sich nur vom Ganzen seiner Schriften und seiner kirchenpolitischen Tätigkeit her beantworten und muß hier noch zurückgestellt werden. Dennoch versteht man die von Orth abhängige Sicht späterer Zeiten: Hyperius hatte von Jugend an in seiner niederländischen Heimat erfahren, wie die Inquisition alle reformatorischen Regungen systematischer und blutiger als in anderen Ländern unterdrückte, durch den Einsatz politischer Machtmittel in religiöse Auseinandersetzungen ein lebendiges Christentum in eine Untergrundbewegung zwang und dadurch Staat, Gesellschaft und Kultur auf unabsehbare Zeit schwer erschütterte, so daß er angesichts der zunehmenden innerprotestantischen, theologischen Konflikte und ganz im Sinne seiner erasmischen Theologie zu einem auf Ausgleich bedachten Vermittlungstheologen wurde. Dabei hätte dann der von Orth biographisch dargestellte Lebensgang des Hyperius prägende Bedeutung für seine Theologie gewonnen.

In der Konsequenz dieses von Orth gewählten Redethemas und -zieles lag es nun aber, daß diejenigen Züge Hyperius' Leben und Lehre verschwiegen werden mußten, die nicht mit dem Thema der Rede übereinstimmten oder ihrem Ziele gar widersprachen. Nur so erklärt es sich, daß Orth die schon zu Lebzeiten des Hyperius in Hessen bekannte Neigung des flandrischen Theologen zum schweizerischen Reformiertentum mit Fleiß übergeht. Sie hätte Hyperius ja als Parteigänger innerhalb der theologischen und kirchlichen Fronten auf protestantischer Seite gekennzeichnet und seine Rolle als Friedensmittler fragwürdig machen können. Noch auffälliger ist, daß Orth jede Auskunft über die Zeit und die Gründe seines Lehrers für den Übertritt zur evangelischen Kirche vermeidet. Denn wenn auf ihn sein Freund und Vorgänger in der Marburger Professur Gerhard Geldenhauer Einfluß gehabt hätte (nach meiner Vermutung seit Hyperius' erstem Besuch in Marburg 1537), der in Hessen als Zwinglianer galt, oder wenn er während des Aufenthaltes in England von 1537–41 vorbereitet oder erfolgt wäre, als sich die dortige kirchenreformerische Theologie weg von Luther und hin zu Bucer, Zwingli und Calvin zu orientieren begann (Meissner 423 ff.), dann hätten Aussagen darüber Orths Darstellung des Hyperius als eines Hortes des Friedens im Zeitalter konfessioneller Kämpfe ebenfalls unglaubwürdig machen können. Gewiß wäre es denkbar, der historischen Wirklichkeit entsprechender und obendrein rhetorisch wirksamer gewesen, des Hyperius Friedenswillen und Friedenstätigkeit aus seiner reformiert bestimmten Theologie zu begründen und mit ihr zu vermitteln. Dazu aber war Wigand Orth offenbar nicht imstande. Daher erscheint bei ihm die Theologie des Hyperius so formal und blaß, nicht zuletzt deshalb, weil hier ein zweifelhafter theologischer Idealismus für die viel realistischere christliche Friedensbotschaft der Versuchung erlag, die geschichtliche Wirklichkeit an entscheidender Stelle biographisch zu vertuschen.

In der langen Tradition der Hyperiusbiographie sind die weißen Flächen in Orths Rede seit dem 18. Jahrhundert bemerkt worden. Aber man erklärte sie sich nicht aus Orths Handhabung der Rhetorik, sondern bemühte sich, sie mit allerlei Vermutungen auszufüllen. Als einer der ersten weist Paquot (S. 493) auf die Hyperius bestimmende „Théologie Calvinienne" hin und verurteilt sie als Ganze moralisch. Etwas später schreibt auch Strieder (S. 302), „daß Hyperius, ob er gleich auf einer evangelischen Universität lehrte, doch die damals unterscheidende Lehre der reformierten Kirche angenommen hat und daher zu ihren Theologis gerechnet wird"; dennoch führt er einige anders urteilende Gegenstimmen an. Ganz vorsichtig trägt Strieder auch den von Orth offengelassenen Gesinnungswechsel ein, indem er die Abreise aus England nach der Hinrichtung von Thomas Cromwell und Robert Barnes ein Entweichen vor der Gefahr nennt, „die ihm wegen gleicher Gesinnung bevorstand." Bei Mangold ist diese Andeutung schon dahin angewachsen, daß der Besuch von Cambridge und Oxford durch Hyperius „der innerlichen Befestigung seines evangelischen Glaubensbewußtseins nur förderlich war" (S. 240). Mangold spricht auch von „seinem Freund Bucer", wofür es bisher keinen Beleg für die Zeit von 1541 gibt. Heppe hilft sich mit der Behauptung, daß Johann Sturm Hyperius in Paris, also um 1530, „von der großen reformatorischen Bewegung in Deutschland und der Schweiz erzählte". Diese nicht als Vermutung gekennzeichnete Dichtung spinnt Heppe dann für 1537 romanhaft weiter in der Weise, daß Hyperius von der Reise zu den fünf deutschen Universitäten „innerlich befruchtet in die Heimat zurückkehrte, um nun irgendwo eine Stellung zu finden, von der aus er als Lehrer der Theologie an der reformatorischen Bewegung der Zeit teilnehmen könnte" (S. 491). Dagegen halte man die Feststellung Ernst Bizers, daß der 1537 um eine niederländische Pfründe bemühte Hyperius nach vierjährigem Exil in England als „sacrae theologiae professor" in Marburg 1541 immatrikuliert wurde, „ohne daß wir wüßten, wann und warum, oder auch nur ob er damals schon mit der alten Kirche gebrochen hatte" (S. XXIII). Strenggenommen wird durch Orths Schweigen eine andere Erklärung des Übertritts nahegelegt: Reusens nennt die „Neigungen" des Hyperius für die neuen Lehren „die Ursache dafür, daß er in Belgien keine ausreichend ehrenvolle Position finden konnte. Deswegen wandte er sich dem Protestantismus zu" (S. 703). Ähnlich hält Frielinghaus es für möglich, „daß der äußere Anlaß, die Sicherstellung seiner persönlichen Existenz, Hyperius ... eine persönliche Entscheidung im Sinn inzwischen gewonnener Überzeugungen erleichterte oder auch diese Überzeugungen erst dem Zustand des bisher noch andauernden inneren Schwankens entriß" (S. 173 f.). Diese Erklärung käme der nicht nur unter Humanisten nicht so seltenen Maxime nahe, nach der Anstellung und Geld vor wissenschaftlichen Richtungen und Überzeugungen rangierten. Aber es gibt keinen historischen Grund bis jetzt, Orths Auslassungen durch Vermutungen zu ersetzen. Schließlich weiß man auch von anderen bedeutenden Personen der Reformationszeit nicht, aus welchen Beweggründen sie evangelisch wurden.

Ebensoviel Verwirrung hat Orths Schweigen über Hyperius' Konfessionszugehörigkeit angerichtet. Sie mag hier durch Worte des sonst durchaus kritisch und abgewogen urteilenden Biographen von Rommel gekennzeichnet werden. Er bemerkte „zwei merkwürdige Erscheinungen" des, wie er sagt, großen, erst jetzt (1835) in seinem wahren Wert einigermaßen erkannten, echt evangelischen Gottesgelehrten: „daß sein Ruhm durch den Parteieifer der Lutheraner so lange verdunkelt werden konnte und daß seine besten Schriften selbst von Katholiken des 16. Jahrhunderts nachgedruckt wurden (s. Bayle), woraus man einen Schluß auf die siegreiche Kraft seiner reinen, von jedem Sektengeist entfernten evangelisch-katholischen Lehrart und zum Vorteile der alten reformierten hessischen Kirche machen kann" (S. 468). Kein Zweifel: Diese in der Tat merkwürdige Transkonfessionalität des Hyperius konnte der Absicht der akademischen Gedenkrede Wigand Orths entsprechen, vielleicht sollte sie es auch. Sie ist das Ergebnis einer von Orth vorgenommenen Umfunktionierung der Übereinstimmung zwischen Biographie und Theologie des Hyperius, die meines Erachtens aus seinen Briefen und Schriften korrigiert werden kann und muß.

Zweifellos ist Wigand Orths akademische Gedenkrede nicht gerade ein Muster der kunstvollen Renaissance-Biographie, wie sie Jacob Burckhardt beschrieben hat und wie sie als „Vorbild für Nachfolger aller Länder" im 16. Jahrhundert Giovio und später Vasari ausübten. Dieser Tradition ist sie nur durch die Indienstnahme der Rhetorik verbunden. Aber die für Biographie wie Theologie wesentliche Prägnanz der Charakteristik und die Nachzeichnung der individuellen Entwicklung wird von der Rhetorik durch Orth mehr verschleiert als gefördert.

II. Oratio de vita ac obitu D. Andreae Hyperii
a
D. Wigando Orthio theologo Marpurgensi
D.XXVII Febr. MDLXIIII habita.

Si vel in ipso orationis meae exordio graviter ingemiscam, Magnifice Domine Rector, Clarissimi Viri: neminem fore existimo, qui non justo dolori meo veniam tribuat. Amisimus enim, uti videtis, gravissimum Theologum, D. Andream Hyperium. Collegam quidem clarissimum omnes, praeceptorem optimum multi amisimus: ego vero non solum collegam et praeceptorem, verum etiam suavissimum affinem amisi: qui auctor mihi primum studiorum theologicorum fuerat, qui postea in his semper adjutor: quo jam in omnibus rebus meis consultore utebar: sine cuius consilio nihil privatim domi, nihil publice in schola agebam: quo cum studia mea conferre solebam, propter consuetudinem, uti scitis, plane domesticam. Eum ego virum, collegam, praeceptorem, amicum, affinem amisi. Itaque in publico ac communi omnium bonorum luctu atque gemitu, privatus etiam mihi ac singularis dolor accidit. Neque enim ego nunc vel amitam meam ornatissimo marito privatam, vel consobrinos clarissimo parente orbatos, in maximo luctu atque moerore, sine lacrymis meis aspicere possum. Sed tamen privatim hunc dolorem meum vel tempus leniret, vel illa mortalitatis cogitatio: nisi augeret etiam moerorem publica calamitas, quae ad scholam nostram, quae ad ecclesias Hassiacas, quae ad totam Germaniam, quae ad alias etiam nationes, maximi hujus viri morte pervenit. Non enim, mihi credite, obscurum aliquem virum, non plebejum Theologum amisimus: sed scholae nostrae lumen, sed ecclesiarum nostrarum principem theologum amisimus: cui paucos adhuc pares

*Rede über Leben und Sterben des Andreas Hyperius
von D. Wigand Orth, Theologe zu Marburg,
am 27. Febr. 1564 gehalten*[1]

Die Anmerkungsziffern verweisen auf die historisch-theologischen Erläuterungen und Ergänzungen auf Seite 48–89.

Wenn ich auch gerade im Anfang meiner Rede heftig klage, Herr Rektor Magnificus, hochberühmte Herren, so glaube ich, daß es niemanden gibt, der nicht meinem gerechten Schmerz Nachsicht gewährte. Wir haben nämlich, wie ihr wißt, einen überaus bedeutenden Theologen, Andreas Hyperius, verloren. Alle haben wir gewiß den berühmten Kollegen, viele den besten Lehrer verloren; ich aber habe nicht nur einen Kollegen und Lehrer, sondern auch den liebsten Verwandten verloren. Er war für mich zuerst der Urheber meiner theologischen Studien, später bei ihnen immer ein Helfer; seiner bediente ich mich in allen meinen Angelegenheiten als Berater, ohne seinen Rat tat ich nichts privat zu Hause, nichts öffentlich in der Universität: mit ihm pflegte ich meine Studien zu besprechen, aus ganz familiärer Gewohnheit, wie ihr wißt. Ich habe mit diesem Mann einen Kollegen, Lehrer, Freund und Verwandten verloren. Deshalb traf mich neben der öffentlichen und allgemeinen Trauer und der Trübsal aller Guten auch ein persönlicher und besonderer Schmerz. Denn nun kann ich weder meine ihres hochgeehrten Gatten beraubte Tante, noch meine von ihrem höchstberühmten Vater verwaisten Vettern in größter Trauer und Betrübnis ohne Tränen anblicken. Dennoch könnte diesen meinen privaten Schmerz entweder die Zeit oder das Bedenken der Sterblichkeit lindern, wenn nicht das öffentliche Unglück den Schmerz noch vergrößerte, das unsere Universität, die hessischen Kirchen, ja ganz Deutschland und sogar andere Nationen getroffen hat durch den Tod dieses bedeutendsten Mannes. Wir haben nämlich, glaubt mir, nicht irgendeinen Unbekannten, nicht einen gewöhnlichen Theologen verloren, sondern das Licht unserer Universität, den ersten Theologen unserer Kirchen haben wir verloren. Unser

nostra Germania, superiores nescio an ullos omnino sacrarum litterarum doctores habeat. Quae res cum gravissimos mihi dolores excitat, tum illud non minores, quod multi, proh dolor, homines sine dubio nequam et improbi, quantum amiserimus neque vident, neque intelligunt: sed tanquam prorsus ‚analgetoi', nihil praeclarorum virorum mortes tam crebros ad se pertinere putant. Qui profecto, sive tam ferrei sunt et saxei, ut nihil communibus ecclesiarum et scholarum periculis commoveantur: sive tam stolidi et insani, ut quid mali tantorum virorum interitus adferat, non intelligant: ad agnatos mihi atque gentiles deducendi videntur. Sed nos obitum nostri Hyperii lugeamus, nec simus impie ingrati maximis ejus beneficiis. Ac me quidem cum dolor meus incredibilis, tum etiam orationis meae tenuitas excusare ab hoc dicendi munere posse videbatur: nisi et beneficiorum hujus viri in me collatorum magnitudo, et collegii nostri ratio, has orationis meae lacrymas exigeret atque postularet. Resistam itaque non nihil dolori: et cujus oculos morientis cum lacrymis compressi, ei hoc quoque officii sine lacrymis, si tamen potero, praestabo. Dicam autem primum, Clarissimi Viri, de vita ac obitu D. Andreae Hyperii, deinde de luctu atque moerore nostro; quae duo orationis meae capita, ubi absoluero, perorabo. Vos quaeso, uti Hyperium nostrum propter insignem pietatem atque eruditionem semper amastis, ita diligenter attendite.

Andreas Geradus Hyperius, Hyperis est natus, inclyto Flandriae oppido. Annus tum Domini numerabatur 1511.quo anno, die Maii 16.mox ab hora sexta vespertina in lucem est editus. Patrem habuit ejusdem nominis Andream Gerardum, clarissimum apud Hyperas jurisconsultum: matrem vero Catherinam Coets, ex nobilissima patriciorum Gandavensium familia. Parentes puerum statim anno aetatis suae 11. post percepta jam mediocriter elementa grammatica, Jacobo Papae, poetae id temporis celebri, in disciplinam tradiderunt, qui Vastinis, ad flumen Lisam, bonas litteras docebat. In cujus schola etiam Joannem Sepanum puer audivit, virum, ut tum habebatur, exacte doctum, et graecarum atque hebraicarum litterarum non imperitum. Deinde anno aetatis suae 13. insulas Flandrorum commigravit, ut

Deutschland hat bisher wenige, die ihm gleich sind, und ich weiß nicht, ob überhaupt irgendwelche ihm überlegene Gelehrte der heiligen Schriften. Wie mir dies die größten Schmerzen bereitet, so doch jenes nicht geringere, daß viele ohne Zweifel nichtstaugende und arge Menschen – leider – weder sehen noch verstehen, wieviel wir verloren haben; denn wie gänzlich Gefühllose meinen sie, daß so zahlreiche Todesfälle berühmter Männer sie gar nichts angingen. Sie sind entweder so eisern und steinern, daß sie überhaupt nicht durch allgemeine Gefahren für Kirchen und Schulen beunruhigt werden, oder so töricht und vernunftlos, daß sie nicht verstehen, welches Unglück das Ende so großer Männer mit sich bringt; mir scheint, man müsse sie bei Nachgeborenen und Heiden unter Vormundschaft bringen. Wir aber wollen das Hinscheiden unseres Hyperius betrauern und nicht gewissenlos undankbar sein für seine teuersten Wohltaten. Und mich schien einerseits mein unglaublicher Schmerz, andererseits auch die Dürftigkeit meiner Redekunst von dieser Redepflicht entschuldigen zu können, wenn nicht die Menge der auf mich gehäuften Wohltaten dieses Mannes und der Beschluß unseres Kollegiums diese Tränen meiner Rede hervorbrächte und forderte. Deshalb werde ich möglichst dem Schmerz widerstehen; dem ich als Verstorbenem mit Tränen die Augen zudrückte, dem werde ich auch diesen Dienst erweisen ohne Tränen, wenn ich es nur vermag. Ich werde aber, hochgeehrte Herren, zuerst reden über Leben und Sterben des Doktor Andreas Hyperius, darauf über Trauer und Schmerz bei uns; wenn ich diese beiden Stücke meiner Rede fertig habe, werde ich abschließen. Euch bitte ich: wie ihr unseren Hyperius um seiner ausgezeichneten Frömmigkeit und Bildung willen immer geliebt habt, so gebt nun sorgfältig acht!

Andreas Gerardus Hyperius wurde geboren in Ypern, der bekannten Stadt in Flandern[2]. Man zählte damals das Jahr des Herrn 1511, als er am 16. Mai kurz nach der 6. Abendstunde das Licht erblickte. Zum Vater hatte er den gleichnamigen Andreas Gerardus, einen bei den Bewohnern Yperns sehr bekannten Rechtsanwalt; seine Mutter war Catharina Coets, aus vornehmster Familie gentischer Patrizier. Die Eltern gaben den Jungen alsbald mit seinem 11. Lebensjahr, als er schon einigermaßen die Elementargrammatik begriffen hatte, zur Erziehung dem Jakobus Papa, einem damals bekannten Poeten, der in Warneton am Lys die bonas litteras lehrte[3]. In dessen Schule hörte der Knabe auch den Johannes Sepanus, einen Mann, der damals als

cum litteris bonis linguam etiam gallicam addisceret: ubi in scholis docentem Joannem Lacteum audivit, de cujus ore dulcissima instar lactis profluere dicebatur oratio. Anno sequente Tornacum missus fuit, ubi schola sperabatur aperienda trilinguis, cui Nicolaus Buscoducensis praefectus erat. Sed cum schola instituta non aperiretur, mox in patriam est reversus. Cupiebat omnino pater filium hunc, ut bonis litteris, ita etiam optimis moribus imbui. Itaque cum eum Lovanium ablegare nollet, quod juventutem ibi licentia nimia corrumpi judicaret, neque etiam Parisios, ubi ipse parens aliquot annos adolescens vixerat, mittere posset, quod continua inter Carolum V. Imperatorem et Franciscum Galliae regem bella gererentur: domi ad tempus filium detinuit, ubi in describendis Actis, quae vocant, cum scribis paternis occupabatur. Ac parum omnino aberat, quin bonarum litterarum studiis, in quibus jam mediocriter, profecerat, tum valediceret: cum interim pater, quem habebat carissimum, Junii die 12. anno 1525 e vita excedit, qui hoc cum primis matri moriens mandarat diligentissime, ut ubi primum bella illa consoptia essent, filium Andream ad persequenda studia Lutetiam Parisiorum mitteret. Factis itaque inter Caesarem Carolum et Franciscum regem induciis, Parisios primum venit Hyperius, anno Domini 1528 pridie Calend. Augusti. Commendatus per litteras fuerat Antonio Helhuc Vastinensi, qui senator parlamenti tum temporis erat: et Johanni de Campis Curteacensi, Theologiae Licentiato: illi, ut tempore belli, si opus foret, sumtus suppeditaret necessarios: huic, ut studiorum adolescentis rationem haberet. In hujus igitur aedibus diu primum egit Hyperius, dum praecepta dialectica in collegio Calviaco audiret. Altero deinde anno postquam Parisios advenerat, familiaritatem cum Joachimo Ringelbergio, homine doctissimo, maximam contraxit, qui in collegio isto Calviaco varia tum temporis breviter et docte tradebat. Tertio autem anno, alios jam privatim instituere in dialecticis atque rhetoricis initiis coepit: cum interim

sehr gelehrt galt und bewandert in griechischen und hebräischen Schriften[4]. Darauf zog er in seinem 13. Lebensjahr nach Lille, um zu den „klassischen Sprachen" auch die französische hinzuzulernen; dort hörte er in der Schule als Lehrer Johannes Lacteus, aus dessen Mund, wie man sagte, die süßeste Rede gleichwie Milch hervorfloß[5]. Im folgenden Jahr wurde er nach Tournai geschickt, wo man hoffte, eine dreisprachige Schule eröffnen zu können, deren Leiter Nikolaus Buscoducensis war[6]. Als aber die geplante Schule nicht eröffnet wurde, kehrte er bald in die Heimat zurück. Der Vater wünschte überaus, daß dieser Sohn wie mit den „klassischen Wissenschaften", so auch mit den besten Sitten vertraut gemacht würde. Weil er ihn aber nicht nach Löwen schicken wollte, da dort die Jugend, wie er meinte, durch allzugroße Zügellosigkeit verdorben würde, noch auch nach Paris, wo der Vater selbst einige Jahre als junger Mann gelebt hatte, schicken konnte, da dauernd zwischen Kaiser Karl V. und König Franz von Frankreich Krieg geführt wurde, so hielt er den Sohn für den Augenblick zu Hause, wo er mit den Sekretären seines Vaters beschäftigt wurde, Akten abzuschreiben, wie man sagt. Und es fehlte nicht viel, daß er damals von den Studien der „klassischen Wissenschaften", in denen er schon einigermaßen fortgeschritten war, Abschied genommen hätte; als indessen sein Vater, den er sehr lieb hatte, am 12. Juni 1525 starb, hatte dieser sterbend der Mutter vor allem aufs genaueste aufgetragen, den Sohn Andreas zur Weiterführung seiner Studien nach Paris zu schicken, sobald jene Kriege aufgehört hätten[7]. Als daher zwischen Kaiser Karl und König Franz Waffenstillstand geschlossen wurde, kam Hyperius zum erstenmal nach Paris, am 31. Juli im Jahre des Herrn 1528[8]. Durch Briefe war er dem Antonius Helhucius Vastinensis empfohlen worden, der zur damaligen Zeit Senator im Parlament war, dazu dem Johannes de Campis Curteacensis, dem Lizentiaten der Theologie; jenem, damit er in Kriegszeiten, wenn es nötig würde, die nötigen Mittel verschaffe, diesem, daß er sich um die Studien des jungen Mannes kümmere[9]. In dessen Haus weilte Hyperius daher zuerst eine lange Zeit, während er die Regeln der Dialektik im Collegium Calviacum hörte[10]. Darauf knüpfte er im zweiten Jahr, nachdem er nach Paris gekommen war, enge Freundschaft mit Joachim Ringelberg, einem sehr gelehrten Manne, der in jenem Collegium Calviacum zu jener Zeit Verschiedenes kurz und gelehrt vortrug[11]. Im dritten Jahr aber fing er schon an, privat andere in die Grundregeln der Dialektik und Rhetorik ein-

physicos ipse audiret Aristotelis libros ,ut pro more scholarum cum aliis commilitonibus ad Magisterii gradum perveniret. Quo exacto triennio, in patriam rediit, ut et amicos salutaret, et numquid patrimonii superesset, intelligeret. Unde anno sequente (qui millesimus erat quingentesimus tricesimus secundus) cum patrimonium adhuc sufficere sibi ad studia diutius persequenda videret, iterum Parisios se contulit, gravioribus jam studiis operam daturus. Coepit tum primum ad Theologiae studia animum appellere, cujus facultatis maxime celebria in schola Parisiensi exercitia erant. Theologorum itaque scholas diligenter frequentavit: interdum etiam in Decretis lectiones aliquas audivit, ex quibus magis tum Theologi dogmata sua, quam ex sacris litteris probare consueverant. Medicorum praeterea scholas animi causa ingrediebatur nonnunquam, quod Medicinae studio semper quasi natura magnopere delectaretur. Linguarum interea professores diligenter audiebat, Clenardum in primis, Sturmium, Latomum ac docebat privatim ipse, Gallos maxime, atque Hispanos. Sed maximo tum temporis tenebatur lustrandarum aliarum regionum ac provinciarum Galliae, desiderio: cum ut linguam Gallicam disceret exactius, tum ut mores totius illius gentis cognosceret diligentius. Itaque singulis annis, Januario maxime, Februario ac Martio mensibus, quibus fere lectiones publicae in scholis intermittebantur, aut saltem negligentius tractabantur, ipse adjunctis sibi fidis ac litterarum studiosis amicis, alias petebat provincias, celebresque invisebat Academias. Atque ita intra triennium, illis, quos dixi, mensibus universam fere Galliam, magnamque Italiae partem, eam videlicet, quae inter Alpes est et Bononiam, perlustravit. Reversus postea est in patriam, anno 1535. sed inde mox Lovanium perrexit, quo bibliothecam suam ex Gallia pervehi curarat. Peragravit tum temporis animi causa totam fere inferiorem Germaniam, Geldriam videlicet, Phrysiam, Trajectum, Holandiam, Selandiam. Hinc a. D. 1537, aetatis vero suae 26, ad visendam superiorem Germaniam animum adjecit: ut celebriores in ea scholas, atque in his viros doctos inviseret. Vidit itaque eo anno Coloniam, Marpurgum, Erfordiam, Lipsiam, Vitebergam. Reversus inde

zuführen, während er selbst inzwischen über die physikalischen Bücher des Aristoteles hörte, um nach der Schulsitte mit anderen Kommilitonen den Grad eines Magisters zu erlangen. Nachdem diese drei Jahre vergangen waren, kehrte er in die Heimat zurück, um seine Freunde aufzusuchen und zu sehen, was wohl vom väterlichen Erbe übrig wäre[12]. Da ihm das Erbe noch länger zur Fortsetzung der Studien auszureichen schien, begab er sich von dort im folgenden Jahr – es war das Jahr 1532 – wiederum nach Paris, um sich mit schon schwierigeren Studien zu befassen. Er begann damals zuerst seine Aufmerksamkeit dem Studium der Theologie zuzuwenden, deren Fakultät in der Pariser Hochschule besonders besuchte Übungen hielt. So besuchte er aufmerksam die Vorlesungen der Theologen; bisweilen hörte er auch einige Vorlesungen über das kanonische Recht, aus dem die Theologen damals mehr als aus den heiligen Schriften ihre Lehrsätze zu belegen pflegten[13]. Außerdem ging er manchmal aus Vergnügen in die Vorlesungen der Mediziner, weil ihn das Studium der Medizin gleichsam von Natur immer besonders erfreute. Dazwischen hörte er aufmerksam die Professoren der Sprachen, Clenardus besonders, Sturm und Latomus, auch lehrte er selbst privat, Franzosen meist und Spanier[14]. Er wurde aber zu dieser Zeit von sehr großer Sehnsucht erfüllt, andere Gegenden und Provinzen Frankreichs zu durchwandern, einmal um die französische Sprache exakter zu lernen, sodann um die Lebensweise jenes ganzen Volkes genauer kennenzulernen. Deshalb ging er Jahr für Jahr, meist im Januar, Februar und März, den Monaten, in denen in der Regel die öffentlichen Vorlesungen an den Universitäten unterbrochen oder doch nachlässiger gehandhabt wurden, in andere Provinzen, vereint mit treuen Freunden und Studenten der Wissenschaften, und besichtigte zahlreiche Akademien. Und so durchwanderte er innerhalb von drei Jahren in den genannten Monaten fast ganz Frankreich und einen großen Teil Italiens, und zwar den zwischen den Alpen und Bologna gelegenen[15]. Dann kehrte er in die Heimat zurück im Jahre 1535. Von dort aber machte er sich bald nach Löwen auf, wohin er seine Bibliothek von Frankreich hatte bringen lassen[16]. Damals durchstreifte er zum Vergnügen fast ganz Niederdeutschland, nämlich Geldern, Friesland, Utrecht, Holland und Seeland. Hier richtete er im Jahre des Herrn 1537, selbst 26 Jahre alt, seinen Sinn darauf, Oberdeutschland zu sehen, um die bekannteren Universitäten dort und ihre Gelehrten aufzusuchen. So besuchte er in diesem Jahr Köln, Marburg,

eodem anno in patriam, sub finem mensis Augusti, adductus est amicorum consilio et precibus, ut de suscipiendo jam alicubi docendi munere cogitaret: quo consumto jam in scholis atque peregrinationibus patrimonio, paulo quietius apud suos vivere posset. Ac amici quidem, ipso minime conscio, diploma jam ab Romano pontifice impetrarant, quo ampli quotannis reditus ex Abbatia quadam Hyperio concedebantur. Id unum restabat, ut cancellarii Caesariani Joannis Garondileti, archiepiscopi Panormitani, ea in re assensus accederet. Sed divina sine dubio providentia factum est, ut non solum ab eo assensus non impetraretur: sed etiam ab eodem maximum ostenderetur periculum. Accusatus enim apud Panormitanum Hyperius a competitoribus fuerat, quod in Germania superiore fuisset: id quod tum non modo invidiosum doctrinae purioris odio, verum etiam periculo plenum habebatur. Coepit itaque iterum Hyperius, ne exhausto jam patrimonio amicis oneri esset, piorum quorundam ac doctorum virorum consilio, ad peregrinationes animum convertere. Ac Italiam quidem tum adire cupiebat, quod Galliam atque Germaniam mediocriter jam ante perlustrasset: sed cum bellis inter Caesarem et Gallum iterum tum feruerent omnia, ab Italia exclusus, in Britanniam navigavit: ubi facilius ab amicis suis certior fieri per litteras posset, si qua melior spes in patria affulgeret. Ac ut in aliis nationibus, ita in Britannia quoque eos maxime viros cognoscere studebat, quorum nomina litteris celebrata fuissent. Qua occasione in Carolum Montioium, Gulielmi filium, Baronem incidit, quem magnus ille Erasmus Roterodamus amplissime in scriptis suis, ac saepe commendat. Is amice cum Hyperio multis ac variis de rebus collocutus cum ingenium ejus perspexisset, oblato liberali stipendio, in domum suam eum pertraxit: ubi ad annos quatuor, et eo amplius, suavissime Hyperius vixit, et cum Montioio de studiis bonarum litterarum contulit. Anno itaque 1540, mense Julio, Montioii sumtibus Academiam Cantabrigensem invisit. Obtruncatus est eo anno Thomas Cromelius, cum quod Annae Clevensis ducendae auctor

Erfurt, Leipzig und Wittenberg. Als er von dort in demselben Jahr gegen Ende August in die Heimat zurückkehrte, wurde er durch Rat und Bitten seiner Freunde veranlaßt, die Übernahme eines Lehramtes irgendwo zu erwägen, wo er nach Verbrauch des Erbes an Universitäten und auf Reisen ein wenig ruhiger bei den Seinen leben könne. Und die Freunde hatten ohne sein Wissen bereits die Rechtsurkunde vom Papst erlangt, die Hyperius jährlich reichliche Einkünfte aus irgendeiner Abtei zugestand. Dies eine fehlte noch, daß die Zustimmung des kaiserlichen Kanzlers Johannes Charondilet, des Erzbischofs von Palermo, in dieser Sache hinzukam. Aber ohne Zweifel durch göttliche Vorsehung geschah es, daß nicht nur von ihm keine Zustimmung erlangt wurde, sondern auch von eben diesem die größte Gefahr sich zeigte. Hyperius nämlich war von Mitbewerbern beim Erzbischof von Palermo angezeigt worden, weil er in Oberdeutschland gewesen sei; und das hielt man damals aus Haß nicht nur der reinen Lehre für verdächtig, sondern auch für gefahrvoll[17]. Daher begann Hyperius, um seinen Freunden nicht nach verbrauchtem Erbe zur Last zu fallen, auf den Rat frommer und gelehrter Männer hin, wieder an Wanderschaft zu denken. Und er hatte damals den Wunsch, nach Italien zu gehen, da er Frankreich und Deutschland schon vorher einigermaßen durchstreift hatte; aber weil damals wieder alles durch die Kriege zwischen dem Kaiser und dem Franzosen in Aufruhr und er von Italien ausgeschlossen war, segelte er nach England; dort konnte er leichter von seinen Freunden durch Briefe benachrichtigt werden, wenn in der Heimat eine bessere Hoffnung aufleuchten würde[18]. Und wie auch bei anderen Völkern, so bemühte er sich auch in England, besonders diejenigen Männer kennenzulernen, deren Namen durch Schriften bekannt waren. Bei der Gelegenheit stieß er auf Baron Charles Mountjoy, den Sohn Wilhelms, den der große Erasmus von Rotterdam in seinen Schriften aufs ehrenvollste und oft rühmt[19]. Dieser führte mit Hyperius freundschaftlich Gespräche über viele und verschiedene Dinge, und als er dessen Begabung erkannte, bot er ihm ein reichliches Stipendium an und nahm ihn in sein Haus. Dort lebte Hyperius an die vier Jahre, und überdies besonders angenehm, und er konferierte mit Mountjoy über die Studien der schönen Wissenschaften. So ging er im Jahre 1540, im Monat Juli, mit Hilfe der Zuwendungen Mountjoys an die Akademie von Cambridge. In diesem Jahr wurde Thomas Cromwell enthauptet, einmal weil er der Anstifter der Ehe mit Anna von Cleve war, zum

fuisset, tum quod de sinceriore religione suspectus haberetur. Exustus item propter religionis purioris professionem tum est Robertus Barnus, cum quibusdam aliis. Quin etiam nonnulli morte mulctati sunt, qui non approbarant, ut rex Angliae supremum ecclesiae Anglicanae secundum Christum caput diceretur. Promulgata praeterea aliqua periculosa adversus peregrinos edicta. Quae res Hyperium commovit, ut de repetenda Germania cogitaret. Priusquam igitur ex Anglia discederet, Academiam quoque Oxoniensem veterem invisit, anni sequentis mense Februario. Inde Londinum venit mense Majo: compositisque rebus suis, domino Montioio, valde laboranti ut Hyperium apud se retineret, valedixit. Itaque ejusdem mensis die 12. Antverpiam appulit: unde se in patriam conferens, per aliquot dies apud amicos quievit. Sed fama rei publicae ac scholae Argentoratensis maximeque nomen Buceri, Hyperius ad lustrandam etiam illam superioris Germaniae partem impellebat. Itaque cum Argentoratum profecturus esset, in ipso itinere huc se Marpurgum contulit, dum sarcinae ipsius ac bibliotheca per mercatores Francofurtum perferrentur. Sciebat enim, et minoris se apud nos, dum bibliothecam expectaret, posse vivere, quam uspiam ad Rheni ripas: et sperabat, facile se hic impetraturum ad praestantissimos doctissimosque viros, qui Argentinae docebant, litteras commendaticias: idque praesertim ab humanissimo viro, Domino Gerardo Noviomago, qui et ante Hyperium noverat, et ipse aliquamdiu Argentorati vixerat. Haec occasio reditus Hyperii ad hanc scholam Marpurgensem fuit: ad quam die Junii 15. anno 1541, aetatis suae exacto jam 30, pervenit. Gratissimus Hyperii adventus Domino Noviomago fuit, coepitque is diligenter cum Hyperio agere, ut hic maneret, certamque et professionis et liberalis stipendii spem fecit. Itaque cum a Comitiis Ratisponensibus Johannes Ficinus, illustrissimi nostri principis cancellarius, vir propter insignem virtutem aeterna memoria dignus, rediisset, egit cum eo Noviomagus de Hyperio. Ajebat Noviomagus, se a conventu illo Haganoensi, a.40, cui a principe nostro missus interfuerat, semper laborasse adversa valetudine, neque posse eos

anderen weil man ihn der reineren Religion für verdächtig hielt. Auch Robert Barnes wurde damals wegen seines Bekenntnisses zur reineren Religion mit mehreren anderen verbrannt. Es wurden sogar einige mit dem Tode bestraft, die nicht gebilligt hatten, den König von England das höchste Haupt der anglikanischen Kirche nach Christus zu nennen. Außerdem wurden einige für Ausländer gefährliche Edikte erlassen[20]. Dies veranlaßte Hyperius, seine Rückkehr nach Deutschland zu erwägen. Bevor er daher aus England fortging, besuchte er im Februar des folgenden Jahres noch die alte Akademie von Oxford. Von dort kam er im Mai nach London. Er brachte seine Sachen zusammen und nahm Abschied von Herrn Mountjoy, der sich große Mühe gab, Hyperius bei sich zurückzubehalten. So landete er am 12. desselben Monats in Antwerpen. Von dort begab er sich in seine Vaterstadt und rastete ein paar Tage bei Freunden. Aber der Ruf der Stadt Straßburg, ihrer Hochschule und besonders der Name Bucers, veranlaßten Hyperius, auch jenen Teil Oberdeutschlands zu bereisen[21]. Als er daher nach Straßburg aufgebrochen war, begab er sich auf dem Wege dorthin nach Marburg, während sein Gepäck und seine Bibliothek von Kaufleuten nach Frankfurt gebracht wurden. Einerseits wußte er nämlich, daß er während des Wartens auf die Bibliothek bei uns billiger leben konnte als irgendwo an den Ufern des Rheins, zum andern hoffte er, hier an die hervorragendsten und gelehrtesten Männer, die in Straßburg lehrten, Empfehlungsbriefe zu erhalten; und dies besonders von dem hochgebildeten Herrn Gerhard Noviomagus, der Hyperius von früher her kannte und selbst eine Zeitlang in Straßburg gelebt hatte. Dies war die Gelegenheit der Rückkehr des Hyperius an diese Universität von Marburg, zu der er am 15. Juni im Jahre 1541 kam, genau in seinem 30. Lebensjahr. Dem Herrn Noviomagus war die Ankunft des Hyperius sehr angenehm, und er begann sorgfältig mit Hyperius zu verhandeln, daß er hier bleiben solle, und machte ihm sichere Hoffnung auf eine Berufsstellung und großzügiges Gehalt. Als daher vom Reichstag in Regensburg Johannes Ficinus zurückkehrte, der Kanzler unseres erlauchten Landgrafen, ein wegen seiner ausgezeichneten Tugend ewiger Erinnerung werter Mann, verhandelte Noviomagus mit ihm über Hyperius. Noviomagus versicherte, er habe seit jenem Konvent in Hagenau im Jahre 1540, dem er als Gesandter unseres Landgrafen beiwohnte, immer mit Krankheit zu tun gehabt und könne nicht mehr solche Mühen des Lehrens auf sich nehmen, wie er sie vorher getragen hätte.

subire docendi labores, quos ante pertulisset. Itaque petere, ut Hyperius in locum ipsius substituatur: qui, quando ipse per valetudinem non posset, praelegeret. Optimum Noviomagi consilium non improbat Ficinus, verum continuo ad se vocat Hyperium, hortatur, ut Marpurgi maneat, ac specimen aliquod eruditionis suae praebeat. Fore enim, ut si eruditionis suae specimen praeclarum edidisset, stipendium ei pro laboribus constituatur honestum. His adductus rationibus Hyperius, Marpurgi remansit. Moritur non ita multo post dominus Noviomagus, 1o die Januarii anni sequentis; cui dominorum professorum auctoritate tum successit Hyperius: atque, quos ante Noviomagus explicare consueverat Epistolas D. Pauli, eas ipse quoque enarrare coepit. Cumque ultra biennium caelebs in illo profitendi munere versatus esset, animum ad matrimonium contrahendum adjecit; quod non putaret, se commode sine uxore, maxime cum non ita magna esset valetudine, vitam transigere posse. Duxit autem anno 1544 Februarii die 27. uxorem Catharinam Orthiam, Ludovici Orthii quondam quaestoris Marpurgensis filiam: quam viduam Joannes Happellius, honestus civis, eum duobus liberis reliquerat. Ex hac uxore sua, quam carissimam semper habuit, filios 6, filias 4 procreavit: ex quibus duo adhuc filii, filiae tres superstites manent.

Caeterum quomodo annis jam 22. apud nos cum sacras litteras publice, tum etiam artes liberales privatim docuerit, videamus. In quo mihi docendi munere, haec potissimum quatuor requiri videntur. Primum, eruditio singularis, multa cum lectione atque rerum experientia conjuncta: deinde, praeclara docendi facultas: tum, fides atque diligentia: ac postremo, vitae ac morum gravitas atque constantia. Ac eruditionem quidem requiri in doctore, rerumque multarum usum, nemo est qui dubitet. Quis enim unquam ab homine indocto bene doceri, atque fructum aliquem eruditionis capere potuit? Non magis profecto ab indocto quis praeclari aliquid percipiet, quam a lapide volare discet. Sed ut cumprimis eruditio necessaria est: ita ea nequaquam sola homini in scholis versaturo sufficit, nisi docendi etiam facultas accedat. Multos invenias egregie doctos, usuque rerum peritos

Deshalb bitte er, Hyperius in seine eigene Stelle als Substitut zu nehmen, der die Vorlesungen halten müsse, wenn er selbst wegen seiner Gesundheit nicht mehr könne. Diesen ausgezeichneten Rat des Noviomagus mißbilligt Ficinus nicht, sondern ruft Hyperius unverzüglich zu sich, fordert ihn auf, in Marburg zu bleiben und eine Probe seiner Gelehrsamkeit zu geben. Wenn er nämlich eine ansehnliche Probe seines Wissens gegeben habe, werde ihm eine ehrenvolle Besoldung für seine Arbeiten festgesetzt. Durch diese Überlegungen veranlaßt blieb Hyperius in Marburg. Nicht viel später starb Herr Noviomagus, am 10. Januar des folgenden Jahres; diesem folgte Hyperius dann auf Beschluß der Herren Professoren, und er begann, dieselben Paulusbriefe selbst auszulegen, die vorher Noviomagus zu erklären pflegte[22]. Und nachdem er mehr als zwei Jahre unvermählt in jenem Lehramt war, entschloß er sich zur Eheschließung. Denn er glaubte nicht ‚ohne Gattin sein Leben angenehm zubringen zu können, zumal er nicht von starker Gesundheit war. So führte er am 27. Februar 1544 als Gattin Catharina Orth heim, die Tochter des einstigen Marburger Quästors Ludwig Orth, die der ehrenvolle Bürger Johannes Happellius als Witwe mit zwei Kindern hinterlassen hatte. Mit dieser seiner Gattin, die er immer sehr liebte, hatte er 6 Söhne und 4 Töchter, von denen bis heute 2 Söhne und 3 Töchter am Leben blieben[23].

Weiter nun laßt uns sehen, wie er ganze 22 Jahre bei uns sowohl öffentlich die heiligen Wissenschaften, als auch privat die freien Künste lehrte. In diesem Lehramt scheinen mir die folgenden vier Dinge am meisten gefordert zu werden: Erstens einzigartige Gelehrsamkeit, verbunden mit viel Belesenheit und Sacherfahrung; dann hervorragende Lehrbefähigung; weiter Treue und Sorgfalt; schließlich Würde und Festigkeit des Lebens und der Sitten. Niemand bezweifelt wohl, daß bei einem Doktor Gelehrsamkeit und Umgang mit vielen Dingen erwartet wird. Denn wer könnte jemals von einem ungelehrten Menschen gelehrt werden und irgendeine Frucht des Unterrichts ernten? Mehr wird in der Tat niemand von einem ungelehrten Menschen an Klarheit lernen, als er von einem Stein das Fliegen lernt. Aber wie vornehmlich Gelehrsamkeit notwendig ist, so reicht diese allein keineswegs einem Menschen an der Universität, wenn nicht auch die Fähigkeit zum Lehren dazukommt. Man wird viele hervorragend gebildete und durch Übung in den Dingen erfahrene Menschen finden, die dennoch, weil von jener Fähigkeit des Lehrens

homines: qui tamen, quia illa docendi facultate destituuntur, nullum neque scholis neque ecclesiis fructum adferunt.

Unde et eum requirit Apostolus ecclesiae episcopum, qui sit ‚didaktikós': hoc est, qui dono ac facultate docendi polleat. Neque vero ab his duobus fides atque diligentia sejungenda est: quae si absit, ne tum quidem quicquam ad auditores, ab homine etiam docto et eloquente, utilitatis perveniet. Ac in eo praesertim, qui sacras sit professurus litteras, illa cumprimis requiritur. Unde et Apostolus ad Corinthios, de verbi divini ministris ita ait: Sic de nobis existimet quisque, ut de Christi ministris, et divinorum mysteriorum dispensatoribus: in quibus hoc cumprimis requiritur, ut fidelis quis comperiatur. Sed non minus etiam illud postremum necessarium est, ut eruditioni atque doctrinae vita ac mores respondeant.

Turpe est doctori, cum culpa redarguit ipsum. Et noster Paulus episcopum poscit ‚anégkleton', hoc est, inculpatum, non contumacem, non iracundum, non vinolentum, non percussorem, non turpis lucri cupidem et amarum: sed hospitalem, virtutis amantem, modestum, justum, sanctum, temperantem. Quid enim illi doctores auditoribus suis proderunt, qui quod bene docendo aedificarunt, id pessime vivendo destruunt, qui vita ipsa ac moribus suis ostendunt, ne sibi quidem ipsis ea vera videri, quae aliis sequenda praescribunt? Qua non dicam auctoritate, sed qua fronte in schola is doctor vitia reprehendet, ebrietatem dico, crapulam, avaritiam, scortationem, et similia: qui ipse, non dicam saepissime ebrius sit, sed semper ebriosus? non solum luxui deditus, sed etiam ita impie in summa luxuria vivat, ut nullum esse vim divini numinis existimet? qui ita sit avarus, ut ex quavis re turpissima iniquissimo quaestui inhiet: qui demum ita sit in scortationibus atque adulteriis per totam vitam volutatus, ut haec etiam scelera atque flagitia pro peccatis ac vitiis agnoscere dubitet? Requiruntur itaque illa, quae diximus, in doctore omnia; quae si, quanta in hoc nostro Hyperio extiterint, diligenter consideremus, inveniemus

im Stich gelassen, weder an den Universitäten noch in den Kirchen eine Frucht hervorbringen.

Daher fordert der Apostel auch den als Bischof der Kirche, der zum Unterrichten geschickt sei, das ist, wer durch die Gabe und Fähigkeit zum Lehren etwas vermag. Von diesen beiden aber dürfen die Treue und Sorgfalt nicht getrennt werden; wenn sie fehlen, dann gelangt auch von einem gelehrten und beredten Menschen überhaupt kein Nutzen zu den Hörern. Besonders bei dem, der die heiligen Wissenschaften lehrt, werden diese vorzüglich gefordert. Deshalb sagt auch der Apostel den Korinthern über die Diener des göttlichen Wortes: dafür halte uns ein jeder, für Diener Christi und Verwalter der göttlichen Geheimnisse, von denen vornehmlich gefordert wird, daß man treu erfunden werde. Nicht weniger aber ist jenes Letzte notwendig, daß der Bildung und Gelehrsamkeit das Leben und die Sitten entsprechen.

Schimpflich ist es für einen Gelehrten, wenn Schuld ihn selbst Lügen straft. Und unser Paulus fordert einen unbescholtenen Bischof, das heißt einen unschuldigen, nicht eigensinnigen, nicht jähzornigen nicht trunksüchtigen, keinen Mörder, keinen, der begierig und scharf ist auf schändlichen Gewinn, sondern einen gastfreundlichen, die Tugend liebenden, besonnenen, gerechten, heiligen, enthaltsamen. Denn was werden jene Gelehrten ihren Hörern nützen, die das, was sie durch gutes Lehren aufbauen, durch schlechten Lebenswandel wieder einreißen, die durch ihr eigenes Leben und ihre Sitten zeigen, daß nicht einmal das ihnen selbst als wahr erscheint, was sie anderen zum Befolgen vorschreiben? Daß ich nicht sage: mit welcher Autorität, sondern mit welcher Stirne tadelt jener Gelehrte an der Universität die Laster wie Trunkenheit, Rausch, Habgier, Unzucht und ähnliches, der selber, ich will nicht sagen sehr oft betrunken ist, sondern sogar immer? Und nicht nur dem Luxus hingegeben, sondern auch so gottlos in höchster Verschwendungssucht lebt, daß er meint, es gäbe keine Macht göttlicher Majestät? Der so habgierig ist, daß er aus jeder noch so schimpflichen Sache unbilligen Gewinn zu schlagen sucht; der sich schließlich sein ganzes Leben so in Unzucht und Hurerei ergangen hat, daß er zaudert, auch diese Verbrechen und Schandtaten als Sünden und Fehler anzuerkennen? Deshalb wird alles das, was wir nannten, von einem Gelehrten erwartet[24]. Wenn wir sorgfältig in Augenschein nehmen, wieviel davon bei unserem Hyperius vorhanden war, werden wir feststellen, daß es sehr viel gewesen sei.

fuisse maxima. Ac primum quidem, de eruditione hujus viri singulari quid dicam? Liberius dicam, Clarissimi Viri, de mortuo: quod minus nunc ei adulari videbor, cui vivo adulatus profecto sum nunquam. Magna fuit in hoc viro linguarum cognitio, major artium liberalium et philosophiae: sacrarum litterarum et historiarum ecclesiasticarum, totiusque veteris ecclesiae maxima. Quod dico, verum esse, ipsi vos nostis, Doctissimi Viri, testarique potestis: qui docentem publice, qui disputantem summa cum laude, qui familiariter colloquentem cum amicis audivistis. Testes sunt multi alii per totam Germaniam aliasque nationes docti viri, qui vel scholas ipsius frequentarunt, vel alioqui familiarius eum noverunt. Testes sunt libri, quos in publicum edidit, qui inter doctissimorum hominum scripta a doctissimis hominibus numerantur atque legentur: ut, brevia illa in epistolam ad Romanos Scholiola: ut, de formandis concionibus libri duo: ut, de Theologo libri quatuor: ut de quoitidina lectione ac meditatione sacrarum litterarum libri duo: ut catechesis illa, quam proxime edidit. Testes sunt item alii libri multi, magnis laboribus ac vigiliis ab eo conscripti, quos dolemus ab eo recognosci non potuisse: ut, quod cum maximo omnium Theologiae studiosorum fructu fieri poterat, in publicum exirent. Conscripserat enim cum in philosophia, nonnulla: ut, de ratione studii, Dialectia, Rhetorica, Arithmetica, Geometrica, Cosmographica, Optica, Astronomica quaedam, itemque Physica et ad decem Aristotelis Ethicorum libros Scholia, tum in Theologia multa praeclara: ut, de non deserendis sacrarum litterarum studiis libros tres, Topicorum Theologicorum libros quatuor, Observationes locorum in eas Evangeliorum particulas, quae singulis Dominicis recitari in ecclesiis consueverunt. Ad haec, de studiosorum vita ac moribus, de publica in pauperes beneficentia, de scholis ecclesiasticis, de conjugio ministrorum ecclesiae, de probatione sui ipsius, de providentia Dei. In omnes praeterea D. Pauli epistolas Exegemata: et Methodum Theologiae, cujus cum libros sex instituisset, nondum tres absoluerat. Conscribere item coeperat Feriarum scholasticarum lib. 12. et de ordinanda ecclesia libros 6. Quos libros, si et emendare et absoluere ipse potuisset, sa-

Und was soll ich als erstes über die Bildung dieses einzigartigen Mannes sagen? Offener werde ich, hochverehrte Herren, über den Verstorbenen reden, weil ich ihm, dem ich in der Tat zu Lebzeiten niemals geschmeichelt habe, jetzt weniger zu schmeicheln scheine. Groß war bei diesem Manne die Kenntnis der Sprachen, größer die der freien Künste und der Philosophie, am größten die der heiligen Schriften, der Kirchengeschichte, und der ganzen alten Kirche. Was ich rede, wißt ihr selbst, hochgelehrte Herren, daß es wahr sei und ihr könnt es bezeugen: die ihr gehört habt, wie er öffentlich lehrte, mit höchstem Lobe disputierte, mit Freunden freundschaftlich Gespräche führte. Zeugen sind viele andere gelehrte Männer in ganz Deutschland und anderen Nationen, die entweder seine Lehrveranstaltungen besucht oder ihn sonst näher gekannt haben. Zeugen sind die Bücher, die er veröffentlichte, die von den bedeutendsten Gelehrten zu den Werken höchster Gelehrsamkeit gezählt und auch gelesen werden: Etwa jene kurze Scholie zum Römerbrief, oder die zwei Bücher über die Gestaltung von Predigten, oder die vier Bücher über den Theologen; oder die zwei Bücher über die tägliche Lesung und Meditation der heiligen Schriften; oder jene Katechese, die er kürzlich herausgab[25]. Zeugen sind ebenso viele andere Bücher, die unter großen Mühen und unermüdlicher Wachsamkeit von ihm geschrieben wurden, aber leider von ihm nicht durchgesehen werden konnten, um an die Öffentlichkeit zu gelangen, was zum größten Nutzen aller Studierenden der Theologie geschehen könnte. Er hatte nämlich einerseits in Philosophie einige geschrieben: So über die Theorie des Studiums, eine Dialektik, Rhetorik, Arithmetik, Geometrie, Kosmographie, Optik, eine Art Astronomie, ebenso über Physik und zu den Ethik-Büchern des Aristoteles Scholien[26]; auf der anderen Seite viele berühmte Werke zur Theologie: Drei Bücher über die nicht zu vernachlässigenden Studien der heiligen Schriften, vier Bücher über theologische Topik, Untersuchungen über die Abschnitte in den Evangelien, die an den einzelnen Sonntagen gewöhnlich in den Kirchen verlesen werden. Dazu: Leben und Sitten der Studenten, Öffentliche Wohltätigkeit an Armen, Über kirchliche Schulen, Die Ehe der Kirchendiener, Über die Selbstprüfung, Über die Vorsehung Gottes. Außerdem Exegesen über alle Paulusbriefe; Die Methode der Theologie, wofür er sich sechs Bücher vorgenommen, drei aber noch nicht vollendet hatte. Ebenso hatte er begonnen, 12 Bücher „Gelehrte Mußestunden" und 6 Bücher über die Kirchenordnung zu

tis ex his divinum ipsius ingenium, satis praeclara eruditio, satis historiae veteris ecclesiae maxima cognitio, satis multarum rerum usus atque experientia, summa cum prudentia conjuncta, perspicerentur. Sed ex iis tamen, quos edidit, satis etiam illa vel me tacente intelliguntur. Mirati profecto non semel fuimus, quandocunque in colloquio familiari de rebus ecclesiasticis quid proponeretur, semper illum habuisse in promtu ex veteri historia aliquid, quod ad rem propositam faceret, eamque illustraret atque definiret. Sed docendi atque disserendi facultas non minor in homine fuit. Quanta facilitate docuerit, iidem testes sunt, qui ante eruditionis atque doctrinae. Quanta in disputando dexteritate, quanto acumine usus semper fuerit, auditores meminerunt. Non ille argumenta proposita eludebat, ut multi in more habent: non clamoribus ac vociferationibus rem agebat, unde nihil utilitatis auditores caperent; sed ita aperte ac graviter explicabat omnia, ut fructum inde maximum auditores attenti perciperent. Atque in hac sua tam docendi quam disserendi ratione tanta semper fuit modestia, tantaque constantia, ut neque temere quaestiones otiosas moveret, neque semel susceptam cum judicio docendi rationem immutaret. Qua de re meministi sine dubio, doctissime Domine Chunrade Matthaee, affinis mihi plurimum colende, quid eo ipso die, quo obiit, utroque nostrum praesente dixerit. Ego, inquit, ut semper operam dedi in schola, ut doctrinam utilem auditoribus proponerem, et vitarem otiosas quaestiones: diligenter cavi, ne ullam darem contentionum occasionem, eandemque docendi formulam semper retinui; ac, dum vixero, retinebo. Haec fere ipsius verba fuerunt: quae cum non sine lacrymis audivissemus, affirmavimus nos ejus rei testes esse, eandemque etiam nos docendi rationem et tenuisse huc usque semper, et posthac quoque retenturos.

Sed ad fidem ipsius atque diligentiam in profitendi munere quod attinet, non est quod multa dicam. Eosdem, quos modo eruditionis et facultatis docendi, diligentiae etiam testes appello. Tanto profecto fervore promovendorum sacrorum studiorum fla-

schreiben²⁷. Wenn er selbst diese Bücher hätte vervollständigen und abschließen können, würden aus diesen genug sein göttlicher Geist, seine außerordentliche Bildung, seine hervorragende Kenntnis der Geschichte der Alten Kirche, seine Übung und Erfahrung in vielen Dingen, verbunden mit höchster Klugheit, erkannt werden. Aber auch aus denen, die er herausgab, kann man jene genug erkennen, auch wenn ich schwiege. Tatsächlich waren wir, wann immer in freundschaftlichem Gespräch kirchliche Dinge verhandelt wurden, nicht selten verwundert, daß er aus der alten Geschichte immer etwas zur Hand hatte, das zu der verhandelten Sache paßte, sie beleuchtete und definierte. Aber nicht geringer war in diesem Manne die Fähigkeit des Lehrens und Erörterns. Mit wie großem Geschick er lehrte, dafür sind dieselben Leute Zeugen wie vorher für seine Bildung und sein Wissen. Welcher Gewandtheit beim Disputieren, welchen Scharfsinns er sich immer bedient hat, daran erinnern sich seine Hörer. Er spielte nicht festgelegte Argumente aus, wie viele sie in Übung haben; er behandelte die Sache nicht mit lautem Reden und Geschrei, wovon die Hörer keinen Nutzen hätten; sondern er entfaltete alles so offen und eindringlich, daß aufmerksame Zuhörer davon den größten Gewinn hatten. Und in dieser seiner Methode des Lehrens wie des Erörterns war immer so viel Mäßigung, so viel Standhaftigkeit, daß er weder blindlings müßige Fragen stellte, noch auch nur einmal die mit Vorsatz angenommene Lehrmethode veränderte. Daran erinnerst du dich ohne Zweifel, sehr gelehrter Herr Konrad Matthaeus, mein hochverehrter Verwandter, was er noch an seinem Sterbetag in unser beider Gegenwart gesagt hat. Er sagte: So wie ich mir immer Mühe gegeben habe in der Universität, meinen Hörern eine nützliche Lehre vorzulegen und unnütze Fragen zu vermeiden, so habe ich mich sorgsam gehütet, irgendeine Gelegenheit für Streitigkeiten zu geben, und diese Form des Lehrens habe ich immer eingehalten; und ich werde sie weiter behalten, solange ich lebe. Dies etwa waren seine Worte; als wir sie nicht ohne Tränen gehört hatten, bekräftigten wir, daß wir dafür Zeugen seien und daß wir dieselbe Weise zu lehren bis dahin immer eingehalten hätten und weiterhin auch behalten würden²⁸.

Aber was seine Treue und Sorgfalt im Professorenamt betrifft, brauche ich nicht viel zu sagen. Ich rufe dieselben, die für sein Wissen und seine Lehrfähigkeit zeugten, auch als Zeugen seiner Sorgfalt an. In der Tat entbrannte er von solcher Leidenschaft für die Förde-

grabat, ut praeter labores sibi injunctos, etiam horas saepe subdivisas sumeret, quibus aliquid extra ordinem doceret. Exercitia disputationum atque declamationum diligenter urgebat, quibus ut ipse aliquot annos solus semper magno cum labore praefuit: ita post, cum caeteri quoque collegae ordine praesidermus, ipse libenter interfuit. Concionandi vero in schola rationem quanto cum labore, quanto cum molestia instituit? praescribebat ipse locos, quos tractandos maxime putaret; emendabat conciones a studiosis conscriptos, priusquam recitarentur; audiebat etiam concionaturos, antequam in publicum prodirent, ut si quid vel in voce, vel in gestibus desideraretur, id quoque corrigeret. Collaudabat eos, qui recte sese in hisce exercitiis gessissent: objurgabat extimulabatque ad diligentiam negligentiores atque secordes. Adiecerat his exercitiorum generibus, praeter examen Theologicum, quod semel fere intra biennium instituebat, etiam consultationis Theologicae quandam rationem: ubi quaestione aliqua proposita vel de doctrina, vel de ritibus atque negotiis ecclesiasticis, singulos jubebat ordine sententias suas integra oratione proponere ut ita variis in utramque partem dictis sententiis, ex multis quid verum esset, quid falsum, quid pro causa faceret, quid contra causam afferri posset, animadverteretur. Quos ille omnes labores ita sponte suscepit, ut nullo etiam laborum praemio proposito, diligentissime tamen eos persequeretur.

Omitto studia privata, de quibus nihil nunc dicam amplius, quam quod vere affirmare possum: numquam illum domi solum fuisse, quin scriberet aliquid, vel legeret, vel meditaretur: usque adeo, ut etiam enervare mihi corporis vires, et frangere nimiis studiis atque laboribus videretur. Accedebat ad haec omnia diligentissima de reformandis ecclesiis meditatio, in qua dies noctesque versabatur. Cupiebat enim ad veteris ecclesiae exemplum revocare nostros homines, cupiebat sublatis multis nugis, quae ad huc ex Papatu nobis sunt reliquae, veterum in colenda religione simplicitatem reducere; cupiebat collapsam maximo cum ecclesiarum detrimento, disciplinam ecclesiasticam restituere. In quo suo instituto quantum elaboraverit, quantumque omnibus ecclesiis fructum attulerit, ipso etiam defuncto tum intelligemus, cum istae meditationes, de quibus et supra dicimus, quamvis imper-

rung der heiligen Studien, daß er neben den ihm auferlegten Arbeiten, auch oft übrige Stunden brauchte, in denen er etwas außer der Reihe lehrte. Mit Sorgfalt betrieb er Übungen im Disputieren und Deklamieren; wie er sie selbst einige Jahre allein immer mit großer Ausdauer leitete, so war er später, als auch wir übrigen Kollegen der Reihe nach die Leitung hatten, selbst gerne dabei. Mit welchem Eifer, welcher Mühe unterrichtete er an der Universität die Lehre vom Predigen! Er schrieb selbst die Punkte vor, die seiner Meinung nach am meisten abzuhandeln waren; er verbesserte von Studenten geschriebene Predigten, bevor sie gehalten wurden; er hörte sogar die Predigtkandidaten, bevor sie an die Öffentlichkeit kamen, um auch das zu korrigieren, was an der Stimme oder den Gesten zu wünschen blieb. Er lobte die besonders, die diese Übungen recht ausführten. Er tadelte die Nachlässigen und Unbekümmerten und trieb sie zur Sorgfalt an. Dieser Art von Übungen hatte er, abgesehen von dem theologischen Examen, das er ungefähr alle zwei Jahre abhielt, ein gewisses Verfahren theologischer Konsultation hinzugefügt; er legte dort irgendwelche Fragen vor über die Lehre, oder kirchliche Gebräuche und Aufgaben, und trug den einzelnen auf, ihre Gedanken der Reihe nach in freier Rede vorzulegen, damit so durch verschiedene für und wider vorgetragene Meinungen erkannt würde, was aus dem Vielen wahr sei und was falsch, was für die Sache spreche, was dagegen eingewandt werden könne. Alle diese Mühen nahm er freiwillig auf sich, obwohl ihm keine Belohnung für die Anstrengungen in Aussicht stand; aber dennoch verfolgte er sie auf das sorgfältigste[29].

Ich übergehe die privaten Studien, über die ich jetzt nichts weiter sage, als was ich wirklich bestätigen kann: Niemals ist er allein zu Hause gewesen, es sei denn, er schrieb etwas oder las oder meditierte, so weit, daß er auch mir die Kräfte des Körpers zu entnerven und durch allzu umfangreiche Studien und Arbeiten zu zerbrechen schien. Zu diesem allem kam hinzu das Nachdenken über die Reformation der Kirche, womit er Tag und Nacht befaßt war. Er wünschte nämlich, unsere Menschen zum Vorbild der Alten Kirche zurückzurufen; er wollte sie zur Einfalt der Alten im Gottesdienst zurückführen dadurch, daß er die vielen Nichtigkeiten abschaffte, die uns bis heute vom Papsttum übrig sind; er wollte die mit größtem Schaden für die Kirchen verfallene kirchliche Disziplin erneuern. Wieviel er bei diesem seinem Vorhaben erarbeitet und welchen Nutzen er für alle Kirchen erbracht hat, das werden wir trotz seines Todes dann erkennen,

fecte, in lucem prodierint. De quibus multo plura a me dici, magnaque cum laudatione possent, nisi ad reliquas orationis partes properarem.

In vita proinde ac moribus clarissimi hujus viri collaudandis, non est quod elaborem, apud nos praesertim. Satis ille notus vobis omnibus fuit, satis perspecti ejus mores etiam exteris hominibus fuerunt. In victu atque vestitu temperantissimus semper fuit, in conviviis modestissimus, in colloquiis ac conversationibus humanissimus et aequissimus. Ut immania illa in conviviis nostrarum hominum pocula, et scurriles in colloquiis nugas ex animo aversabatur: ita moderatis conviviis, juncundisque amicorum confabulationibus libenter nonnunquam intererat. Ita, neque ea quae turpia essent, probabat: neque quae concedi ad animi recreationem possent, improbabat. Breviter, ita sese gerebat ubique et adversus omnes, ut non modo doctis hominibus jucundi, sed etiam indoctis suavissimi ejus mores viderentur. Unde, quam carus non solum scholae, verum etiam toti civitati fuerit: multae omnium ordinum profusae in funere ipsius lacrymae, quas vidistis, testabantur.

Sed cum annos 22, et menses aliquot, ea qua diximus ratione in schola hac exegisset: ut non erat magna valetudine, ita cum aliquot ante hebdomadas continuis catharris ac tussibus laborasset, ad 23 Januarii diem gravius decumbere coepit. Maxime de doloribus capitis, pectoris ac laterum conquerebatur: atque ita nonnunquam membra aestuabant omnia, ut horrore quodam febrili concuti viderentur. Ac illa quidem tota hebdomade, cum nondum adhuc de vita ipsius desperaremus, multa quidem ille et cum aliis, ut mecum praesertim, qui frequentior aderam, de rebus scholae, de studiis Theologicis, de ecclesiis reformandis colloquebatur. Ajebat inter caetera, partiendos nobis esse nonnullos, si convaluisset, maxime illos concionum instituendarum, labores; quos quia solus ipse pertulisset, amisisse valetudinem sibi videretur. Ad 30 vero Januarii diem, qui Dominicus erat, cum celebrata in sacro coetu coena Dominica esset, petiit, ut ad se quoque pro more veteris ecclesiae panis sacer et calix afferentur: de quibus postquam cum familia sua percepisset, gravius jam cum morbo

wenn jene Meditationen, über die wir oben redeten, wenn auch unvollendet ans Licht kommen. Darüber könnte von mir noch viel mehr mit größtem Lob gesagt werden, wenn ich nicht zu den übrigen Teilen meiner Rede überginge[30].

Im Leben und den so lobenswerten Sitten dieses hochberühmten Mannes ist nichts, was ich genau ausführen müßte, besonders bei uns. Euch allen war er hinreichend bekannt, auch auswärtigen Leuten waren seine Gewohnheiten wohlbekannt genug. In Speise und Kleidung war er immer sehr mäßig, bei Gastmählern bescheiden, bei Gesprächen und Unterhaltungen leutselig und geduldig. So wie er einerseits jene großen Humpen bei den Gelagen heutiger Menschen und unsinnige Possen bei Gesprächen aus tiefster Seele zurückwies, so war er bei maßvollen Gastmählern und erfreulicher Unterhaltung von Freunden bisweilen gerne dabei. Weder billigte er, was schimpflich war, noch verwarf er, was man zur Erholung des Geistes zugestehen konnte. Kurz, so verhielt er sich überall und gegenüber jedem, daß sein Verhalten nicht nur gelehrten Menschen angenehm, sondern auch ungelehrten sehr annehmlich schien. Wie wert er daher nicht nur der Universität, sondern der ganzen Bürgerschaft war, das bezeugen die vielen vergossenen Tränen aller Stände bei seinem Begräbnis, die ihr gesehen habt.

Aber als er 22 Jahre und einige Monate in der Weise, wie wir sagten, an der Universität hier verbracht hatte – wie er überhaupt nicht von starker Gesundheit war, so wurde er vor ein paar Wochen von anhaltendem Katarrh und Husten geplagt – da begann er am 23. Januar ernster zu erkranken. Am meisten klagte er über Schmerzen an Kopf, Brust und Lunge; und manchmal brannten seine Glieder so, daß sie von fiebrigen Schauern geschüttelt schienen. Und jene ganze Woche, als wir für sein Leben die Hoffnung noch nicht aufgegeben hatten, unterhielt er sich mit anderen und besonders mit mir, der ich häufiger da war, über Universitätsangelegenheiten, theologische Studien und die Reformation der Kirchen. Er sagte unter anderem, daß wir, wenn er genesen sei, einige Arbeiten teilen müßten, besonders die des Predigtunterrichtes; weil er diesen allein durchgeführt hatte, meinte er seine Gesundheit verloren zu haben. Am 30. Januar aber, es war ein Sonntag, bat er, da in der heiligen Versammlung das Herrenmahl gefeiert wurde, daß auch ihm nach der Sitte der Alten Kirche das heilige Brot und der Kelch gebracht würden. Nachdem er diese mit seiner Familie empfangen hatte, kämpfte er mit seiner

conflictabatur. Atque sequenti tum die coepit uxori mandare diligenter, quid post mortem suam fieri vellet: atque liberis praecipere, quomodo se et erga Deum ac matrem pie, et adversus homines caeteros juste atque honeste gererent. Inter caetera cum filiolus tremulus ad lectum astaret: disce, inquit, mi fili, mandata Domini, et ipse enutriet te. Post multa, cum iis qui officii causa eum invisebant, eo ipso die, ut et sequente, de fidei suae professione, deque ejus doctrinae, quam professus esset, constantia disseruit. Ac ipsis quidem calendis Februarii quibus et expiravit, tota ejus oratio in hoc fuit, ut iis, quos praesentes videbat, testatum faceret: in ea se doctrinae ac fidei professione, quam tot annis in schola proposuisset, constantem usque ad extremum spiritum perseverare. Qua de re plura nunc dicerem, Clarissimi Viri, nisi harum rerum recordatione lacrymae mihi oborirentur. Sub vesperam ejus diei, cum iterum de constantia fidei suae atque perseverantia nonnulla dixisset: valedicere nobis coepit, ac animam ipsam agere. Agnoscebat tamen adhuc singulos, et interruptis verbis ac morientibus vocibus rogatus respondebat: donec post 8 horam noctis, cum media fere 9 esset, spiritum Deo reddidit: cum nondum annum aetatis suae 53 explevisset. Historiam vitae ac mortis gravissimi Theologi D. Andreae Hyperii habetis: quam, ut potui, brevissime vobis ac simplicissime commemoravi.

Venio nunc ad luctum atque moerorem nostrum, Clarissimi Viri: qui ut maximus est atque incredibilis, ita justus esse non posset, nisi gravissimis causis ad acerbissimum animi sensum commoveremur. Solent autem duabus potissimum de causis homines in funeribus lugere. Primum, quod male cum iis agi putent, quos vita defunctos lugent. Deinde, quod quanta incommoda morte illorum vel ad se privatim, vel ad rempublicam pervenerint, secum reputent. Prior illa causa, locum in nostro luctu nullum habet; posterior, gravissimum nobis dolorem adfert. Non enim vel in eo errore versamur, ut cum sensu corporis animum quoque extingui putemus: vel ita impii sumus, ut de aeterna felicitate, qua omnes qui cum pietate ac fide vixerunt, post hanc vitam perfruentur, dubitemus. Immo vero certissima persuasione jus-

Krankheit schon schwerer. Am darauffolgenden Tage begann er seiner Gattin genau aufzutragen, was er nach seinem Tode gemacht haben wollte, und seine Kinder zu unterweisen, wie sie sich gegen Gott und die Mutter fromm, und den übrigen Menschen gegenüber gerecht und ehrenvoll verhalten sollten. Unter anderem sagte er, als sein kleiner Sohn zitternd am Bett stand: Lerne, mein Sohn, die Gebote Gottes und er selbst wird dich aufziehen! Viel später unterhielt er sich mit denen, die ihn offiziell besuchten, am gleichen Tage und am folgenden, über das Bekenntnis seines Glaubens und über die Stetigkeit seiner Lehre, die er öffentlich vorgetragen hatte. Und am 1. Februar selbst, an dem er auch starb, war seine ganze Rede darauf gerichtet, denen, die er anwesend sah, zu bezeugen, daß er in dem Bekenntnis der Lehre und des Glaubens, das er so viele Jahre an der Universität öffentlich vertreten hatte, fest bis zum letzten Atemzug beharre. Darüber würde ich jetzt mehr sagen, hochverehrte Herren, wenn mir nicht durch die Erinnerung daran die Tränen hervorbrechen würden. Gegen Abend dieses Tages, als er wieder einiges über die Festigkeit seines Glaubens und seine Beharrlichkeit gesagt hatte, begann er, uns Lebewohl zu sagen, und seinen Geist aufzugeben. Dennoch erkannte er Einzelne, und auf Bitten hin antwortete er mit stockenden Worten und ersterbender Stimme, bis er dann nach der 8. Stunde am Abend, es war etwa halb neun, seinen Geist Gott zurückgab. Er hatte noch nicht sein 53. Lebensjahr vollendet. Die Geschichte des Lebens und Sterbens des hochbedeutenden Theologen Doktor Andreas Hyperius kennt ihr nun; ich habe sie euch, so kurz und einfach ich konnte, vorgetragen[31].

Ich komme nun zu unserer Trauer und Betrübnis, hochverehrte Herren, die, wie groß und unglaublich sie auch ist, doch nicht gerecht sein könnte, wenn wir nicht aus schwerwiegendsten Gründen zu schmerzlichstem Empfinden der Seele bewegt würden. Aus zwei Gründen vornehmlich pflegen die Menschen bei Todesfällen zu trauern. Erstens weil es ihrer Meinung nach denen übel ergeht, die sie als aus dem Leben geschieden betrauern. Zweitens, weil sie bei sich bedenken, wieviel Unglück durch den Tod jener entweder auf sie selbst oder den Staat zukommt. Jener erste Grund hat in unserer Trauer keinen Platz. Der zweite dagegen bringt uns den größten Schmerz. Denn wir befinden uns weder in dem Irrtum, zu glauben, daß mit dem Gefühl des Körpers auch die Seele vergehe; noch sind wir so ungläubig, an der ewigen Glückseligkeit zu zweifeln, die alle, die in

miserias: fruitur jam perpetuis constantibusque apud Christum delicitissimaque statuimus, Hyperium nostrum, ut pie semper ac sancte vixit, ita nunc jucundissimo Dei optimi maximi conspectu, angelorumque consortio ac beatorum hominum societate perfrui. Neque vero hanc vitam ita ipsi jucundam fuisse censemus, ut cum magna vitae diuturnioris cupiditate mortuum credamus. Videbat ipse, quantis haec vita misera aerumnis esset referta: sciebat, nos, quam diu in hoc corpore versamur, peregrinari a Domino: non ignorabat, pios hoc corporis vinculo solutos, migrare ad Dominum. Quare, tametsi ita in maximis laboribus versaretur, ut non admodum hujus vitae afficeretur fastidio: semper tamen illus immortalis atque aeternae vitae desiderio tenebatur.

Solebat nobis saepe in schola, saepius in familiari colloquio commemorare, et quasi ob oculos ponere, maximam illam hoc seculo totius orbis terrarum perturbationem: et praesagire animo, futuram adhuc cum religionis tum imperiorum atque regnorum confusionem multo tristissimam. Conjecturas non ex siderum constellationibus, quas vocant: sed ex ipsarum rerum, quae in oculos omnium incurrebant, consideratione sumebat. Ajebat nunquam majorum nostrorum tempore ita male constituta fuisse regna atque imperia, ut nunc essent pleraque. Alia enim teneri a pueris; alia gubernari a mulierculis; alia a juvenibus administrari, qui nuper ad rempublicam capessendam accessissent. Affirmabat superesse quidem in imperio aliquos, sed paucos, aetate graves, usuque rerum peritos principes, qui molem imperii suis quasi humeris adhuc quoquo modo sustinerent. Scholas per totam Europam dissipatas commemorabat, vel bello civili, vel tristi piorum persecutione, vel praestantium doctorum morte atque interitu. Ecclesias nostras miserrime afflictas ostendebat, tum quod praeclaris doctoribus orbatae essent, quibus pares non succederent: tum quod tristibus, ac modo non cruentis dissidiis divexarentur: tum quod ejusmodi nunc essent tempora et hominum mores, ut brevi videretur nostris flagitiis provocatus Deus omnipotens, ablaturus a nobis regnum suum, traditurusque aliis, qui fructum majorem facerent. Haec ille cum saepe alias commemorare solebat, optareque, ut prius et vita

Frömmigkeit und Glauben gelebt haben, nach diesem Leben genießen. Vielmehr glauben wir aus festester und wohlbegründeter Überzeugung, daß unser Hyperius, wie er immer fromm und heilig lebte, so jetzt den überaus erfreulichen Anblick des gütigsten, größten Gottes, die Gemeinschaft mit den Engeln und das Zusammensein mit den seligen Menschen genießt. Nicht meinen wir, ihm selbst sei dieses Leben so angenehm gewesen, daß wir glaubten, er sei mit großer Sehnsucht nach Verlängerung dieses Leben gestorben. Er sah selbst, wieviel Mühsal dieses elende Leben brachte. Er wußte, daß wir für die Dauer des Wallens in diesem Leibe vom Herrn entfernt pilgern; er war gewiß, daß die Frommen, von der Fessel des Körpers befreit, dorthin zum Herrn wandern. Deshalb war er, obwohl so beschäftigt mit größten Arbeiten, daß ihn kaum Überdruß an diesem Leben packte, immer von der Sehnsucht nach jenem unsterblichen und ewigen Leben gehalten.

Er pflegte uns oft in der Universität, öfter noch in freundschaftlichem Gespräch, zu erinnern und gleichsam vor Augen zu stellen jene überaus große Verwirrung des ganzen Erdkreises in dieser Zeit, und im Geiste die zukünftige trostloseste Konfusion der Religion sowohl als auch der Herrschaften und Reiche zu prophezeien. Nicht aus den Konstellationen der Gestirne nahm er, was man Prophezeiungen nennt, sondern aus der Betrachtung eben der Dinge, die vor aller Augen sind. Er sagte, daß niemals zur Zeit unserer Vorfahren Reiche und Herrschaften so schlecht bestellt gewesen seien wie die meisten heute. Die einen nämlich würden von Kindern beherrscht, andere von schwachen Weibern gelenkt, andere von Jünglingen verwaltet, die gerade erst zur Übernahme von Staatsdiensten gekommen seien. Er versicherte, daß noch einige andere an der Regierung seien, aber wenige, hochbetagte und erfahrene Fürsten, die bis jetzt die Last der Herrschaft irgendwie auf ihren Schultern trügen. Er führte an, daß in ganz Europa Universitäten zerstört seien durch Bürgerkrieg, bittere Verfolgung der Gläubigen oder durch Tod und Vernichtung der hervorragenden Gelehrten. Er zeigte, daß unsere Kirchen jämmerlich zerrüttet seien, teils weil sie der hervorragendsten Lehrer beraubt seien, denen keine entsprechenden nachfolgten, teils weil sie durch traurige und beinahe blutige Zwietracht verheert werden, dann weil heute die Zeiten und Sitten der Menschen derart seien, daß der allmächtige Gott durch unsere Niederträchtigkeit bald herausgefordert scheine, sein Reich von uns zu nehmen und anderen zu geben, die größere

evocaretur, quam in illam rerum omnium, quam providebat animo, perturbationem atque vastitatem incideret: tum primis statim diebus, quibus decumbere coepit mihi nihil adhuc morte ipsius suspicanti, inter caetera haec dicebat: Nihil est, inquit, quod me in hac vita amplius delectet. Itaque libentissime, ubi Domino visum fuerit, dissoluar, ut commigrem ad Christum. Itaque ut ipse diuturnorem vitam non optavit: ita, sive quid hic reliquerit spectemus, sive quid post mortem suam consecutus sit consideremus: quis non optime cum eo actum existimet? Evasit hujus vitae calamitosissimae aerumnas atque is. Exuit corpus illud corruptioni obnoxium: expectat jam, ut corpus immortale induat. Scholas has nostras deseruit: in scholam caelestem pervenit. Quem hic quasi in specula per aenigma videbat; hunc jam vidit coram facie ad faciem. Ad quam in illo studiorum suorum atque laborum cursu tendebat gloriosam coronam, quae nunquam marcesceret: ea jam a Domino suo donatus laetatur, atque exultat. Quare non, quod de ipso male actum esse putemus, id circo in luctu atque moerore sumus: sed quod, quantum ejus morte et privatim et publice amiserimus, animo expendimus. Neque enim nullum nobis dolorem adfert privatum incommodum. Nam si dicerem, nihil me morte carissimi affinis, nihil amitae luctu, nihil consobrinorum moerore commoveri, quam id recte facerem, viderint philosophi ‚ástorgoi': sed certe mentirer. Movent me illa, ac vehementer perturbant: quae tamen non amplificabo oratione, ne mihi ipsi dolorem augeam. Quid si ejus, qui praeceptor tantum fuisset, mortem cum lacrymis lugerem? ne id quidem opinor quisquam sana mente praeditus reprehenderet: sed potius discipuli grati me officium facere judicaret. Fieri enim vix potest, quin eos, qui bene de nobis meriti sunt, ereptos nobis doleamus. Quis igitur miretur, maximum hunc luctum nostrum privatum, dolorem-

Frucht bringen. Oft führte er dies anderen gegenüber aus und wünschte sich, aus dem Leben gerufen zu werden, bevor er in jene Verwirrung und Verwüstung aller Dinge, die er im Geist voraussah, hineingeriete[32].

So sagte er mir, der ich noch nichts von seinem Tode ahnte, sofort in den ersten Tagen, als er niederzuliegen begann, unter anderem folgendes: Es gibt nichts, was mich in diesem Leben noch weiter erfreut. Deshalb werde ich ganz willig zerbrochen, sobald es dem Herrn gefällt, um zu Christus zu wandern. Da er sich selber kein längeres Leben wünschte, sollte man glauben – sei es angesichts dessen, was er hier zurückließ, sei es im Blick darauf, was er nach seinem Tode erreichte –, daß ihm das Beste widerfahren ist. Er entkam der Mühsal und dem Elend dieses höchst unheilvollen Lebens und genießt schon die ewigen und beständigen Freuden bei Christus. Er legte diesen der Vergänglichkeit verfallenen Körper ab und wartet schon, den unsterblichen Leib anzuziehen. Diese unsere Hochschule verließ er, zur himmlischen Schule ist er gelangt. Den er hier wie in einem Spiegel andeutungsweise sah, den sieht er nun von Angesicht zu Angesicht. Die Ehrenkrone, nach der er im Laufe seiner Studien und Arbeiten strebte, die niemals verwelkt, sie ist ihm nun von seinem Herrn geschenkt und er freut sich und jubelt. Deshalb sind wir nicht in Trauer und Schmerz, weil wir glauben, daß es ihm schlecht ergangen sei, sondern weil wir im Geiste abwägen, wieviel wir durch seinen Tod privat und öffentlich verloren haben. Nicht daß uns das private Unglück keinen Schmerz verursachte! Denn wenn ich behauptete, daß ich überhaupt nicht durch den Tod meines liebsten Verwandten, nicht durch den Schmerz meiner Tante, nicht durch die Trauer meiner Vettern bewegt werde – mit welchem Recht, das mögen die Philosophen der Lieblosigkeit erwägen –, dann würde ich doch sicher lügen. Das alles bewegt und erregt mich heftig; dennoch werde ich es in meiner Rede nicht weiter ausführen, um mir nicht selbst meinen Schmerz zu vergrößern[33]. Was wäre, wenn ich den Tod dessen mit Tränen beweinte, der so sehr Lehrer war? Ich glaube nicht, ein mit gesundem Geist begabter Mensch würde dies tadeln, sondern eher meinen, daß ich der Pflicht eines dankbaren Schülers nachkäme. Es kann wohl kaum geschehen, daß wir die, die sich um uns hoch verdient gemacht haben, nicht betrauern, wenn sie uns entrissen sind. Wer also sollte sich wundern über diese unsere größte persönliche Trauer und den unglaublichen Schmerz? Dennoch, wenn unsere Uni-

que incredibilem existere. Quem tamen si schola nostra consolaretur, facillime leniri ac minui posset. Verum ad hanc ego cum animum ac cogitationem meam confero, tum vero multo acerbior, et vix consolabilis dolor existit. Quid enim, Clarissimi Viri, (ut quod de republica sua Cicero, id ego de schola nostra dicam) quid inquam est, quod me consolari possit in tantis tenebris et parietinis scholae nostrae? Tanta est rerum omnium amissio et desperatio recuperandi. Doctorem enim summum, ornamentum facultatis Theologicae, lumen maximum totius scholae atque ecclesiae amisimus; neque interim, quis tanto viro, tam gravi Theologo, tam docto atque modesto succedere, tanto cum fructu studiorum nostrorum possit, videmus. Divus Ambrosius in funere imperatoris Theodosii, ut spem bonam reip. de successoribus faceret, ita dixit: Ergo tantus imperator recessit a nobis, sed non totus recessit: reliquit enim nobis liberos suos, in quibus eum debemus agnoscere, et in quibus eum cernimus et tenemus. Recte hoc atque vere Ambrosius de Honorio et Arcadio dicere potuit. Sed nos, quam vobis spem successoris facere possumus? qui tanta fide, tanta diligentia, tantaque modestia existat, quanta noster Hyperius maxima in sacris literis tradendis semper fuit? Quae ita a me dici velim existimetis, non quod omnino de studiis nostris desperem: quae etsi concussa morte hujus viri sunt vehementer, tamen Deus pater omnipotens promovebit ac provehet: sed quod ut de Elia propheta in coelos sublato Elisaeus discipulus exclamabat: Abi Abi raecaeb Israel upharasaiu: id est, Pater mi, pater mi, currus Israel et equites ejus: ita nos quoque de erepto nobis nostro praeceptore Hyperio non immerito conquerimur. Quamquam profecto cum rem totam altius apud animum perpendo, Clarissimi Viri, vix video, quid non modo nobis, sed toti fere Germaniae admodum praeclarae sit spei reliquum. Oppressa majorum nostrorum aetate pura religio Pontificum tyrannide fuerat: non secus quam olim respublica Hebraeorum, gentium finitimarum vi atque injuriis. Misertus ut olim Hebraeorum, ita nunc nostrum Dominus, ut dum duces pios ac judices strenuos, qui in libertatem pristinam populum asserent, ita nunc doctores multos eximios excitaverat, qui reli-

versität den trösten könnte, könnte er leicht gelindert und vermindert werden. Wenn ich aber ihr meine Gedanken und Aufmerksamkeit zuwende, dann erhebt sich viel schlimmerer und kaum zu lindernder Schmerz. Was nämlich, hochverehrte Herren, – um das, was Cicero über seinen Staat sagte, über unsere Universität zu sagen – was, sage ich, gibt es, das mich trösten könnte im so großen Dunkel und Verfall unserer Universität? So groß ist der Verlust aller Güter und die Aussichtslosigkeit, sie zurückzugewinnen. Den größten Gelehrten nämlich, den Schmuck der theologischen Fakultät, das hellste Licht der ganzen Universität und Kirche haben wir verloren; und wir sehen keinen, der einem solchen Manne, einem so bedeutenden Theologen, einem so gelehrten und maßvollen, mit so großem Nutzen für unsere Studien, nachfolgen kann. Der göttliche Ambrosius sagte beim Begräbnis des Kaisers Theodosius, um dem Staat gute Zuversicht wegen der Nachfolger zu geben, folgendes: Ein so großer Kaiser also ist von uns gegangen, aber er ist nicht ganz fort, denn er ließ uns seine Kinder zurück, in denen wir ihn wiedererkennen sollen, und in denen wir ihn wahrnehmen und behalten. Zutreffend und richtig konnte Ambrosius dies von Honorius und Arcadius sagen[34]. Aber wir, welche Hoffnung auf einen Nachfolger können wir euch machen? Der von solchem Glauben, solcher Sorgfalt, solcher Besonnenheit wäre, wie unser Hyperius besonders immer beim Lehren der heiligen Schriften war? Ich wollte, ihr meintet, daß ich so nicht deshalb spreche, weil ich überhaupt an unseren Studien verzweifle, die doch trotz der starken Erschütterung durch den Tod dieses Mannes Gott, der allmächtige Vater, fördern und weiterbringen wird, sondern weil so wie bei der Himmelfahrt des Propheten Elia sein Schüler Elisa rief: „Abi, Abi, raecaeb Israel upharasaiu", das heißt: „Mein Vater, mein Vater, du Wagen Israels und sein Gespann", – auch wir mit vollem Recht unseren uns entrissenen Lehrer Hyperius beklagen. Wenn ich indessen die ganze Sache im Geiste genauer abwäge, hochverehrte Herren, so sehe ich kaum, was nicht nur uns, sondern fast ganz Deutschland noch an bedeutender Hoffnung geblieben ist. Zur Zeit unserer Vorfahren war die reine Religion durch die Tyrannei der Päpste unterdrückt, nicht anders als einst der Staat der Hebräer durch Gewalt und Übergriffe der Nachbarvölker. Aber wie sich der Herr einst der Hebräer erbarmt hat, so nun auch unser; und wie einst gläubige Fürsten und tatkräftige Richter, die dem Volk die alte Freiheit geben sollten, so hatte er nun viele außerordentliche Gelehrte be-

gionem puritati suae restituerent, nosque a tyrannide illa pontificia vindicarent. Quos sive duces ecclesiae, sive doctores, cum paulatim jam Dominus ad se revocet, ut superioribus annis Lutherum, Bucerum, Melanchthonem, aliosque multos: et proximis his 15. mensibus Martyrem, Musculum, nostrumque Hyperium: metuendum profecto nobis est, ne istis ecclesiae luminibus tot tantisque extinctis, cum pauci supersint viri tanti, tamque docti et exercitati, succedant alii, qui non (ut superiores) libertatem restitutam defendant, sed nova nos servitute obstringant. Immo vero cum ducibus illis sublatis, quivis quidvis acturus et sensurus videatur pro sua libidine, metuendum summopere est, ne nostra culpa tota nobis iterum religio maximis tenebris involuta obscuretur ac obruatur. Nam profecto veritatis lucem, quae post tristes illas tenebras, quibus majores nostri impliciti fuerunt, divino nobis beneficio affulferat: eam usque adeo homines nostri iam ferre nequeunt, ut non modo aperte atque palam lucem claram fastidiant, sed et ad illas tenebras, tamquam ad ollas Egyptiacas redire avidissime desiderent. Praeterea quae vita sit nostrorum hominum, qui mores eorum, qui de religionis puro cultu gloriantur, videmus. Non de plebe tantum dico, atque infima fece hominum: de iis dico, quos omnes miramur, quos reveremur, quos colimus atque laudamus. Tantus est apud plerosque religionis contemtus, tanta pietatis neglectio, tanta virtutis proculcatio: ut non Christiani, sed plane efferati ac barbari videri possint. Quae cum ita sint, nemo erit profecto, qui usque adeo inanem hunc metum nostrum existimare possit. Fert ad tempus peccata nostra ac vitia Dominus, ut lentus est ad iram: sed tamen cum nulla vitae melioris spes est reliqua, ac peccata in coelum jam exclamant: tum vero ad iram concitatus, ad poenas sumendas se convertit. Quod cum facere vult, bonos saepe ac pios viros nobis eripit, ne malis istis probi cum improbis involuantur. Sed nimis forte male nunc scholis nostris atque ecclesiis ominari videor: quin igitur potius ad vos, Clarissimi Viri, orationem meam converto: vosque rogo atque obtestor,

rufen, die Religion in ihrer Reinheit wiederherzustellen und uns von jener päpstlichen Tyrannei zu befreien. Da der Herr diese Kirchenführer oder Gelehrte allmählich wieder zu sich ruft, wie in den vorigen Jahren Luther, Bucer, Melanchthon und viele andere, und in den letzten 15 Monaten Martyr, Musculus[35] und unseren Hyperius, müssen wir in der Tat fürchten, nachdem diese so zahlreichen und großen Leuchten der Kirche verloschen und nur wenige so große gelehrte und geübte Männer übrig sind, daß ihnen andere nachfolgen, die nicht (wie die vorigen) die wiedererlangte Freiheit verteidigen, sondern uns mit neuer Sklaverei fesseln. Ja vielmehr noch, wenn jene Anführer tot sind und jeder etwas tun und denken wird nach seiner Lust, muß am meisten befürchtet werden, daß durch unsere Schuld die ganze Religion uns wiederum durch größte Verfinsterungen verdunkelt und vernichtet werde. Denn das Licht der Wahrheit, das nach jenen traurigen Verfinsterungen, von denen unsere Vorfahren eingeschlossen waren, uns tatsächlich durch göttliche Wohltat geleuchtet hat, das können die heutigen Menschen so sehr nicht mehr ertragen, daß sie nicht nur offen und unverhohlen das klare Licht verschmähen, sondern auch sehr begierig sind, in jene Dunkelheit wie zu den ägyptischen Fleischtöpfen zurückzukehren. Außerdem sehen wir, was für ein Leben, was für Sitten die heutigen Menschen haben, die auf den reinen Kult der Religion stolz sind. Ich rede nicht nur vom niederen Volk und letzten Bodensatz der Menschen, sondern ich spreche von denen, die wir alle bewundern, die wir verehren, die wir schmücken und die wir loben. So groß ist bei den meisten die Verachtung der Religion, so groß die Vernachlässigung der Frömmigkeit, so groß die Unterdrückung der Tugend, daß man sie nicht als Christen, sondern geradezu als Wilde und Barbaren ansehen kann. Da dies so ist, wird es in der Tat niemanden geben, der diese unsere Befürchtung für so sehr unbegründet halten könnte. Für den Augenblick erträgt der Herr zwar unsere Sünden und Fehler, da er langsam ist zum Zorn; wenn aber dennoch keine Hoffnung auf ein besseres Leben mehr da ist, und die Sünden schon zum Himmel schreien, dann wird er zum Zorn getrieben sich zur Bestrafung wenden. Wenn er dies tun will, beraubt er uns oft der guten und frommen Männer, damit nicht die Guten mit den Schlechten in dieses Unheil hineinverwickelt werden. Aber ich scheine nun wohl allzu schlimm für unsere Universitäten und Kirchen vorauszudenken; daher richte ich besser meine Rede an euch, hochverehrte Herren; ich bitte und beschwöre euch, soviel

ut quantum potestis singuli, tantum ad pietatis studia conservanda studii ac operae conferatis. Vos cum primis appello, Ornatissimi Collegae, Te, inquam, Magnifice Domine Rector Lonicere, Te Vigilantissime Pastor Rodinge, Vosque appello ceteros, qui sacras litteras vel in schola nobiscum, vel in ecclesia docetis. In hoc quaeso omnes vestras cogitationes, omnesque conatus convertite, ut studia nostra sacra vigeant ac floreant. Docete, ut facitis, diligenter atque fideliter: paci studete atque concordiae. Proponamus auditoribus nostris, non otiosas de rebus frivolis quaestiones: sed, ut semper fecit noster Hyperius, ea maxime doctrinae religionis capita, quae et ad fidei puritatem conservandam necessaria, et ad vitam ac mores informandos utilissima fuerint. Mittamus infaustas contentiones, quibus aliquot jam scholas gravissime conquassatas videmus. Quiescat haec schola nostra, ut multis jam annis divina gratia conquievit, ab importunis certaminibus. Sequamur in religionis capitibus tradendis solas sacras litteras, scripta inquam Prophetica atque Apostolica. Nullius apud nos hominis tanta sit auctoritas, nullius conciliabuli tanta religio, nullius scripti consuti tantum pondus: ut ab auctoritate scripturae, ut a phrasi apostolica, ut a formulis loquendi, quibus ipse Spiritus sanctus utitur, vel latum unguem recedamus. Hos nobis ipsi circumscribamus quasi cancellos: intra hos consistamus limites. Sic enim, sic fiet, ut non cujusvis doctrinae vanitate quasi vento huc atque illuc impellamur, sed constantes in professione nostra manebimus certamque semper habebimus sanae doctrinae formulam. Vos quoque, Ornatissimi Auditores, Vos inquam sacrarum litterarum studiosos, non hortor solum, verum etiam oro et obsecro, religionis atque ecclesiarum statum animo perpendite: quae nobis, propter vitae ac morum nostri seculi pravitatem, pericula immineant, considerate: quam multos nobis pater omnipotens eximios doctores ac insignia ecclesiae lumina, quam brevi temporis spatio, eripuerit, animadvertite.

Optimos quosque doctores paulatim ex hac vita pater coelestis ad se revocat: multos alios, neque ita doctos, neque ita pacis atque concordiae amantes in vita relinquit: qui non tam soliciti sunt de ecclesiarum salute atque incolumitate, quam de sua auctoritate ac commo-

ihr als einzelne vermögt an Fleiß und Mühe aufzubringen, um die Studien der Frömmigkeit zu erhalten. Euch vornehmlich rufe ich an, hochberühmte Kollegen, dich, sage ich, Rektor Magnificus, Herr Lonicer, dich, unermüdlicher Pastor Roding, und euch übrige fordere ich auf, die ihr die heiligen Schriften mit uns in der Universität oder in der Kirche lehrt[36]. Darauf richtet bitte alle eure Überlegungen und Anstrengungen, daß unsere heiligen Studien lebendig seien und blühen. Lehrt sorgfältig und treu, wie ihr könnt, bemüht euch um Frieden und Eintracht. Laßt uns unseren Hörern nicht müßige Fragen über bedeutungslose Dinge vorlegen, sondern, wie unser Hyperius immer getan hat, vornehmlich die Hauptstücke der Religionslehre, die sowohl notwendig zur Erhaltung der Reinheit des Glaubens als auch sehr nützlich sind zur Gestaltung des Lebens und der Sitten. Laßt uns die unseligen Streitereien aufgeben, von denen wir einige Universitäten schon aufs schwerste erschüttert sehen. Diese unsere Universität möge Frieden haben vor lästigen Streitigkeiten, so wie sie schon viele Jahre durch göttliche Gnade in Frieden blieb. Laßt uns beim Lehren der Hauptstücke der Religion allein den heiligen Schriften folgen, den prophetischen und apostolischen. Bei uns möge kein Mensch solche Autorität haben, kein Konzil solche Heiligkeit, keine ausgeklügelte Schrift solches Gewicht, daß wir von der Autorität der Schrift, der apostolischen Rede, den vom heiligen Geist selber gebrauchten Redeweisen auch nur um eine Nagelbreite zurückwichen. Dies umschreiben wir uns selbst als Schranken; innerhalb dieser Grenzen wollen wir stehen. So nämlich wird es geschehen, daß wir nicht durch die Eitelkeit jeder beliebigen Lehre wie vom Winde hierhin und dorthin getrieben werden, sondern fest in unserem Bekenntnis bleiben und immer die rechte Formel der wahren Lehre haben. Auch euch, hochberühmte Zuhörer, euch Studenten der heiligen Schriften, ermahne ich nicht nur, sondern ich bitte und beschwöre euch: erwägt gründlich den Zustand der Religion und der Kirchen! Bedenkt, welche Gefahren uns wegen der Schlechtigkeit des Lebens und der Sitten unserer Zeit drohen! Seht, wie viele hervorragende Gelehrte und ausgezeichnete Leuchten der Kirche der allmächtige Vater in welch' kurzer Zeit von uns genommen hat!

Gerade die besten Gelehrten ruft der Vater nach und nach zu sich zurück, viele andere, weder so gelehrte noch Frieden und Eintracht so liebende, läßt er am Leben. Diese sind nicht so sehr besorgt um das Heil und die Erhaltung der Kirchen wie um ihre Autorität und ihren

dis: qui non tam pacem quaerunt nobis a Christo relictam, quam sibi ipsis vel ex incenso Domini sanctuario laudem et gloriam: quique nisi magistratuum piorum auctoritate adhuc coercerentur, coelum terrae miscerent. Considerate, inquam, atque perpendite haec omnia. Rogate patrem coelestem, ut sanctam sibi apud nos conservet ecclesiam, quam ipse Spiritu suo regat atque gubernet. Rogate, ut pro isto nobis nunc erepto Hyperio, multos det doctores pios, doctos, tranquillos, constantes. Operam vos etiam ipsi diligentem navate sacris litteris, has legite, has meditemini, ex his certam doctrinae Christianae percipite formulam, inque id unum omnibus viribus incumbite, ut multi ex vobis prodeant, qui praeclaris illis ecclesiae ducibus ad Dominum e statione sua revocatis, suffici aliquando magno ecclesiae commodo possint. Te vero precamur omnes, Pater omnipotens, qui tot tam brevi temporis spatio praeclaros doctores ingrato mundo eripis, multos pacis atque concordiae perturbatores et ecclesiae hostes relinquis: excita pro ereptis istis insignibus Christi tui ministris multos alios, qui ecclesiam tuam doceant atque gubernent. Fove bonorum virorum studia, qui in id laborant, ut ecclesiae tuae serviant. Tu ipse animos nostros religionis atque pietatis amore imbue, ut cum ad judicium filius tuus Domnius noster Jesus Christus in ultima illa mundi conflagratione advenerit, aliquas saltem reperiat fidei ac pietatis reliquias.

Vorteil. Diese streben nicht so sehr nach Frieden, den Christus uns ließ, wie nach Lob und Ruhm für sich selbst, sogar aus dem in Brand gesteckten Heiligtum des Herrn. Und sie würden Himmel und Erde verwirren, wenn sie nicht durch die Autorität frommer Magistrate im Zaume gehalten würden. Bedenkt und erwägt dies alles! Bittet den himmlischen Vater, daß er sich uns seine heilige Kirche erhalte, die er selbst durch seinen Geist regieren und lenken möge. Bittet, daß er für den uns jetzt entrissenen Hyperius viele fromme Lehrer gebe, die gelehrt, ruhig und standhaft sind. Beschäftigt euch auch sorgfältig mit den heiligen Schriften, lest sie, denkt darüber nach, ergreift aus ihnen die rechte Formel der christlichen Lehre, und bemüht euch mit allen Kräften um dies eine, daß von euch viele hervorgehen, die einst, wenn jene hervorragenden Führer der Kirche von ihrem Platz zum Herrn zurückgerufen sind, mit großem Nutzen für die Kirche an deren Stelle gesetzt werden können. Dich aber bitten wir alle, allmächtiger Vater, der du der undankbaren Welt in so kurzer Zeit so viele hervorragende Gelehrte entreißt, und dafür viele Störer des Friedens wie der Eintracht, ja Feinde der Kirche zurückläßt: erwecke für diese abgeschiedenen, ausgezeichneten Diener deines Christus viele andere, die deine Kirche lehren und regieren! Fördere die Studien der Guten, die dafür arbeiten, deiner Kirche zu dienen. Du selbst erfülle unsere Herzen mit der Liebe zur Religion und Frömmigkeit, damit dein Sohn, unser Herr Jesus Christus, wenn er in jenem letzten Weltenbrand zum Gericht kommt, wenigstens einige Reste von Glauben und Frömmigkeit wiederfinde![37]

*III. Historisch-theologische Erläuterungen und Ergänzungen
zur Hyperius-Biographie in Wigand Orths Rede*

1 *Wigand Orth* (1537–28. 4. 1566) war an der Stiftsschule zu Wetter der bedeutendste Schüler von Justus Vultejus und hatte dann in Marburg als Neffe der Frau des Hyperius besonders bei diesem, später in Straßburg bei Petr. Martyr Vermigli und bei Hieron. Zanchi studiert. Sehr jung wurde er 1560 in Marburg Professor für Hebräisch und Altes Testament in der philosophischen, 1562 in der theologischen Fakultät. Er starb im Hause seines Vaters in Goßfelden mit neun Gliedern seiner Familie an der Pest. Theologisch nahm er, wie auch andere Schüler des Hyperius, „eine über den Lehrer hinausgehende entschieden antilutherische Einstellung ein" (Hermelink/Kaehler 114). Zur Biographie: Gundlach Nr. 9; K. Wenckebach S. 67, 75; G. Krause, ThR 34, 1969, 271 f.

Die hier wiedergegebene akademische Gedenkrede erschien zuerst unter dem Titel: Wigandi Orthii, Theologiae ac Linguae S. Professor in Academia Marpurg., Oratio de vita et obitu clarissimi viri, gravissimique Theologi Andreae Hyperii. Marpurgi 1564: Andreas Colibius (BDG Nr. 9311). Sie wurde dann der von Heinrich Vietor posthum herausgegebenen „Methodus Theologiae" (Basel 1566 u. ö., p. 711 ff., s. u. HypBibl. Nr. 16) angefügt, ebenfalls der von Balthasar Wagnitz besorgten Neuausgabe der 2. Bearbeitung von Hyperius' „De formandis concionibus" (Halle 1781, p. 435 ff., HypBibl. Nr. 7. 7). Fast wörtlich übernahm die Gedenkrede: Melchior Adam, Vitae Germanorum Theologorum ..., Heidelberg 1620, p. 389–397. Die Übersetzung der Rede in: K. F. Müller, Andreas Hyperius, ein Beitrag z. s. Charakteristik, Kiel 1895, S. 29–54, ist hier verglichen worden. Eine Übersetzung ins Englische gab J. Ludham im Anhang zu seiner Übersetzung der Homiletik des Hyperius, die unter dem Titel „The Practis of preaching" 1577 in London erschien (HypBibl. Nr. 7. 9).

Zu Seite 13: Erläuterung 2   49

2 *Ypern* (fläm. Jeperen, frz. Ypres, lat. Ipra, Ypra, Hypera) in Westflandern an der jetzt kanalisierten Yperlée (fläm. Jeper) gelegen, zählte im Mittelalter neben Brügge, Gent und Tournai zu den Welthandelsstädten für Woll- und Leinenstoffe und war im 13.-14. Jh. mit 40 000 Einwohnern eine europäische Großstadt. Zeugen dieser Zeit sind die Martins-Kathedrale und die 300 m lange, mit einem Belfried zugleich hochragende Große Tuchhalle (nach späteren Bränden und den Zerstörungen im 1. Weltkrieg originalgetreu wiederhergestellt), das Hospiz, die Fleischhalle und einige alte Patrizierhäuser. Nach der Belagerung durch Gent i. J. 1383 neigte sich die Blütezeit. Im 14. und 15. Jh. war Ypern auf den Import englischer Wolle angewiesen und daher zu englandfreundlicher Politik gezwungen. Industrieller Fleiß, demokratische Stadtverfassung und internationale Handelsbeziehungen prägten auch zu Beginn des 16. Jh. das Leben der Stadt. In Artois und Flandern stießen sowohl französische mit den burgundisch-niederländischen Herrschafts- und Besitzansprüchen aufeinander als auch englische mit den französischen. Erst 1522 löste Karl V., der Ypern 1520 feierlich besucht hatte (Diegerick, Inventaire, V, 118), Flandern und Artois in aller Form aus der Abhängigkeit vom Pariser Parlament und gab ihnen den großen Rat von Mecheln als oberste Instanz. Aber die seit mehr als einem Menschenalter immer wieder aufflammenden Grenzkriege sollten 1537 zwischen Frankreich und den Niederlanden erneut ausbrechen (Brandi, Karl V., 19, 138, 160, 320).

Der Vater unseres Hyperius, Andreas Gerardus (fläm.: Gheeraerdts) war als „Advokat, Notar und Prokurator" tätig (NDB 10, 108). Über die Einstellung der Eltern zu den mit der Reformation noch in den Schülerjahren des Jungen die Länder Europas bewegenden religiösen und kirchlichen Fragen wissen wir nichts. Auch die lokale Reformationsgeschichte ist durch die Zerstörung des Stadtarchivs im 1. Weltkrieg erheblich erschwert. Aus Ypern stammte Jakob Propst, auch Iprensis und Hyperius genannt, der nach kurzem Studium in Wittenberg 1519 als Prior des Augustinerklosters zu Antwerpen 1520/21 dort mit Albrecht Dürer bekannt wurde. Erasmus charakterisiert ihn als „vir pure Christianus", der jetzt „omnium paene solus Christum praedicat" (WABr 1, Nr. 183, S. 413, 50 ff.). Im Dez. 1521 von der Inquisition verhaftet, in Brüssel am 9. 2. 1522 zum Widerruf gezwungen und ins Augustinerkloster nach Ypern versetzt, wurde er wegen eifriger Predigten erneut im Mai 1522 verhaftet, konnte aber aus Brüssel, der „Schlachtbank der Christen", fliehen und befand sich schon Anfang August d. J. in Wittenberg. 1524 kam er als Pfarrer nach Bremen, blieb Luther freundschaftlich verbunden und starb 1562. Über Propst: H. G. Janssen, Jacobus Praepositus, Luthers Leerling en Vriend, Amsterdam 1862; J. F. Iken: RE³ 16, 110–112; W. F. Dankbaar: RGG³ 5, 639 f.; P. Kalkoff, Anfänge der Gegenreformation, 1903, Teil II, S. 68. – Aus dem Augustinerkloster in Ypern kam Franz von Iperen um 1525 nach Middelburg, wo er April 1527 mit seinem Pfarrkollegen Adrianus Cordatus wegen Ketzereiverdachtes verhaftet wurde. Nachdem beide 1528 auf ihren Widerruf hin entlassen waren, floh Franz v. I. ins Ausland (de Hoop-Scheffer 457–463, 548). – Der von der Statthalterin Margarethe 1524 zu einem der General-Inquisitions-Triumvirn ernannte und 1525 vom Papst bestätigte Propst der Kirche und des Klosters von St. Martin in Ypern, Olivier Buedens, galt als „le plus modéré" (de Hoop-Scheffer 177 f, 187, 192). – Über den um 1550 calvinistisch gewordenen Yperner Karmeliter Petrus Dathenus s. RGG³ 2, 47 u. Decavele 391 f.

Hyperius, dessen Jugend in die Anfangszeit der Reformation und in die erste Phase der Inquisition in den Niederlanden fällt, konnte in Ypern selbst von dem neuen Glauben und seiner Bekämpfung mit politischen Machtmitteln erfahren. In einem späteren Brief vom 17. März 1562 (HypBr. Nr. 46) erwähnt er die im Interesse der Gegenreformation vorgenommene Neugliederung der Erzdiözesen Cambrai und Mecheln, nicht aber, daß Ypern in diesem Zusammenhang Bischofssitz wurde und auch nicht den Namen des ersten Bischofs von Ypern Martin Rythovius. Bekanntlich war der 7. Bischof von Ypern Cornelius Jansenius (1636–38). Grabmonumente beider Bischöfe befinden sich in der Apsis der Martins-Kathedrale zu Ypern. – Über Ypern: A. Vandenpeereboom, Ypriana, 3 Bde., Brügge 1878–83; H. Hymans, Brügge und Ypern, Berühmte Kunststätten Bd. 7, Leipzig 1900; I. L. A. Diegerick, Documents du XVIᵉ siècle faisant suite à l'inventaire des chartes (des archives d'Ypres), 4 Bde., Brügge 1874–77; Vos/Hein, Artikel „Ypern": MennLex IV (1967), S. 580.

3 *Jakobus Papa* (Jacques Le Pape), geb. Ende des 15. Jh. in Poperinge und gest. um 1560 in Ypern, war Priester und Lehrer. In einem seiner erhaltenen lateinischen Gedichte von 1534 nennt er sich „Sacerdos Hyperius" und „Hyprensis", so wie schon der als Chronist bekannte Jean de Langhe, Abt der Abtei St. Bertin in St. Omer (gest.

1383; über ihn: BNBelg. V, 319–320), zur Kennzeichnung seiner Vaterstadt Iperius genannt wurde (vgl. N. Huyghenaert O.S.B., Iperius et la translation de la relique du Saint-Sang à Bruges: Annales de la Société d'Emulation de Bruges, Tome C, Jg. 1963, Bruges 1964, p. 110–187). Auch 1620 tauchte ein Theologe sub nomine ficto „Johannis des Hyperiis" auf (Fortges. Sammlg. v. Alten u. Neuen Theol. Sachen, Leipzig 1739, S. 429–32). Der von Andreas Gerhard gebrauchte humanistische Beiname war also nicht einzigartig. 1522 lehrte Papa in Warneton (Wästen), etwa 20 km südöstl. Ypern, *„bonas litteras"*. Mit dem unübersetzbaren Begriff bezeichnete vor allem Erasmus „die gesamte klassische Literatur, Wissenschaft und Bildung, gewertet als gesunde und heilsame Erkenntnis im Gegensatz zum mittelalterlichen Denken" (J. Huizinga, Erasmus, 1936, S. 124). Nach der Apologia des Erasmus von 1516 definiert G. B. Winkler die bonae litterae als „die neuen humanistischen Studien, deren philologisch-historische Methode für das Studium der Väter der Heiligen Schrift nutzbar werden soll" (Erasmus von Rotterdam, Ausgewählte Schriften, hg. von Werner Welzig, Bd. 3, Darmstadt 1967, S. 79). Ob Papa selbst den Begriff brauchte? Er wird von Hyperius selbst oder von Orth herangezogen sein, um die frühe und im Sinne des Erasmus humanistische Bildung herauszustellen. Papas Gedichte zählen zu den besten des damaligen Westflanderns. Seine Statue steht an der Nordfassade der Großen Tuchhalle Yperns (Vandenpeereboom, Ypriana I, 376 Nr. 40). Später war Papa Rektor der Lateinschule in Ypern (Roersch, L'Humanisme Belge, I. S. 23). In dieser Stellung wohl sandte 1525 der Rat der Stadt Ypern Papa mit Joh. de Croock nach Paris, um ein Gutachten der dortigen Theol. Fakultät darüber einzuholen, ob Bettelei ungehindert gestattet oder eine Armenfürsorge organisiert werden solle. Das war ein bedrängendes Problem der flandrischen Handelsstädte, in denen Armenheere bedrohliche Elemente der Unruhe bildeten (J. Nolf, La réforme de la bienfaisance publique à Ypres au XVIe siècle, Brügge 1915. P. van Zeir, De inrichting can de armendissen van de oude Brugge stadtparochies voor 1526: Annales de la Société d'Emulation de Bruges, XCVII, 1960, p. 104–153. H. de Vocht, History, III, S. 291 f. u. 437 f.). Im Gegensatz dazu hatte Geldenhauer am 21. Aug. 1526 begeistert von Straßburg geschrieben: „nullus ibi mendicat" (de Vocht, Literae vir. erud. ad Franc. Craneveldium, p. 515 ff.). Wenn die *Armenordnung der Stadt Ypern von 1525* manchen von Luther geäußerten Gedanken und Vorschlägen folgt (H. J. Grimm, Luthers Contribution to Sixteenth-Century Organization of Poor Relief: ARG 61, 1970, 222–234, dort auch weitere Literatur), wird man in Magistratskreisen der Stadt eine gewisse Aufgeschlossenheit für die Reformation voraussetzen können. Der Traktat von J. L. Vives, De subventione pauperum, erschien erst im Herbst 1526. Die Antwort der Sorbonne auf das von Papa vorgetragene Problem wurde erst am 28. Dez. 1530 ausgefertigt. Sie besagte, daß Betteln der Lehre der Apostel gemäß und ganz natürlich sei, man könne es nicht verbieten, aber die Einrichtung städtischer Armenhilfe sei fromm und heilsam. Ein Bericht über die Anfrage aus Ypern und die Antwort aus Paris erschien 1531 bei Martin Cesar in Antwerpen unter dem Titel „Forma subventionis pauperum quae apud Hyperas Flandrorum urbem viget, universae reipublicae Christianae longe utilissima" (BiblBelg. Serie I, Tome X, F 2–3. Diegerick, Inventaire, Tome V, p. 204; 289–300. Ders., Essai p. 6–8). Im National Union Catalog Pre-1956 Imprints, Vol. 262, p. 615 wird diese Ausgabe fälschlich als Werk von Andreas Gerhard Hyperius aufgeführt. Von Papa selbst erschienen 1534 in Antwerpen bei Simon Cock Gedichte zum Armenproblem (H. de Vocht, History, III, S. 438). Für den später von Hyperius geschriebenen Traktat "De publica in pauperes beneficentia" (HypBibl. Nr. 18 (14)) steht die Kenntnis dieser Vorgänge in seiner Vaterstadt im Hintergrund. – Über Papa: A. Roersch, BNBelg. Bd. 16 (1901) Sp. 571–573. H. de Vocht, History, I, S. 209, 211, 223. Bibliotheca Belgica Neuausgabe Brüssel 1964, Bd. IV, S. 632–637. J. Decavele 108.

4 *Johannes Sepanus* (Zapanus) ist nur als Lehrer in Warneton (Waesten) bekannt, bei dem Hyperius die Anfangsgründe des Griechischen und Hebräischen lernte.

5 *Johannes Lacteus* aus Gent oder Furnes hatte in Löwen studiert und wurde in Gent 1514–18 Lehrer an der Schule des Eligius Houkkaert, von diesem brieflich als „leeraar in de schoone kunsten" bezeichnet. Danach leitete er in Gent eine eigene Schule, die aber 1521 wegen Pest schließen mußte (Roersch, L'Humanisme Belge, I, S. 59). Lacteus ging als „schoolmeester" nach Lille, wo er um 1527 Rektor der Kollegial-Schule St. Peter wurde. Diese Schule wird Hyperius „in seinem 13. Lebensjahr" besucht haben (1524–25). Da er Französisch lernen sollte, dürfte seine Muttersprache flämisch gewesen sein. Lacteus gilt als sehr gebildeter lateinischer Poet. 1533 machte er sich durch Korrekturen liturgischer Bücher der Kollegialkirche St. Peter

verdient. Teile seiner Korrespondenz mit Humanisten seiner Heimat sind erhalten, ebenfalls einige Gedichte, darunter ein 1537 publiziertes auf Erasmus. Ein Epitaph rühmt seine Fähigkeiten und Herzensqualitäten. Nachrichten über evangelische Einflüsse zu dieser Zeit in Lille sind ganz spärlich (vgl. Bulletin de la Société de l'Histoire du Protestantisme Français, 7. Jg., Paris 1858, S. 372 f.). Den jungen Andreas Gerhard wird man sich etwa so vorstellen dürfen, wie Jan van Scorel einen humanistischen Lateinschüler „aetatis 12" im Jahre 1531 gemalt hat (Museum Boymans-van Beuningen, Rotterdam). – Über Lacteus: E. Hautcoeur, Histoire de l'église collégiale de St. Pierre de Lille, 1896–99, I. 410 f., II. 365 f. u. 389 f. A. Roersch, Correspondance inédite du Chartreux Laevinus Ammonius: Bullet. Soc. d'Hist. Arch. de Gand, Gent 1901, 21 ff. M. Grydonck, Eligius Houckaert: De Gulden Passer, Bd. XX u. XXI, 1942/43. H. de Vocht, History, III, S. 429 f.

6 *Nicolas Buscoducensis* (1478 in Herzogenbusch geb., um 1550 in Blankenburg/Harz gest., auch genannt Bois-le-Duc, van den Bosche, Boschendorp, Busch, Buschendorp, Broeckhoven, von Erasmus „Sylvaducensis") war Schulfreund von Erasmus, 1503 Baccalaureus geworden, danach zum Priester geweihter Dozent der alten Sprachen in Löwen, allen Humanisten der Niederlande bekannt und seit 1519 in Basel, bevor er Gymnasiarch der Lateinschule in Antwerpen wurde, wo er 1521 die „Complures Luciani dialogi" des Erasmus mit Erläuterungen herausgab. Seine Freundschaft mit Erasmus (de Hoop-Scheffer, S. 110–112) und mit dem Antwerpener Stadtschreiber Cornelius Grapheus (1482–1558; er schenkte Dürer 1521 Luthers „De captivitate babylonica"), sowie sein Eintreten für die von Luther geforderte Reformation der Kirche trugen ihm und Grapheus im Frühjahr 1522 Verhöre und Haft seitens der niederländischen Inquisition ein, aus der er jedoch vor dem erzwungenen Widerruf des Grapheus (29. April) entfliehen konnte. Durch Erasmus' Hilfe bekam er im Sommer 1522 in Basel eine Stellung als Sprachlehrer für Griechisch und Latein, später eine Nichtigkeitserklärung der gegen ihn erhobenen Anklagen durch Hadrian VI. und damit die Möglichkeit, Ende 1523 in seine Heimat zurückzukehren. Der Vermittler der päpstlichen Entscheidung war Petrus Barbirius, der als Dechant der bischöflichen Kathedrale von Tournai und päpstlicher Sekretär ihm auch den Weg zu einer Schultätigkeit in Tournai geebnet haben wird. – Die ältere Literatur über N. B. (C. A. Rahlenbeck, BNBelg. Bd. 3,

1872, p. 197–199; O. Clemen, Johann Pupper von Goch, 1896, p. 276–282) ist überholt durch die Studie von Paul Kalkhoff, Der Inquisitionsprozeß des Nik. von Herzogenbusch i. J. 1522: ZKG 24, 1903, 416–429. Seit 1528 war N. B. Schulrektor in Bremen, seit 1540 durch Vermittlung Melanchthons in Wesel, wo er 1543 Superintendent, Planer einer luther. Universität und 1545 Verfasser einer Konfession für die geflüchteten Wallonen wurde. Der Zuzug niederländischer Studenten nach Wesel war so groß, daß er durch ein Brüsseler Strafedikt vom 7. 3. 1544 unterbunden werden mußte. Wegen Verweigerung des Interims mußte er 1548 seine Ämter niederlegen und Wesel verlassen.

Als Hyperius nach Orths Bericht in seinem 14. Lebensjahr nach *Tournai* geschickt wurde, also 1524/25, war die einstige merowingische Königs- und seit 1146 Bischofsstadt im viel umstrittenen Grenzgebiet Lothringens und Flanderns am Schelde-Übergang der Römerstraße Paris-Köln gerade drei Jahre den habsburgischen Erblanden zurückerobert (zu Beginn des 1. Krieges Karls V. mit Frankreich durch Heinrich von Nassau am 1. 12. 1521). Der Rechtsanwalt Gheeraerdts in Ypern muß Beziehungen zu der ca. 50 km südostwärts gelegenen Stadt (fläm. Doornik) gehabt haben und konnte aus Nachrichten über Prozeß und Flucht des Nic. Buscoducensis von 1522 vielleicht wissen, daß dieser nicht nur Humanist, sondern evangelisch war, besonders wenn die zwischen ihm und seinem Freunde Erasmus durch dessen im Herbst 1524 gegen Luther veröffentlichte „Diatribe de libero arbitrio" entstandene Entfremdung bekannt wurde (ErEpA Index, p. 7 u. 110). Dann hätte N. B. als erster evangelischer Lehrer von Hyperius, der auch Marburger Professoren noch 1564 bekannt sein konnte, in dieser Vita besondere Bedeutung. Außerdem konnte der Vater wissen, daß die Ideen der religiösen Reform in Tournai damals geradezu Mode waren (G. Moreau, Hist. du Protestantisme à Tournai, S. 57).

Obwohl das *Collegium trilingue* für die nach Joh. 19,20 drei biblischen Sprachen nach dem Programm des Erasmus um 1525 nicht nur „Lovanii decus, & terrae ornamenta Brabantae" war, sondern von zahlreichen europäischen Humanisten als Hochburg der bonae litterae über Oxford und Basel gestellt wurde, stand es zur Löwener Universität in der sachlichen Spannung zwischen scholastischer Theologie und humanistischer Sprachwissenschaft sowie in rechtlichen und personellen Konflikten. So wurden Bemühungen von Brügge und

Tournai, das Collegium aufzunehmen, zum Druckmittel gegen die von der Universität und Stadt Löwen ausgehenden Erschwerungen. In Tournai war 1521 ein griechisch-lateinisches Gymnasium als Collegium bilingue gegründet, besonders für die französisch sprechende Jugend. Als man es jedoch seit 1523 zu einer Teil-Universität ausweiten wollte, machte Löwen sein für die Niederlande verbrieftes Universitätsmonopol geltend. Zu den bekanntesten schon in Tournai tätigen Professoren gehörte Nic. Buscoducensis (1523/24–1527/28). Im Hin und Her der Pläne und Organisationsanfänge war der 14jährige Hyperius in Tournai. Nach G. Moreau (S. 61 f.) fand die offizielle Eröffnung der Universität am 20. Juni 1525 statt, also eine Woche nach dem Tode von Hyperius' Vater (12. 6. 1525), und die Ordre der Statthalterin zu ihrer Schließung war vom 20. Oktober 1525; gegen Einsprüche entschied das Mechelner Parlament negativ erst 1530. – Literatur: Ad. Hocquet, L'Université de Tournai, in: Rev. Tournaisienne, T. 5, Tournai 1909, S. 162–64; H. de Vocht, History I., S. 520–23 „Tournai University planned", ebenda II, S. 349–352 und III, S. 137 f.; G. Moreau, Hist. du Protestantisme à Tournai, S. 61–63, über Buscoducensis' spätere Beziehungen zu Protestanten aus Tournai, ebd. S. 114.

7 Hiermit schließt Orths Bericht über den ersten Abschnitt des Bildungsganges seines Lehrers. Während er den etwa vierjährigen Unterricht über die elementa grammatica nur beiläufig – wohl auf einer Yperner Stadt- oder Privatschule vorzustellen – erwähnt, fällt alles Gewicht auf die 1522–1525 erfahrene Einführung in die leitmotivisch viermal herausgestellten „bonae litterae" bei ausgewählten auswärtigen Lehrern, deren Verbindung mit dem niederländischen Humanismus erasmischer Prägung mindestens als teilweise bekannt vorausgesetzt werden konnte (s. o. Anm. 3). Als Initiator dieser ausgesuchten Schulbildung wird der Vater genannt. Gleichwohl läßt der Bericht mehrere Fragen offen. (1) Die vom Vater betont „diesem Sohn" zugedachte Ausbildung läßt auf *Geschwister* schließen, die Orth aber nicht erwähnt; daraus schloß Mangold, Hyperius wäre „einziger Sohn" gewesen (DZ 235), obwohl man schon damals aus HypBr. Nr. 6 vom 27. Juni 1553 an Cassander wissen konnte, daß er 5 Geschwister hatte. (2) Der angeblich kurze und inhaltlich nutzlose Aufenthalt in *Tournai* wäre nicht erwähnenswert, wenn nicht die Qualität der väterlichen Bildungsplanung durch den Namen des humanistischen Pädagogen Nic. Buscoducensis unterstrichen und durch

die Inaussichtnahme eines Collegium trilingue die Absicht auf späteres Theologiestudium angedeutet werden sollte. Nach den sonst sehr genauen Datierungen bei Orth kann Hyperius frühestens Ende Mai 1524, spätestens Anfang Mai 1525 nach Tournai gekommen sein. Wurde er kurz vor des Vaters Tode (am 12. Juni 1525) nach Ypern zurückgeholt, bliebe für den Besuch des Collegium bilingue in Tournai maximal etwa ein Jahr Zeit. (3) Auffallend ist die dadurch zugleich notwendig gewordene Begründung der – für einen niederländischen Humanisten merkwürdigen – väterlichen Ablehnung des berühmten Collegium trilingue in *Löwen*. Die Gefährdung des Sohnes durch eine in Löwen besonders bedrohliche, in Paris aber als gar nicht vorhanden beurteilte studentische Ungebundenheit erscheint fragwürdig. Henry de Vocht hat vielleicht deshalb in seinen älteren Arbeiten ein Studium des Hyperius in Löwen für 1531 behauptet (MonHumLov 422, auch noch History II, 194 f.), später jedoch diese Behauptung fallengelassen (History III, 158 u. 253 f.). Paquot wandelt das moralische Urteil ins Konfessionelle: „Ich glaube, das Übel kam von der Menge ausländischer Humanisten, großenteils deutscher, angesteckt vom Lutheranismus, die dort das Griechisch und Latein schulmeistern wollte und die Gelegenheit ausnutzte, die Jugend mit Liebe zur Neuerung und mit Verachtung der kirchlichen Autorität zu erfüllen" (p. 491 Anm. c). Aber konnte das noch 1524/25 gelten, nachdem die Löwener Theologische Fakultät 1519 Luthers Schriften verurteilt und verbrannt hatte (K. Blockx, De Veroordeling van Maarten Luther), 1521 ihre beiden Professoren Jac. Latomus und Joh. Driedaens von Turnhout scharf gegen Luther geschrieben hatten, 1522 der Genter Drucker Jean Rijckaert wegen Verkaufs von Luther-Büchern von der Inquisition bestraft und die Bücher verbrannt worden waren (E. I. Strubbe, in: Annales de la Société d'Emulation de Bruges, XC., 1953, S. 72–76) und am 1. Juli 1523 zwei evangelisch gewordene Augustiner aus Antwerpen „zu Brüssel von den Sophisten zu Löwen verbrannt" wurden? Nicht nur Luthers Brief „Allen lieben Brüdern in Christo, so in Holland, Brabant und Flandern sind" von 1523 (WA 12,73–80) hatte weltbekannt gemacht, daß die Reformation in Flandern Anhänger hatte; auch Erasmus schrieb es am 28. August 1525 an Pirkheimer: „Der größte Teil des Volks bei den Holländern, Seeländern und Flandern kennt Luthers Lehre und ist von mehr als tödlichem Haß gegen die Mönche ergriffen" (Opera, ed. Clericus, III/1 Epistolae, p. 886).

Zu Seite 15: Erläuterung 7

Zwar erfuhr Luther auch bald, wie sein „Sendschreiben an die Christen zu Antwerpen" von 1525 zeigt (WA 18,541–550), von den in den Niederlanden aufkommenden Sektenbildungen. Damals lief schon die Kunde von den blutigen Glaubensverfolgungen durch Europa: Dürer zeichnete um 1523 die Stadtansicht von Bergen op Zoom als Hintergrundlandschaft seiner „Großen Kreuzigung" (Schüller S. 14 u. 33), Luthers „Lyed von denn zcweyen Marterern Christi" erschien Anfang 1524 (WA 35,91 ff. u. 411 ff.). Allein in Tournai, das Alexander Farnese später „das zweite Genf" nannte, wurden von 1520–65 unter etwa 300 amtlich verfolgten Glaubensgegnern nachweislich 47 hingerichtet (G. Moreau, Hist. du Protestantisme à Tournai, S. 248 u. 381–85). Trotz aller Verfolgung bezeugt noch 1543/44 Levinus Crucius, kathol. Pfarrer in Boeschepe, 15 km südwestl. Ypern (BNBelg. 26,325–330), brieflich an Jac. Latomus und Friedr. Nausea, daß Melanchthons „De ecclesia" in Westflandern viel gelesen werde und viele Leute zu Luthers Lehre neigten (J. N. Bakhuizen, Melanchthons ‚De ecclesia' u. dessen Gegner, S. 102). Selbst 1568 gehören zu den Unterzeichnern des Weseler Konvents zwei Prediger niederländischer Flüchtlingsgemeinden in England, die im „Wunderjahr 1566" in Stadt und Umgegend von Ypern gepredigt hatten (J. F. G. Goeters, Der Weseler Konvent, S. 95). Anders als in den deutschen Ländern prägte der entschlossene Wille Karls V., die burgundisch-habsburgischen Niederlande der römisch-katholischen Kirche mit politischen Mitteln zu erhalten, das berufliche und kulturelle Leben in der Heimat von Hyperius. Haus an Haus in den Städten, Sessel an Sessel in den Magistraten saßen die verschiedenen Glaubensweisen (vgl. W. Dilthey, Weltanschauung, S. 94 f.). Protestantische und täuferische Flüchtlinge trugen Märtyrerglauben und -praxis von Ort zu Ort. „Die Ängste der Angebereien und Hinrichtungen, die Verborgenheit aller Zusammenkünfte, der Anblick bewunderter Opfer steigerten das Bewußtsein der Auserwähltheit und der Gotteskindschaft ... und wenn auch einsichtige Behörden und Gerichte Hunderte der armen Teufel laufen ließen, so steigerten doch die blutigen Exekutionen an anderen Stellen wieder die irrenden Leidenschaften der innerlich gehetzten und apokalyptischen Verheißungen hingegebenen Schwärmer" (K. Brandi, Karl V., S. 295 f.).

So scheint es hinsichtlich der väterlichen Empfehlung des Studienortes für Hyperius mindestens möglich, daß der sterbenskranke Advokat in Ypern dem bald verwaisten Sohn weniger die evangelischen

Einflüsse als vielmehr die in Löwen aktuelle Bespitzelung und Gefährdung durch die Inquisition ersparen wollte. Das wird freilich von der durchweg die Frage des Konfessionswechsels umgehenden Rede Wigand Orths verschleiert. – Über Hyperius und Löwen vgl. unten auch Erläuterungen Nr. 16, 18 u. 21.

8 Nach Karls V. Sieg über Franz I. bei Pavia (24. Febr. 1525) wurde der am 14. Jan. 1526 geschlossene Friedensvertrag von Franz I. schon durch die Gründung der Ligue zu Cognac (22. Mai 1526), dann durch den Einfall des Marschalls Lautrec in Italien 1527 gebrochen und bis zur völligen Niederlage der Franzosen bei Landriano (Juni 1529) kein Waffenstillstand geschlossen; erst der sogen. *Damenfriede zu Cambrai* (5. Aug. 1529) beendete diese Phase der Auseinandersetzungen. Orth hat sich mit der Datierung des Waffenstillstandes auf 1528 also geirrt (Brandi, Dt. Gesch. i. Zeitalter d. Reformation, S. 171 f., 204. Skalweit 204–206). Zwar kam es 1527/28 in den flandrischen Grenzgebieten nicht zu Kampfhandlungen, aber die Unsicherheit der Straßen war erheblich (Brandi, Karl V., S. 230).

9 Die Beinamen der Genannten (*Vastinensis* = aus Warneton, vgl. Anm. 3; *Curteacensis* = aus Courtrai, der westflandrischen Stadt Kortryk am Lys, etwa 25 km östlich Ypern) lassen an Bekannte des Elternhauses aus der Umgegend Yperns denken, über die sich aber nichts Genaueres ermitteln ließ. An der Herkunftsbezeichnung „Curteacensis" scheitert der Versuch, den mit der wichtigen Funktion der Studienberatung betrauten Joh. de Campis mit dem berühmten Hebraisten Johannes Campensis zu identifizieren, der um 1490 in Campen/Over-Yssel geboren, von 1520–31 am Löwener Collegium trilingue unterrichtete, dann in polnischen Diensten stand, 1535–37 in Venedig und Rom lebte und 1538 in Freiburg starb (de Jongh 261; ErEpA V, 13; Roersch, Correspondance, II, 175; de Vocht, Monumenta, s. Reg.).

10 Das 1271 von Robert de Sorbon eingerichtete Kollegium für Artes-Scholaren war ein Anbau an der Südseite des Collège de Sorbon und wurde anfangs „La Petite Sorbonne" genannt, später „*Collegium Calviacum*" (Collège de Calvi, bzw. Calvy). Es war für arme Studenten der ersten Kurse in den artes liberales bestimmt (Hastings Rashdall, The Universities of Europe in the Middle Ages, Oxford 1936, I., S. 507. Konr. Rückbrod, Universität und Kollegium, Darmstadt 1977, S. 46, 119, 122 f.).

11 *Joachim Sterck (Fortius) von Ringelberg* (um 1499 in Antwer-

pen geb. und um 1536 gest.), ein flämischer Humanist, der nach etwa vierjährigem Aufenthalt am Brüsseler Hofe von 1519–1526 in Löwen studierte, 1527 Erasmus in Basel besuchte, 1528–29 am Gymnasium seiner Vaterstadt Latein und Griechisch unterrichtete, im Herbst 1529 nach Paris kam, um am Calvi-Collegium die Anfänger in den artes liberales zu unterrichten. Er verließ Paris 1530, fand begeisterte Aufnahme seiner Lehrvorträge über Griechisch, Astronomie und Literatur der Antike in Orléans und ist schon im Januar 1531 in Lyon, wo noch im selben Jahr ein Band „Opera" bei Seb. Gryphius gedruckt wird, eine Erweiterung der 1529 bei Mich. Hillen in Antwerpen erschienenen „Lucubrationes, vel potius absolutissima kyklopaideia", die 4 Nachdrucke erlebten und deren eleganter Stil und originelle Ideen gerühmt wurden. Damit waren seine riesigen Publikationspläne erschöpft. Seinen „Institutiones astronomicae" hat Erasmus ein paar Dankeszeilen gereimt. Aber Nic. Cannius sandte 1529 ein Poem über Ringelbergs abgeschmackte Bücher an Geldenhauer (H. de Vocht, History II, p. 141 u. 194). Als Landsmann zog er Hyperius an, wies ihn auf Erasmus hin, und begeisterte ihn wohl auch für den selbst vertretenen humanistischen Lebensstil, zu dem neben asketischer Bedürfnislosigkeit und unermüdlichem Fleiß auch oberflächliche Ruhmsucht gehörte (Mangold, DZ 237; Frielinghaus 167–170). Aus dieser gemeinsamen Zeit erwuchs des Hyperius rhetorische Übungsrede auf Ringelberg, die er ihm mit einem Epigramm und Brief nachsandte und die in den „Opera" (1531, p. 672–682) mit abgedruckt wurden, immerhin die erste Publikation des gerade 20jährigen Studenten (s. u. HypBibl. Nr. 1). Ringelbergs Interesse an der ratio studii, an Rhetorik, Cosmographie, Astrologie, an enzyklopädischer Auffassung der Wissenschaft, vor allem an ihrer praktischen Seite und an Disputierübungen kann ähnliche Interessen bei Hyperius geweckt haben. – Über Ringelberg: Paquot I, p. 442–445. H. Bosmans: BNBelg. 19, p. 346–359. – H. de Vocht, History II, p. 192/195, 570; III, p. 155. – ErEpA Index p. 162. – NBG 41/42, p. 301.

12 Mit dem 1531 in Paris erworbenen Magistergrad hat Hyperius den zweiten Abschnitt seiner Ausbildung beendet, das dreijährige Studium der freien Künste. Der junge Magister reiste nach Ypern, um Freunde zu besuchen und den Bestand seiner geerbten Geldmittel zu prüfen. Er kann noch nicht lange in der Heimat gewesen sein, als er „in Ypern aus unserm Hause am 2. März 1531" das Manuskript seiner *Cosmographia* für den Druck abschloß (s. u. HypBibl. Nr. 2). Orth zählt diese Schrift in seiner Rede zu den nicht mehr von Hyperius druckfertig gemachten philosophischen Manuskripten (s. u. Anm. 26), kannte also nicht den Druck, und kann deshalb für das Verschweigen der durch das Titelblatt des Büchleins sich stellenden biographischen Probleme nicht gut verantwortlich gemacht werden. Noch auffälliger ist, daß Conrad Gesners „Bibliotheca universalis" 1545 zwar die beiden frühen, in Marburg verfaßten Schriften aufführt (s. u. HypBibl. Nr. 4 u. 5), nicht aber die „Cosmographia". Der Titel kennzeichnet nun den Autor des Cosmographia außer seinen Namen auch als „Dominicanus". Damit wird er die einzige Quelle für die bis in die Mitte des 18. Jahrhunderts (von Valerius Andreas, Moreri, Foppens, Decavele) vertretene Behauptung gewesen sein, daß Hyperius ein später abtrünnig gewordener *Dominikaner* war. P. Bayle, der diese Behauptung im Abschnitt F seines Artikels zu entkräften versucht, scheint diese Quelle auch nicht gekannt zu haben. Paquot dagegen wiederholt die Behauptung nicht, sondern beschuldigt Val. Andreas, die Bücher des Hyperius gar nicht gekannt zu haben (p. 493). Allerdings gibt der Titel der Cosmographie auch noch andere Rätsel auf: Der angegebene Verleger, Joannes Stromerius in Hagenau, wird in der umfassenden Bibliographie Haguenovienne von Josef Benzing (Baden-Baden 1973, = Biblioth. bibliogr. Aureliana 50) nicht erwähnt und von J. Machiels als „schijnadres" vermutet (so im Ausstellungskatalog „Nicolaus Copernicus", Schatten van de Universiteetsbibliotheek te Gent 3, Gent 1973, S. 49 f., später in: Archives et Bibliothèques de Belgique 45, 1974, S. 702; vgl. ARG Beih. Lit. ber. 4, 1975, S. 100 Nr. 462), weil der Verleger überhaupt nur hier vorzukommen scheint und sich die Zierleiste unter dem Titel mit dem von zwei G flankierten Kopf sowie die Initiale M (p. 2a) nicht identifizieren lassen. Bisher völlig unbekannt sind der im Titel genannte Adressat der Cosmographie, M. Henricus Baldus Physicus, und Isidorus Slartius, der nach der Sitte humanistischer Verlags-Korrektoren dem Buch auf p. 1b ein achtzeiliges Poem an den geneigten Leser mitgibt, das die verwegene Arbeit des jugendlichen Autors entschuldigt. Man könnte an die fingierten Verlags- und Titelangaben niederländischer Autoren denken, die unter dem Druck der Inquisition entstanden. Eine Dosis Humanistenspaß ließ sich hineinmischen. Nach liebenswürdiger Information durch Fachgelehrte der Buch- und Druckgeschichte des 16. Jh. ist der Druck der Cosmographia sicher nicht deutsch (Dr. Josef Benzing, Mainz), auch nicht unter den Pariser Drucken der Zeit nachweisbar (Dr. Albert Labarre, Bibl. Nat. Paris), sondern wahrscheinlich niederländisch, aber bisher nicht näher bestimmbar (Konservator Jérôme Machiels, Univ. Bibl. Gent). Hinter dem G G der Titelbordüre kann der Druckverleger vermutet werden. Doch ist aus dem Inhalt der Schrift kein Grund für seine Tarnung zu erkennen. Ebensowenig läßt sich das „F." vor dem Namen des Autors erklären (vgl. dazu aber unten Anm. 18). Dazu ist die Bezeichnung „Dominicanus" seltsam; Angehörige des Ordens nannten sich gewöhnlich „ordinis praedicatorum". Mit der vielleicht von Slartius in seinem Poem gemeinten Anspielung auf (Domini-)„canes latrentes" läßt sich nichts anfangen und andere Belege für die Ordenszugehörigkeit des Hyperius sind bis jetzt nicht erbracht worden. Daß Hyperius nicht im Verzeichnis der „Scriptores Ordinis Praedicatorum recensiti", edit. Jac. Quetif u. Jac. Echard, Tom. I, Lutet. Paris, 1714, aufgeführt wird, beweist freilich wenig. Andererseits brauchte sich im 16. Jh. kein evangelischer Theologe seiner früheren Mitgliedschaft in einem Mönchsorden zu schämen. Die vom Titelblatt der Cosmographia gestellten Rätsel sind bisher ungelöst. – Unabhängig von der noch unaufgeklärten Zweckbestimmung erscheint der Inhalt der Cosmographia. Nach einer einleitenden Abgrenzung der Kosmographie von benachbarten Wissensgebieten (p. 2a–b) beschränkt sich Hyperius betont (p. 3a, 8a, 11a, 12b, 13b) auf die Erklärung einer tabella oder charta des Petrus *Apianus* (1495–1552); ob das eine der Ausgaben von Apianus' „Declaratio: Et usus Typi Cosmographici. Mappa Mundi" (Regensburg 1522 u. ö.) oder „die dritte Weltkarte Peter Apians v. J. 1530" war (vgl. die gleichnamige Studie von Herm. Wagner: Nachr. d. Kgl. Ges. d. Wiss. Göttingen 1892, S. 541–572), ist eine diffizile Frage der Fachgelehrten. Auch Apians „Cosmographicus Liber" (Landshut 1524) war 1529 in Antwerpen nachgedruckt worden mit Korrekturen des Löwener Professors Gemma Frisius (1508–55). Auffällig ist, daß Hyperius diese Koryphäe der Astronomie und seiner Heimat nicht erwähnt, obwohl deren „De Principiis Astronomiae et Cosmographiae" schon 1530 in Antwerpen und Löwen publiziert war. Hyperius behandelt die traditionellen Stoffe: Erdteile, Gewässer, Winde, Klimata, Schatten, Uhrzeit, Wendekreise und Ortslagebestimmung. Gedanken aus der Cosmographia, Sphaera und Institutio Astronomiae Ringelbergs, mit dem sich Hyperius 1529/30 befreundet hatte (s. o. Anm. 11), klingen an. Antike Autoren der Geographie und Kosmographie werden zitiert, Amerika, Australien und Magalhâes werden erwähnt, „nostras regiones veluti Flandria, Brabantia" werden zu Germania gezählt (p. 3b, 6b). Am Schluß wird dem Adressaten ein umfangreiches Buch von Joh. Stoeffler oder von *Poblatio* angekündigt. Die Erwähnung des Physicus Juan Martinez Poblacio Siliceo, Freund von Vives, 1522 am Hofe Karls V., 1530 mit dessen Schwester, der Königin Eleonore, zur Hochzeit mit Franz I. nach Paris gekommen (H. de Vocht, Monumenta Humanistica Lovaniensia, Louvain 1934, p. 429), belegt überraschend die der Forschung nur annäherungsweise aufhellbaren Bekanntschaften, Beeinflussungen und Wissensquellen des jungen Humanisten aus den geistig ungemein regsamen burgundischen Niederlanden.

Die Erwähnung des 14 Tage zuvor verstorbenen Tübinger Mathematikers, Astronomen und Astrologen *Joh. Stoeffler* (1452–16. 2. 1531) könnte im Munde des zukünftigen Theologen Hyperius auch eine Ahnung der im 16. Jahrhundert häufigen Verbindung humanistischer, kosmographischer und religiöser Interessen bezeugen (vgl. W. Andreas, Deutschland vor d. Reformation, S. 524–536; G. Krause, Stud. z. Luthers Auslegung d. Kl. Propheten, Tübingen 1962, S. 157–167). War das angekündigte Buch von Johann Stoeffler dessen „Elucidatio fabricae ususque astrolabii" (Oppenheim 1513 u. ö.), die eine Empfehlung des jungen Melanchthon enthielt, so wäre Hyperius hier zuerst dem später von ihm am höchsten geschätzten Wittenberger Theologen und Humanisten begegnet (über Joh. Stoeffler und die Naturanschauung Melanchthons s. W. Maurer, Der junge Melanchthon, I. S. 129–169). Was Hyperius auf den 27 Seiten seiner Cosmographia an theologisch Bedeutsamem äußert, sind gewiß nur beiläufige Bemerkungen; aber sie ordnen sich der humanistisch-religiösen Grundhaltung ein. Er will das artificium naturae in ihren einzelnen Wohltaten bewundern und die täglich vermutete naturalis potestas erkennen. Grundlage dieser Erkenntnis ist die Würde der Menschen, die „Deo proximos" sind: der Intellekt, die Schöpfung aller Dinge zu des Menschen Nutz und Trost und die Unterwerfung der ganzen Welt unter der Sterblichen Füße (p. 2a). Daher ist die Kosmographie nicht nur der Mathematik, Geographie und Topographie, sondern auch den andern Wissenschaften, wie Poetik, Rhetorik, Historie oder Astrologie durch gewisse Verwandtschaft verbunden (p. 2b). Wenn ihre Erkenntnisbemühung sich am Experiment freut und die Berechenbarkeit der Naturerscheinungen auffindet, so erfaßt sie die unverdunkelte Wahrheit und durchschaut die iusta aequalitas der verschiedenen Lebensbedingungen auf Erden (p. 2a, 9b). Alles zielt auf den rechten Gebrauch der Erkenntnisse über die besonderen kosmischen Lebensbedingungen der Völker und Menschen (p. 8b), und dabei sind Religiosität und Rationalität noch durch eine unangefochtene „natürliche Theologie" verbunden. Kosmographie und Schöpferglaube bestätigen und fördern einander.

13 Nachdem Orth bisher fünf humanistische Lehrer des Hyperius genannt hatte und ihnen alsbald noch drei weitere hinzufügt, verwundert es, daß aus dem dritten und *theologischen Studienabschnitt* des „princeps theologum" kein einziger theologischer Lehrer angeführt wird. Unerwähnt bleiben aus der ganzen Studienzeit von 1528–1535 in Paris auch die 1530 erschienene Bibelübersetzung des Theologen Faber Stapulensis, irgendeine Kenntnisnahme vom Augsburger Reichstag 1530 und der Confessio der Evangelischen, der Aufenthalt Calvins am Collège royal in Paris 1531/32, die von ihm mitgestaltete Rektoratsrede seines Freundes Nicolas Cop zu Allerheiligen 1533, die Verfolgung, Tarnung und Flucht der Lutheraner in Paris und Frankreich, die Plakataffäre vom Oktober 1534 und die öffentlichen Verbrennungen der Protestanten (Bourrilly/Weiss, J. d. Bellay, les Protestantes et la Sorbonne). Da die Professoren der theologischen Fakultät (Sorbonne) sich an der Verfolgung der Evangelischen beteiligten und umgekehrt „im Allgemeinen die Humanisten im Zeitalter der Reformation eine kühle und kritische Stellung gegen die abergläubische und geschmacklose Mönchstheologie einnahmen, die damals noch auf den älteren Universitäten herrschte" (Mangold, Dt. Zs. 239), ist das Schweigen der Gedenkrede von diesen Zeitereignissen bemerkenswert. Da sie dem aufgeweckten Humanisten Hyperius unmöglich völlig entgangen sein können, und er dennoch über sie schwieg, ließe sich das zwar durch die Annahme erklären, er habe damals noch ganz im Sinne der römisch-katholischen Kirchenpolitik gedacht; wahrscheinlicher aber erscheint die Annahme, daß er peinlich alle Äußerungen vermied, die den Verdacht der Inquisition auf seine in Ypern lebende Familie lenken konnten. Demgegenüber liegt das Schweigen Orths über die inneren Beweggründe für den Weg seines Lehrers zur evangelischen Kirche auf anderer Ebene: er mochte darüber keine Berichte oder Quellen besitzen, auch die Geschichte des Protestantismus in Frankreich und Belgien weniger genau kennen,

und wollte vor allem die Neigung des Hyperius zum reformierten Bekenntnis im Hintergrund lassen.

14 Hyperius hörte in allen vier Fakultäten der Pariser Universität: der theologischen, der kirchenrechtlichen, der medizinischen und in der philosophischen Artistenfakultät. Diese Notiz soll seine *enzyklopädische Bildung* belegen. Freilich wird nach dieser 3. Studienphase kein Examen berichtet. Das zu den bonae litterae gehörende Sprachstudium erhält hier durch die Erwähnung dreier Lehrer eine zusätzliche Betonung.

Nicolas Beken Clénard (fläm. Cleynaerts, geb. 1493 oder 94 in Diest/Brabant, gest. 1542 in Granada) wurde 1515 in Löwen als Schüler von Jacobus Latomus Magister und lernte 1518 am Collegium trilingue Hebräisch bei Jean van den Campen (s. o. Anm. 9). Seit 1521 studierte er in Löwen Theologie und wurde 1527 Licentiat der Theologie. Zum Zwecke der Islam-Mission, die auf jeden Gewissenszwang verzichten sollte, befaßte er sich dann mit Arabisch; 1529–31 publizierte er in Löwen 3 Lehrbücher der alten Sprachen, in denen er eine neue, auf Lektüre und Konversation begründete „direkte Methode" der Sprachlehre vertrat. 1530 war er in Paris, wo er Budé kennenlernte, 1531 wieder in Löwen, um 1532 nach Toledo als Prinzenerzieher zu gehen. Seine aus Spanien und dem seit 1540 bereisten Marokko an Freunde in der Heimat geschriebenen Briefe gelten als literarisches Kleinod des niederländischen Humanismus (hg. von A. Roersch in Brüssel 1940 ff.) und weisen ihn als humanistischen Islamforscher aus. Hyperius kann ihn in Paris nur kurz kennengelernt haben. Zwar zählt A. Roersch Hyperius zu den in Löwen unterrichteten Schülern Clénards (Correspondance, Bd. II, S. 15) und G. A. D. Scott hat mit Berufung darauf eine einjährige Schulzeit in Löwen zwischen 1525 und 1528 für die Hyperius-Biographie behauptet (Diss. Strasbourg, 1971, S. XXXIV f.). Aber diese These einiger älterer Historiker ist aus den Quellen nicht belegbar. Hyperius hätte dann auch Clénards damaligen Schüler Joh. Sturm in Löwen kennenlernen können; doch das hat niemand gefolgert. Übrigens erwähnt Clénard Hyperius in seinen Briefen nicht. – Über Clénard: F. Nève in BNBelg. 4 (1873), p. 163–172. A. Roersch, Correspondance de Nic. Clénard 3 Bde., 1940–41. H. de Vocht, Monum. Hum. Lov. 4, Louvain 1934, S. 409–423. Ders., N. B. Clenardus Humanist, Antwerpen 1942. Ders., History I-IV, s. Reg. ErEpA Index, p. 72. EW-Prins 6, p. 147.

Johann Sturm (1507–1589) war nach dem Besuch der Lateinschulen von Lüttich und Straßburg seit 1524 am Collegium trilingue in Löwen, wurde dort Magister und Schüler Clénards im Griechischen. Er ging 1529 nach Paris, wo er bis 1531 am später sogenannten Collège royal, danach privat die alten Sprachen, Rhetorik und Dialektik lehrte. Zu seinen Schülern gehörte hier auch Petrus Ramus. Nachdem Sturm schon 1528 bei einem Besuch Bucers evangelisch geworden war, ging er 1537 nach Straßburg, wo er Rektor der Schule und Akademie wurde. Als Hyperius 1541 nach Straßburg wollte, wußte er dort also auch seinen Lehrer als einen bedeutenden humanistischen Pädagogen. – Über Sturm: Th. Ziegler in ADB 37, 31–38; A. Roersch in BNBelg. 24 (1926–29), p. 204–215. H. de Vocht, History II, 579/90.

Bartholomaeus Latomus, nach seinem Geburtsort Arlon/Luxemburg Arlonensis genannt (ca. 1485–90, gest. 1570 in Koblenz), war 1517 in Freiburg Magister geworden und ging nach längerer Lehrtätigkeit dort, in Trier und in Köln, 1530 ans Collegium trilingue nach Löwen, 1531 als Lehrer der Rhetorik nach Paris, 1534 ans Collège royal. Er war mit Erasmus, Budé und Sturm befreundet und schrieb zahlreiche poetische und rhetorische Schriften, später auch kontroverstheologische. Seit 1542 Rat des Kurfürsten von Trier, nahm er an den Religionsgesprächen in Hagenau, Regensburg und Worms teil. – Über B. Latomus: L. Roersch, BNBelg. 11 (1890), p. 425–434; G. Kawerau, RE³ 11 (1902), p. 300–302; R. Stupperich, RGG³ 4 (1960), p. 239; H. de Vocht, History II, 591–602; ErEpA Index p. 8.

Wenn somit als Lehrer der 3. Studienphase in Paris nur Männer der weiteren Heimat des Hyperius genannt werden, die alle vom Collegium trilingue kamen und mit einer Ausnahme ans Collège royal des französischen Königs gingen, so schien damit wohl die in der Jugend versäumte humanistische Eliteschule von Löwen aufgewogen.

15 Die Angabe läßt offen, ob Hyperius Bologna erreichte oder „diesseits von Bologna" (so Paquot) in der Lombardei (so Strieder u. Rommel) bzw. *in Oberitalien* (so Heppe u. Achelis) blieb. Eine nur bei Boissard und Verheiden erwähnte Spanienreise bezweifelte schon Bayle. Häufige Reisen hatte Ringelberg als Hauptbildungsmittel empfohlen (Opera, p. 156 ff.).

16 Beachtlicher noch als der nahtlose Übergang vom Studium zu sechsjähriger *Zeit humanistischer Reisen* ist die Wahl von Löwen als

Standquartier. Von einem bei Reusner, Boissard und Verheiden erwähnten Studium der Theologie und Philosophie auch *in Löwen* ist bei Orth jedoch nicht die Rede (vgl. o. Anm. 7). Später wurde daraus ein Studium in Löwen, Paris, Cambridge, Oxford und sogar in Straßburg (Fortges. Sammlg. v. Alten u. Neuen Theol. Sachen, Leipzig 1743, S. 368). In der Matrikel der Universität Löwen (Bd. 4, Brüssel 1961) findet sich Hyperius unter den eingetragenen Namen der Jahre 1535–37 denn auch nicht. Im Zusammenhang der Gedenkrede besagt Löwen etwa: Hier konnte der humanistisch gebildete, aber nicht erklärtermaßen protestantisch gesonnene junge Mann die größere Chance für die fällige Berufswahl erwarten als in Ypern. Vgl. auch Anm. 18.

17 Vielleicht reiste Hyperius 1535, als „das himmlische Jerusalem zu Münster" fiel, und 1536 in den Norden der Generalstaaten nicht nur „animi causa", sondern auch um sich nach einer Berufstätigkeit umzusehen. Auffallend ist zweierlei. Zunächst, daß auch jetzt kein Besuch der – wie Erasmus meinte – „unvergleichlichen Stadt" Gent berichtet wird, aus deren Patrizierfamilie van der Coets die Mutter von Hyperius stammte, wo die Brüderschule von zahlreichen Jugendlichen besucht wurde und manche berühmte Humanisten lebten. Allerdings litt die Stadt durch Verschiebung des Handels an wirtschaftlicher Rezession und Arbeitslosigkeit, und das führte 1536/37 zusammen mit der Weigerung, an der Landesverteidigung gegen Frankreich teilzunehmen, zu Landesverrat und blutigen Aufständen (Brandi, Karl V., S. 355 ff.). Sodann ist vielfach bemerkt worden, daß von der im Sommer 1537 zum *Besuch der deutschen Universitäten* und ihrer Gelehrten unternommenen Reise nicht nur keine besuchte Person erwähnt wird, auch Geldenhauer in Marburg nicht, sondern daß bisher auch aus anderen Quellen kein Mensch bekannt ist, der damals den jungen Hyperius kennengelernt hätte. Soll man annehmen, daß sich Hyperius aus Vorsicht inkognito in die Kollegs mischte und sich keinem Professor vorstellte? Jedenfalls konnte während der für die Deutschlandreise zu veranschlagenden 3–4 Monate kaum der Antrag auf eine Pfründe nach Rom, dessen Genehmigung nach Löwen zurück, die Bitte um das Plazet an die kaiserliche Kanzlei in Brüssel und die Nachricht von der dort erfolgten Anklage wiederum nach Löwen gelangt sein, so daß der Antrag vor der Abreise nach Köln gestellt und Hyperius mindestens indirekt bekannt gewesen sein müßte. Der Bericht von der fast gelungenen Stellensuche der Freunde auf

dem niederländischen „Pfründenmarkt" für den davon nichts wissenden und in eigener Sache so untätigen Hyperius zielt auf eine theologische Pointe: Zunächst ist der rein äußerlich begründete Ketzereiverdacht gegen Hyperius das – nächst dem Plan von 1541, Bucer aufzusuchen (vgl. u. Anm. 21) – deutlichste Zeugnis der Gedenkrede für die nichtrömische Einstellung des 26jährigen Kandidaten der Theologie. Dann aber greift die providentia Dei ein und bringt den noch gar nicht ausdrücklich für die pura doctrina Entschiedenen in die ihren Bekennern drohende Gefahr. Wie legitim der Verweis auf die Vorsehung Gottes hier auch immer sein mag, so naheliegend ist zugleich der Schluß, sie habe Hyperius durch ökonomische Umstände auf die evangelische Seite gedrängt. Die Behauptung, Hyperius habe an den neuen Lehren Geschmack gefunden (so Paquot) und sei dadurch in Belgien nicht mehr standesgemäß anstellbar geworden, was ihn zur endgültigen Absage an die katholische Religion getrieben habe (so Reusens), kann gleichwohl den Tatsachen entsprechen.

Johann Charondilet (Jean Carondelet, 1469–1545), Titular-Erzbischof von Palermo, war Kanzler Karls V. für Burgund, nach Paquot: Chef du Conseil privé, ein freigebiger Förderer der Künste und Wissenschaften; Erasmus, für den er bei Hofe und im Lande eintrat, widmete ihm 1523 seinen „Hilarius" (ErEpA Index p. 4 und 65). Zwar nahm er am 15. Sept. 1525 in Den Haag an der feierlichen Verbrennung des evangelisch gewordenen Priesters Jan Janszoon Pistorius teil, aber er trat auch 1527 für eine mildere Handhabung der Inquisitionsedikte ein (de Hoop-Scheffer 205–207, 345–350). – Die Ablehnung des Antrages auf eine Pfründe für Hyperius erscheint freilich mit dem Hinweis auf die Besuchsreise zu den evangelischen Universitäten Deutschlands seltsam schwach begründet. Sollte der Kanzler durch seine Späher mehr über den bei Hyperius sich vorbereitenden Konfessionswechsel gewußt haben als uns, auch durch die im Frühjahr 1537 veröffentlichten Gedichte des Hyperius auf den Tod des Erasmus, bekannt ist? – Zur Biographie und zum Aussehen Charondilets: Erasmus-Katalog von 1969, Nr. 229 und Abbildungsband S. 31 das Porträt von Jan Vermeyen; K. Brandi, Karl V., S. 138.

18 In den Jahren 1536–38 fand der *3. Krieg des Kaisers gegen Frankreich* statt. Er begann mit der Besetzung Savoyens durch Franz I. und dem Einfall Karls V. in die Provence 1536, wurde fortgesetzt durch Operationen der verbündeten französischen und türkischen Flot-

ten gegen Neapel und die kaiserlichen Seestreitkräfte 1537 und endete mit dem von Papst Paul III. vermittelten Friedensschluß von Nizza und Aiguesmortes im Juni 1538 (Brandi, Dt. Gesch., S. 245–247; Skalweit 288 f.).

Für Hyperius gab es praktische Gründe, *Löwen als Zwischenquartier* zu wählen: Hier wohnten Freunde, die ihn unterstützen und ihm Quartier geben konnten, und „viri pii ac docti", die ihn in seinen Studien und in Sachen einer beruflichen Anstellung zu fördern imstande waren. Wüßten wir die Namen dieser Freunde und Gönner, ließe sich möglicherweise seine innere Entwicklung vom Humanismus zum evangelischen Theologieprofessor genauer ermitteln; wenn sie Hyperius zeitlebens ungenannt ließ, wollte er sie wahrscheinlich vor dem Zugriff der Inquisition schützen. Wir wissen nicht einmal, ob *Albert Rizäus Hardenberg,* der 1530–38 in Löwen lebte (Bernhard Spiegel, D. Albert Rizäus Hardenberg, ein Theologenleben aus der Reformationszeit, Bremen 1869) und mit dem Hyperius später korrespondierte (HypBr. Nr. 35), ihm schon aus der Löwener Zeit bekannt war. –

Das einzige authentische Dokument der 1535–37 in Löwen verbrachten Studien- und Reisejahre, in denen sich bei Hyperius theologische und berufliche Entscheidungen vorbereiteten, sind die in der gesamten Hyperius-Literatur niemals erwähnten *drei Epitaphe auf den Tod des Erasmus,* die in Antwerpen im Mai 1537 am Schluß einer Gedichtsammlung erschienen, in der etwa 50 Humanisten ihre Trauer und Verehrung für den am 12. Juli 1536 in Basel verstorbenen Gelehrten bezeugten (s. u. HypBibl. Nr. 3). Hyperius hatte schon als neunzehnjähriger Student in Paris nach Humanistenart ein Epigramm auf den ihm befreundeten Rhetoriklehrer Ringelberg verfaßt (s. u. HypBibl. Nr. 1/Inh.); aber erst mit den Gedichten auf Erasmus und mit ihrer Aufnahme in das repräsentativste Gedenkbüchlein aus dem Vaterlande des großen Rotterdamers wird Hyperius der humanistisch gebildeten Welt Europas bekannt als einer der jüngsten niederländischen Erasmianer. In dem „Epitaphiorum ac tumulorum libellus" waren Gedichte von Paul Volz, Simon Grynaeus, Hieronymus Froben, Friedrich Nausea und vielen anderen damals bekannten Erasmusverehrern gesammelt. Unter den Autoren war auch der einst von der Inquisition belangte Stadtschreiber von Antwerpen, Cornelius Graphaeus, der 1520/21 die „Epistola Apologetica" und „De libertate christiana" von Joh. Pupper von Goch mit einem Vorwort neu ediert hatte, ferner der Schullehrer von Hyperius Johannes Lacteus, der 1535 in Basel promovierte flandrische Mediziner Eustachius Quercetanus, um den sich die Marburger Universität 1561 bemühte (G. Jüttner, Wilh. Gratarolus, S. 108 f.), und der aus Flandern gebürtige, katholische Unionstheologe Georg Cassander, mit dem Hyperius von Marburg aus korrespondierte (HypBr. Nr. 6). Da Hyperius aber seine Gedichte später in Marburg nicht bekannt gemacht zu haben scheint, obwohl er seine Erasmusverehrung in seinen Schriften oftmals kundtat, muß er sie nach Inhalt und Stil wohl im fortgeschrittenen Alter mit kritischeren Augen angesehen haben.

Um das zu verstehen, muß man die Aussage der drei Epitaphe hören. Im ersten, in vier Distichen abgefaßten Trauergedicht knüpft Hyperius an die Lehren des Erasmus über die rechte Art des Sterbens an. Ob er nur die Abhandlung „de praeparatione ad mortem" von 1534 meint oder auch die „Exequiae seraphicae" von 1531, ist nicht zu erkennen (zum Inhalt der Schriften: C. Reedijk, Das Lebensende des Erasmus. Basler Zs. f. Gesch. u. Altertumskunde, 1958, 56–58). Ausdrücklich spielt Hyperius auf die letzte Schrift des Erasmus an, die 1536 unter dem Titel „de puritate tabernaculis sive ecclesiae Christianae" erschienene Auslegung des 15. Psalms (Huizinga, Erasmus, 222 f. u. Reedijk, 61), und fragt, wer „scriptis vel moribus sanctior" sei als Erasmus, das im Psalm behandelte Wohnrecht auf Gottes heiligem Berg „merito" und als „praemia" zu erhalten. – Das zweite Epitaph besteht aus zehn Distichen. Es rühmt zunächst Papst Paul III., „quem censunt cuncti terrae dominumque, deumque". Er habe Erasmus zur Teilnahme am heiligen Konzil aufgefordert (zu dem Brief des Papstes vom 31. Mai 1535: ErEpA 3021; Huizinga, Erasmus, 221 f.; Erasmus-Katalog 1969, Nr. 492). Die vom Papst Erasmus zugedachte „Verteidigung des katholischen Glaubens" erwähnt Hyperius nicht und er geht auch nicht auf die mit dem Konzilthema gestellte Aufgabe der Kirchenreform ein. Es kann auch kaum als Kritik an der zum Zeitstil gehörenden Apotheose des Papstes gewürdigt werden, wenn Hyperius fortfährt: „Sed deus ille unus coelique solique monarcha/qui regit arbitrio cuncta creata suo." Dieser Gott habe den großen Erasmus nun zu den himmlischen Wohnungen entführt, nachdem er den Menschen genug genützt habe. Dann heißt es ganz idealistisch: „Indignus tanto est infelix lumine mundus/Digna viro non sunt ferrea secla bono." Daher kränke man den Verstorbenen nicht, sondern wünsche ihm eine „leichte Erde". – Im dritten, in drei Distichen verfaßten Epitaph greift Hyperius das Terminus-Symbol auf, das Erasmus seinem Ring, Becher und Petschaft, aber auch seiner Porträt-Medaille einprägen ließ (vgl. die Register bei Huizinga, Erasmus, und im Erasmus-Katalog von 1969) und variiert den Wahlspruch „Concedo nulli" so: Mag der zarte Körper dem Terminus-Tod weichen, aber Geist, Ruhm und Namen des Erasmus besiegt er nicht. – In diesen Gedichten erscheint Hyperius als Kenner der Schriften und als begeisterter Verehrer des Erasmus, dessen frühere prolutherische Einstellung (Stupperich 108 ff.) unerwähnt bleibt. Sie hätte die Aufnahme der Gedichte in die wesentlich aus Beiträgen Löwener Theologen oder dem Collegium trilingue verbundener Gelehrten bestehende Sammlung eher behindert. Hyperius wird damals zu den katholischen Theologen gehört haben, die vom biblischen Humanismus des Erasmus geprägt waren. Unter ihnen darf man seine Freunde vermuten. Als ein solcher ging er im Spätsommer 1537 nach England.

Der Neudruck der Gedichte siebzig Jahre nach ihrer Erstveröffentlichung durch den arminianisch gesonnenen „Leidener Kreis" (HypBibl. Nr. 3.3. u. 3.4.) führt bereits in die sogenannte Wirkungsgeschichte von Hyperius. In der Einleitung der bedeutendsten Publikation neuer Erasmiana vor Allen (A. Flitner 102 f.) kam den remonstrantischen Editoren, von den orthodoxen Calvinisten in den Auseinandersetzungen vor der Dordrechter Synode von 1618/19 wegen ihrer Erasmus-Gefolgschaft als „Libertiner" angegriffen, das pro-erasmische Zeugnis des bei den Reformierten (Calvin, Beza, Daneau u. a.) anerkannten Hyperius sehr gelegen (s. O. Fatio). Allerdings ließen sie das zweite Epitaph fort, vermutlich weil sein übertriebenes Lob Pauls III. den sonst unverdächtigen Zeugen kompromittiert hätte. Es gehört zur Ironie der Geschichte, daß sich die orthodoxen Calvinisten in diesen Jahren ebenfalls auf Hyperius beriefen (s. u. HypBibl. Nr. 18 [13/Ü und 13/Ü2]), so daß er wie sein großer Lehrmeister Erasmus auf beiden Seiten Anhänger besaß.

Endlich sind die Epitaphe in allen Ausgaben überschrieben: „per F. Andream Hyperium". Sie stellen damit aufs neue die schon aus dem Titel der Cosmographia von 1532 (s. o. Nr. 12) bekannte Frage nach der literarischen *Selbstbezeichnung des Hyperius*. Indem er das „F." fünf Jahre später beibehält, ohne die schon damals fragwürdige Bezeichnung „Dominicanus" zu wiederholen, muß man annehmen, daß es nicht „Frater" im Sinne von Ordensbruder meint. Die Bedeutung „Frater" zur Bezeichnung persönlicher Freundschaft und Verbundenheit, wie sie unter Königen üblich war, ist bei Titeln humanistischer Bücher und Epigramme ganz ungewöhnlich. „Famulus" wäre für Hyperius zutreffend, wurde aber nicht durch bloßes „F." abgekürzt, und die verbale Bedeutung („fiat, fit, fecit, fabricavit") wird durch die Überschrift der Epitaphe („per Andream Hyperium") ausgeschlossen. Auch die von Adr. Capelli (Lexicon Abbreviaturarum, Milano ⁶1961, p. 133–146) und L.-A. Chassant (Dictionnaire des Abréviations Latines et Françaises, Paris ⁵1884, Nachdr. Hildesheim/New York 1970) angegebene Bedeutung „Filius", die bei Hyperius wegen der Gleichnamigkeit mit seinem Vater nahelüge (s. o. Kap. II in Orths Gedenkrede S. 12 f.), kann nicht gemeint sein, da diese Bezeichnung dem Vatersnamen nachgestellt, aber nicht dem eigenen Vornamen vorangestellt wird. So bleiben die adjektivischen Bedeutungen des Kürzels „F." für „Felix" oder „Fidelis" die inhaltlich wahrscheinlichsten und grammatisch passendsten, verständlich vielleicht als jugendliche Eigenwilligkeit, vielleicht als eine noch mehrdeutig-unverbindliche Chiffre für „gläubig".

19 Bei seinem früheren Pariser Schüler William Blount Lord of *Mountjoy* (1478–1534) war Erasmus bei seinen drei Aufenthalten in England, seiner zweiten Heimat, (1499–1500, 1505–1506, 1509–1514) auf dessen Landgut Bethnall in Greenwich zu Gaste und nannte diesen treuesten Mäzen später „inter nobiles doctissimus". Zum letzten Mal sah er ihn, als er im Juli 1520 eine Audienz bei Heinrich VIII. von England in Calais hatte. Auf Mountjoys Schloß Hammes bei Calais war er schon 1514 auf der Rückreise von England eingekehrt (J. Huizinga, Erasmus, s. Reg.). Die Mountjoys waren seit 1460 „treasurer of Calais" und entstammten einem flandrischen Geschlecht; William war 1513–1517 „appointed governor of Tournai". Im August 1521 gehörte er zum Gefolge des Kardinals Wolsey bei dessen Begegnung mit Karl V. in Brügge, zu der als Begleiter des Bischofs von Utrecht auch Geldenhauer gekommen war (de Vocht, Literae, p. LI, 26). Dem Sohne Charles, 5. Baron Mountjoy (1516–1544) hatte Joh. Ludw. Vives schon 1523 den 2. Teil seiner „Ratio studii" gewidmet; ihm verschaffte Erasmus für die Jahre 1522–1527 Joh. Crucius und für 1527–1532 Peter de Smet Vulcanius aus Brügge als Hauslehrer und widmete ihm seine Livius-Ausgabe von 1531. Hyperius lernte Charles Mountjoy – nach Orth – zwar erst in England kennen, aber er wird durch die schon damals gedruckten Briefe und Vorworte der Schriften von Erasmus genau über diese den Niederländern und dem Humanismus gewogene, einflußreiche Familie Englands Bescheid gewußt haben. – Auch eine Bekanntschaft zwischen William Mountjoy und Hyperius' Vater, dem Rechtsanwalt Gheeraerdts in Ypern, wäre denkbar (vgl. Anm. 2 und C. G. Cruickshank, The English Occupation of Tournai 1513–1519, Oxford 1971). – Über Mountjoy: EBrit. 11. Edit., Vol. XVIII (1911), p. 941; DNB V, p. 239 f., 559 f.; ErEpA Index, p. 10 u. 142 f.; H. de Vocht, MonHumLov und History II u. III, s. Register.

Im übrigen lag ein Ausweichen vor der die Niederlande bedrängenden Inquisition nach England nahe. Auch David Joris war 1520–24 in England und plante in der Zeit seiner Verfolgung 1535 eine Flucht dorthin (R. Bainton, David Joris, Lpzg. 1937, S. 3 u. 25). Das seit langem der Krone verpflichtete und dem König befreundete Haus Mountjoy bot auch anderen kirchenkritischen Humanisten Raum. Ob es aber einen entschiedenen und erklärten Protestanten aufgenommen hätte, ist ungewiß.

Wie gezielt Orth hier Hyperius nicht nur auf den Spuren des Erasmus, sondern auch in dessen geistiger Nachfolge charakterisiert, belegt in den folgenden Sätzen die Betonung der colloquia „de studiis bonarum litterarum". Was Hyperius sonst in England trieb, ergibt sich zum Teil aus seinen späteren Schriften: Außer mit dem Gutachten über die Priesterehe (HypBibl. Nr. 19 [4]) hat er die in Paris begonnene (G. A. D. Scott, Diss. Strasbourg, S. XXXVI Anm. 16) Auslegung der Bibel fortgesetzt. Sowohl die im Oktober 1541 zum Druck gegebene Psalmenauslegung als auch die in seinen ersten Vorlesungen und später mehrfach vorgetragene Paulusexegese (HypBibl. Nr. 3 u. 22–27) hat ihn hier beschäftigt. Bei der Bibelexegese trafen humanistische und reformatorische Interessen zusammen. Hier war Hyperius an der Quelle des von J. Colet und Erasmus begründeten, an Paulus orientierten biblischen Humanismus (vgl. Stupperich 56 f., 69, 115).

20 Für diese Skizze der politischen und kirchenpolitischen *Verhältnisse in England* verweist Melchior Adam auf Joh. Sleidans „De statu religionis et reipublicae Carolo V. Caesare commentatoriorum libri XXVI" (Straßburg 1555), lectio 13. Daraus könnte auch Orth sich informiert haben. Einige Ungenauigkeiten bei Orth nötigen freilich zu der Feststellung, daß Hyperius auch 1537 kaum erwarten konnte, in England ein von innen- und kirchenpolitischen Kämpfen unbehelligtes Leben führen zu können. Denn die Suprematsakte, die den König als „supreme head in earth of the Church of England" anerkann-

te, wurde schon 1534 beschlossen. Zwei in Europa bekannte antilutherische Humanisten wurden schon 1535, weil sie weder diese Akte noch die Scheidung der Ehe Heinrichs VIII. mit Katharina von Aragon anerkannten, hingerichtet: Der Bischof von Rochester John Fisher am 22. Juni und am 6. Juli der ehemalige Kanzler Thomas Morus, der 1515/16 mit einer englischen Handelsmission in Brügge gewesen war, die flandrischen Städte und bedeutende niederländische Humanisten kennengelernt hatte und hier den zweiten Teil seiner „Utopia" verfaßte (Thomas Morus, Utopia, übers. von Gerhard Ritter, mit einer Einleitung von Hermann Oncken, Darmstadt 1964, S. 11). Es konnte in Löwen auch nicht unbekannt geblieben sein, daß die niederländische Inquisition den englischen Lutherschüler, Bibelübersetzer und Organisator reformatorischer Schriften für England, William Tyndale, am 6. Oktober 1536 bei Brüssel verbrennen ließ.

Für die am 6. Jan. 1540 geschlossene und am 9. Juli 1540 wieder aufgehobene Ehe Heinrichs VIII. mit Anna von Cleve (1515–1557) hatten sich im wesentlichen aus konfessionspolitischen Gründen sowohl der Lordkanzler Thomas Cromwell (1485–1540) als auch der Prior des Augustinerklosters in Cambridge, Robert Barnes (1495–1540), ehemals Student in Löwen und seit 1530 mehrmaliger Besucher Luthers in Wittenberg, eingesetzt. Als mit des Königs Mißfallen an dieser Frau am Hofe die katholische Partei die Oberhand gewann, wurden beide ein Opfer nicht nur dieser Partei, sondern auch des königlichen Absolutismus, den Cromwell vorher als Machiavellist und Barnes theologisch vertreten hatten (P. Meissner, England im Zeitalter von Humanismus, Renaissance und Reformation, s. Register; zu Barnes auch: RE³ 2, 414 f.): Cromwell endete am 28. Juli 1540 auf dem Schafott, Barnes wurde der Ketzerei angeklagt und am 30. Juli 1540 ohne Urteil in Smithfield verbrannt (vgl. Luthers Vorreden zu Barnes' Vitae Rom. pontificum, 1536, und zu seinem Märtyrerbekenntnis: WA 50, 1–5 und 51, 445–451).

Die von Orth erwähnten edicta adversus peregrinos konnte ich nicht nachweisen. Eine der in London im 15. und 16. Jahrhundert mehrfach aufflammenden spontanen Erhebungen gegen die Fremdenkolonie wäre denkbar (vgl. Meissner, a.a.O. S. 384 ff.). Das sogenannte „Blutige Statut", das in sechs Artikeln unter Androhung schwerer Strafen die katholische Lehre und Praxis (Transsubstantiation, Abendmahl sub una, Zölibat, Gültigkeit der Keuschheitsgelübde, Privatmessen, Ohrenbeichte) festhielt, war allerdings schon 1539 erlassen worden; es rief einen Strom von Emigranten nach dem Kontinent hervor (Meissner, a.a.O., S. 442 f.), dem der Staat 1540 mit einem Generalpardon für alle um der Religion willen Verfolgten zu begegnen versuchte. Unter den Emigranten war auch Alexander Alesius, den Hyperius, wenn er ihm nicht in England begegnet sein sollte, 1561 auf dem Naumburger Fürstentag kennenlernte als ihm geistesverwandt in der Verehrung Melanchthons, der Friedensliebe und der Hochschätzung der Alten Kirche (E. Siegmund-Schultze in TRE 2, 232 u. 234).

Nach alledem würden die von Orth genannten Gründe für Hyperius' Verlassen Englands im Jahre 1539/40 plausibler sein als 1541. Hätte sich Hyperius durch die Ereignisse vom Juli 1540 bedroht gefühlt, wäre er dann noch gelassen zehn Monate in England geblieben, davon eine Zeitlang in Cambridge (nicht erwähnt bei J. Venn, Alumni Cantabrigiensis, Part I, 1922–27) und drei Monate in Oxford, vermutlich ohne seinen Schutzherrn Mountjoy? Wie wenig sich Hyperius in England bedroht fühlte, bestätigt auch sein 1540 verfaßtes, nicht gedrucktes Gutachten „Consultatio de coniugio ministrorum ecclesiae", das, wenn auch vorsichtig, den 3. und 4. der „Sechs Artikel" in Frage zog (erst posthum gedruckt: HypBibl. Nr. 19 [4]; vgl. Frielinghaus S. 173). – Man wird also annehmen können, daß Orth den wahren Grund für die Abreise aus England entweder nicht wußte oder aber nicht nennen wollte.

21 Dieser Plan wird seit längerer Zeit in Hyperius herangereift sein, wenn er selbst erst in den etwa 14 Tagen, die er in Ypern und Löwen verbrachte, zum festen Entschluß geworden wäre; er kann aber sehr wohl auch den Hauptgrund für die Abreise aus England gebildet haben. Der bisher schärfste Erlaß des Kaisers vom 22. 9. 1540 gegen die Lutheraner (Dankbaar S. 34 f.) machte das Bleiben in den Niederlanden für den schon einmal der Ketzerei verdächtigten Theologen besonders gefährlich. In *Straßburg* wirkte seit 1537 sein Pariser Lehrer Joh. Sturm als Professor der Eloquenz, seit 1538 als Rektor des nach seinem Plan errichteten neunklassigen Gymnasiums, das für die lectiones publicae vorbereitete. Calvin versah hier 1539–41 eine theologische Dozentur. Man brauchte aber auch Lehrer der biblischen Sprachen und der Fächer der Artistenfakultät. „Ging es Hyperius nur um ein Lehramt? Oder ging es ihm auch um eine damit verbundene entschiedene, jetzt also reformatorische Glaubensrichtung? Das Streben gerade nach Straßburg schließt eine Bejahung dieser letzten Frage nicht aus" (Frielinghaus 172).

Wenn Orth darüber hinaus die *fama Buceri* als besonderen Grund für das Reiseziel Straßburg anführt, so läßt er sich jedenfalls wahrscheinlich machen. W. F. Dankbaar hat „Martin Bucers Beziehungen zu den Niederlanden", sofern sie historisch nachweisbar sind, zusammengestellt. Bucer war 1522 zweimal in den Niederlanden und hat ständig durch Briefe an Niederländer, Aufnahme von Niederländern in Straßburg und durch Verbreitung seiner Schriften, von denen zwei auch ins Flämische übersetzt wurden, in den Niederlanden die religionspolitische Entwicklung beobachtet und zu beeinflussen versucht, „besonders Ende der dreißiger und Anfang der vierziger Jahre" (S. 33). Den unter den biblischen Humanisten der Niederlande zu suchenden Freunden des Hyperius mag Bucers geistige Nähe zu Erasmus, seine symbolische Abendmahlsauffassung, seine Bemühung um die Einheit der Christen und seine Betonung der sozialen Wirkungen des Evangeliums besonders sympathisch gewesen sein (vgl. auch L.-E. Halkin S. 97). Hyperius muß aber auch 1537 bei seinem Besuch in Marburg von Geldenhauer so viel über dessen Beziehungen zu Bucer erfahren haben, daß er jetzt von seinem Landsmann an der hessischen Universität Empfehlungsbriefe nach Straßburg erwarten konnte.

22 *Gerhard Geldenhauer,* gen. Noviomagus (geb. 1482 in Nimwegen, gest. 10. 1. 1542 in Marburg) war auf der Fraterschule in Deventer wissenschaftlich ausgebildet und unter Erasmus in Löwen Magister geworden, danach zum Priester geweiht. Als humanistisch gebildeter, mit Franciscus Craneveldius befreundeter (de Vocht, Literae, bringt 26 Briefe Geldenhauers) und für die Reformation der Kirche aufgeschlossener „Dichter-Historicus" wurde er 1517–24 Sekretär des Bischofs von Utrecht, Philipp von Burgund. Aus dieser Zeit sind wichtige Aufzeichnungen, auch über die Anfänge der Evangelischen und der Gegenreformation in den Niederlanden erhalten, z. B. über den Prozeß gegen Nic. Buscoducensis. 1525 reist er im Auftrage Maximilians von Burgund, Abt in Middelburg, nach Wittenberg, wo er Luther, Melanchthon und Karlstadt kennen lernte und evangelisch wurde. Zurückgekehrt wurde er Pfarrer in Tiel/Geldern, mußte aber 1526, der Heterodoxie angeklagt, fliehen. 1527 heiratete er in Worms und wurde Privatlehrer in Straßburg, 1528 erklärte er in einem Offenen Brief an Karl V., daß die Anwendung der Todesstrafe gegen Häretiker dem Evangelium widerspräche, 1531 ging er als Schulrektor nach Augsburg und 1532 durch Bucers Vermittlung als Professor für Profan- und Kirchengeschichte nach Marburg; 1534 wurde er hier Professor für Neues Testament. Diesen Lehrstuhl hatte 1527–30 Franz Lambert von Avignon innegehabt. 1537 nahm G. an der Tagung in Schmalkalden, 1540 am Konvent in Hagenau teil; 1539 hat er die hessische Kirchenordnung mitunterzeichnet. Seine Freundschaft mit Erasmus zerriß, als er 1529 dessen frühere Äußerungen gegen Ketzermorde publizierte (ErEpA, Index p. 6 u. 99). Außer seinem wichtigen Itinerar der Reise nach Wittenberg sind Schriften zur Geschichte der Niederlande und sein Hauptwerk, Vita Philippi a Burgundia episc. Ultraject., erhalten. – Van Slee, Artikel „Geldenhauer, Gerhard": ADB 8 (1878), 530–531. – J Prinsen, Gerardus Geldenhauer Noviomagus, s'Gravenhage 1898. – Es gibt m. W. keinen Beleg dafür, daß Hyperius mit Geldenhauer „zu Nimwegen Bekanntschaft gemacht hatte" (van der Aa 479). In Orths Rede ist Geldenhauer der dritte evangelische Theologe, der auf Hyperius' Bildungsgang Einfluß nimmt, und zwar den entscheidenden. Der bisherige Teil der Rede gipfelt geradezu in der ausführlichen Schilderung der „reditus Hyperii ad scholam Marpurgensem". Damit wird zugleich die Bedeutung von Hyperius' erstem Besuch in Marburg und bei Geldenhauer i. J. 1537 hervorgehoben. Noch in einem Brief an den Prediger Johann Wolf in Zürich vom 26. Sept. 1557 erinnert Hyperius daran, daß sie vor zwanzig Jahren gemeinsam Noviomagus gehört hätten (HypBr. Nr. 22). In Marburg muß des Hyperius Dankbarkeit gegenüber Geldenhauer bekannt gewesen sein, denn man setzte ihn neben diesem bei und vermerkte in der gemeinsamen Grabinschrift „pia doctrinae concordia" (s. u. Anm. 37). Geldenhauers Einfluß auf Hyperius' Konfessionswechsel muß also – im Unterschied zur Vermutung von Frielinghaus 172 f. – schon 1537 begonnen haben. Gewiß konnte Geldenhauer erst 1541 eine feste Anstellung vorschlagen; aber für den nach Straßburg strebenden jungen Gelehrten verlangte das Angebot, in Marburg und in Hessen zu bleiben, die unter Bucers theologischem und kirchenpolitischem Einfluß standen, keine gegenüber der beabsichtigten Bewerbung in Straßburg innere Umstellung. Orth geht auf die Frage nach dem Konfessionswechsel gar nicht ein; ihm genügt es, daß Hyperius alsbald die Lehrstuhlverpflichtung der Paulusexegese übernahm und offenbar auch übernehmen konnte.

Die rechtliche Seite der Anstellung regelte der Kanzler des Landgrafen, Johann Feige, gen. *Ficinus* (1482–1543), aufs freundlichste.

Er war ein humanistisch gebildeter Jurist, führend schon auf der Homburger Synode 1526, beim Marburger Religionsgespräch 1529 nach Melanchthons Urteil auf der Gegenseite und offensichtlich bereit, der jungen Landesuniversität den oft schwer erreichbaren akademischen Nachwuchs durch geschickten Zugriff zu sichern. Orths Hinweis auf den Termin der Rückkehr des Kanzlers aus Regensburg – der Reichstagsabschied fand am 29. Juli 1541 statt – kann auf noch andere als nur chronologische Zusammenhänge deuten. Seit der am 4. März 1540 geschlossenen Doppelehe des Landgrafen Philipp hatte Hessen über die Regentin der Niederlande, Königin Marie, und über den kaiserlichen Kanzler Granvelle in Geheimverhandlungen Duldung erstrebt und dafür dem Kaiser Hilfe beim Ausgleich des Religionsstreites angeboten. Kanzler Feige hatte den Vertrag zwischen Karl V. und dem Landgrafen vorbereitet, der in Regensburg am 13. Juni 1541 unterzeichnet wurde. In diese landes- und religionspolitische Situation paßte die Anstellung des gerade nach Marburg gekommenen niederländischen Theologen, der kein streitbarer Lutheraner, sondern ein auf Ausgleich bedachter Humanist war, ausgezeichnet (K. Brandi, Karl V., S. 363–377). – Über Feige: ADB 6 (1877), p. 600 ff.

Boissard bezeichnet die *Anstellung in Marburg* ungenau „als Professor der Kirche und der Universität", vielleicht um zu erklären, daß Hyperius hernach „göttliche und weltliche Wissenschaften lehrte". Anders sagt Verheiden, daß Marburg „ihn zuerst als Doktor der Philosophie, dann als ausgezeichneten Doktor der Theologie hatte". Damit könnte er auf die seit Strieder in den Biographien erwähnte Tatsache deuten, daß Hyperius erst am 17. 8. 1553 den Doktor der Theologie erwarb, den ersten in Marburg verliehenen, promoviert durch den Alsfelder Superintendenten D. Tilemann Schnabel, der selbst 1515 von Luther in Wittenberg promoviert worden war. Die Begründung durch Achelis: „da keines der Mitglieder der theologischen Fakultät damals im Besitz dieser Würde war", trifft zwar für 1553 zu, nicht aber für die ersten Amtsjahre des Hyperius in Marburg, in denen Joh. Draconites, Marburger Professor der Theologie von 1534–47, den Wittenberger Doktor der Theologie (1523) besaß. Möglicherweise steckt hinter diesen kleinen Unstimmigkeiten die Tatsache, daß Orth nichts von einer Priesterweihe des Hyperius berichtet, die in der Regel Voraussetzung der 1537 von den Freunden beantragten Pfründe (anders Scott, Diss. Strasbourg, S. XLIV f.) und auch der theologischen Professur war. Gleichwohl wurde Hyperius nach den Universitätsakten 1542 als Nachfolger Geldenhauers Professor der Theologie.

23 Orth hielt die Gedenkrede also am Hochzeitstage des Verstorbenen. *Catharina Orth* (geb. etwa 1517, gest. 1567) war die Tochter des 1514 aus der Stadt verbannten Marburger Schöffen und Rentmeisters Ludwig Orth und die Schwester des Vaters von Wigand Orth (vgl. ARG 64, 1973, 126), in erster Ehe verheiratet mit dem Marburger Bürger Johann Happel (von Rommel irrtümlich als Professor bezeichnet). Die Kinder Happels hießen Johannes und Katharina; die überlebenden Kinder des Hyperius waren Lorenz, Johann Albert (über sie unten Anm. 33), Anna (verh. mit Pfarrer Rüdiger Copius in Mannebach/Pfalz), Margarethe und Marie (eine dieser beiden war verheiratet mit *Magister Johann Molitor oder Mylius,* dem fleißigen Herausgeber der Pauluskommentare von Hyperius, der 1564–68 Stipendiatenmajor in Marburg war, dann Lehrer in Wetter, Diakonus in Mellnau, seit 1576 Pfarrer in Gemünden an der Wohra, und sich selbst in der Präfatio zum Kommentar über die Pastoralbriefe (HypBibl. Nr. 22) als Schwiegersohn des Hyperius bezeichnet; über ihn: Hütteroth S. 237 f.). –

Mit diesen Bemerkungen über die Familie endet der erste und eigentlich biographische Teil der Gedenkrede. *Die Jahre 1544–64* werden, abgesehen von der Aufzählung der Werke und dem Sterbebericht, nicht mehr biographisch behandelt. Das erklärt sich am einfachsten wohl durch die Tatsache, daß einigen Zuhörern dieser Teil der Vita bekannt, unter ihnen aber auch umstritten war. Die wichtigsten aus den HypBr. und aus anderen Akten bekannten Ereignisse dieser Lebensjahre des Hyperius werden hier mitgeteilt, auch deshalb weil alle früheren Biographien Orth in ihrer fast gänzlichen Fortlassung gefolgt sind.

Aus den Jahren *1544–48* wissen wir nur, daß zwischen dem 1543 als Theologieprofessor und Prediger an der Elisabethkirche nach Marburg berufenen Theobald Thamer (um 1500–1569) und Hyperius 1544 eine Disputation über die Abendmahlslehre stattfand. Thamers lutherische Auffassung führte zu einer „Accusatio Andreae Hyperii" und rief dessen „Responsio ad accusationem" hervor, so daß der Landgraf am 14. Okt. den Marburger Theologen eine Mahnung zur Einigkeit schrieb, die zwar keine Namen nannte, aber bei Zuwiderhandlung mit Landesverweisung drohte (G. Franz II, Nr. 518, S.

429 f. – Vgl. auch A. F. C. Vilmar, Gesch. d. Confessionsstandes d. ev. Kirche in Hessen, S. 81). Thamer verließ Marburg 1549, rekonvertierte zur katholischen Kirche und erhielt in Mainz eine gutdotierte Domherrnstelle; darüber mokiert sich Hyperius gegenüber Heinrich Bullinger 1554 (HypBr. Nr. 7). Bereits 1545 wurde Hyperius in Conrad Gesners „Bibliotheca Universalis" mit seiner Auslegung der Psalmen 20 und 12 unter dem Titel „De honorandis magistratibus" von 1542 (HypBibl. Nr. 4) und mit Zitaten aus den Vorreden aufgeführt. Bemerkenswert ist, daß Hyperius seine beiden früheren Schriften (HypBibl. Nr. 1 u. 2) in Zürich offenbar nicht bekannt gemacht hat. Aus den Kollegnachschriften von Benedict Aretius (HBLS I, 428 f. RGG³ 1, 591) wissen wir, daß Hyperius in Marburg vom 24. Januar bis zum 18. März 1547 über den Römerbrief las, vom 18. April 1547 bis zum 31. Januar 1548 über den Propheten Jesaja und im Juli 1547 über gottesdienstliche Perikopen (s. u. HypBibl. Nr. 11/Inh., 20/Inh., 25/Inh.), also die in England begonnene Bibelexegese fleißig fortsetzte. Auch aus der Zeit des sowohl 1546 als auch wieder 1549 von Hyperius bekleideten Rektorates (Gundlach Nr. 7) wissen wir nichts. Doch beweist sein Ende 1549 geäußerter Plan, den Doktor der Medizin zu erwerben, seine reichhaltige medizinische Bibliothek, die Fülle von Bemerkungen zur Naturkunde und Medizin in seinen späteren theologisch-didaktischen Schriften, seine tatkräftige Unterstützung der Marburger medizinischen Fakultät und der von beiden Söhnen später ergriffene Beruf des Arztes, daß Hyperius in dieser Zeit in der Studienberatung und wahrscheinlich in Botanisier-Exkursionen das in Paris geweckte Interesse an der Medizin unter dem humanistisch-enzyklopädischen Ideal des „Medicus-clericus" weiterpflegte (HypBr. Nr. 2 und G. Jüttner S. 83–92).

Auch *bis 1553* fließen die Quellen noch spärlich. Im Januar 1550 bittet Hyperius den Kanzler von Hessen, Dr. Tileman Günterode, um seine Stellungnahme zu Gerüchten über die Entlassung von Theologieprofessoren und zu Marburger Intrigen, Behinderungen und Gehaltssperrungen; er habe fünf kleine Kinder (HypBr. Nr. 3). Auf eine weitere Eingabe von Rektor, Dekan und Professoren hin wird am 22. Februar 1550 die Gehaltszahlung amtlich aus Kassel angeordnet. Im Frühjahr 1550 ist Hyperius Dekan der Theologischen Fakultät (HypBr. Nr. 4). Wie ein Brief vom September an Rudolf Gualther belegt, ist seine Betreuung der Zürcher Studenten, die fast alle späteren Briefe nach Zürich bezeugen, schon im vollen Gange

(HypBr. Nr. 5). Im folgenden Jahr schlagen hessische Pfarrer und Professoren dem Landgrafen Hyperius – „hominem pietatis, eloquentiae, erudicionis et iudicii excellentis" – als möglichen Gesandten zum Trienter Konzil vor (G. Franz III, Nr. 748, S. 167). Im Dezember dieses Jahres unterzeichnet er mit andern hessischen Theologen ein Schreiben an den Landgrafen, das ein Gutachten über die Rechtfertigungslehre Osianders verweigert, weil die Gegenseite unbekannt und Zank zu vermeiden sei (G. Franz III, Nr. 753, S. 169 f.). Als 1553 die Homiletik erschien, das dann am weitesten bekannt gewordene Werk des Hyperius (HypBibl. Nr. 7), bezeugt ein briefliches Curriculum vitae doch, daß er sich ins Exil gezwungen fühlt (HypBr. Nr. 6). Am 17. 8. 1553 wird Hyperius durch den Alsfelder Superintendenten D. Tileman Schnabel zum Doktor der Theologie promoviert und das war die erste theologische Promotion an der jungen Hochschule in Marburg überhaupt (Gundlach, S. 7; Achelis 502; vgl. o. S. 77 Anm. 22). – Die von Orth gerühmte Friedfertigkeit erscheint 1554 nicht ganz so ungetrübt: Der Jurist Oldendorp hat ihn vor dem Landgrafen als gehässigen Mann bezeichnet und er muß landesväterlich vermahnt werden; doch können wir die aus einer Atmosphäre kleinstädtischer Verdächtigungen erhobenen Vorwürfe nicht mehr nachprüfen (G. Franz III, Nr. 780, S. 192 f.). In der von 1554 an erhaltenen und jährlich bis 1563 fortgesetzten Korrespondenz mit Heinrich Bullinger charakterisiert Hyperius jedoch die Auswirkungen der von Oldendorp geleiteten Universitätsreform auf das Theologiestudium als eine Bedrängnis, die sich von den Gesetzen Julian Apostatas leiten ließe (HypBr. Nr. 8).

Erst *vom Jahre 1554 an* wird auch eine intensivere kirchliche Tätigkeit bei Hyperius erkennbar. Im Mai war er zum Naumburger Konvent delegiert und hatte Melanchthon gesprochen (Polit. Arch. d. Ldgrf. Philipp v. Hessen, Bd. I, Nr. 1185; A. F. C. Vilmar, Gesch. d. Confessionsstandes, S. 85f.). Im September besuchten ihn englische Glaubensflüchtlinge in Marburg (HypBr. Nr. 9). Über die Verbrennung Servets vermeidet er in den Briefen nach Zürich ein entschiedenes Urteil. Die von 1554 an erhaltenen insgesamt 26 Briefe an Heinrich Bullinger haben mit ihren Berichten über Nachrichten und Gerüchte vom Hofe des Landgrafen im wesentlichen kirchenpolitischen Inhalt.

In den folgenden Jahren gewinnt Hyperius an wissenschaftlicher Publizität und an kirchlichem Einfluß. Ein von Flacius erbetenes Gutachten über die Methode der Kirchengeschichtsschreibung wird abgefaßt und sein Buch über das Theologiestudium erscheint, das später noch fünfmal nachgedruckt wurde (HypBibl. Nr. 8 u. 9). Die erhaltene Korrespondenz mit dem Basler Verleger Joh. Oporin (HBLS V, 348 f.) beginnt 1555, ein Werk über die Kanones der Konzile wird in Angriff genommen und der gelehrte Kaiserliche Rat von Niedbruck sucht ihn in Marburg auf (HypBr. 12 u. 13). Der Landgraf ernennt ihn zum Visitator im Oberfürstentum Hessen (G. Franz III, Nr. 799a, S. 234 f.) und will ihn zu einem Religionsgespräch nach Regensburg schicken (HypBr. Nr. 17); zwar kamen beide Vorhaben des Jahres 1556 nicht zustande, aber 1557 berichtet er vom Frankfurter Fürstentag nach Zürich (HypBr. Nr. 20). Im Juni nimmt er an einem längeren Theologentreffen teil (G. Franz III, Nr. 816, S. 246), dessen von Hyperius mitunterschriebenes „Bedenken der Theologen in Frankfurt" abgedruckt ist in: Viktor Ernst (Hg.), Briefwechsel d. Herzogs Christoph v. Wirtemberg (Bd. IV: 1556–1559, Stuttgart 1907, S. 366 ff.) und im September kann er jedenfalls dem Zürcher Antistes interessierende Einzelheiten vom Wormser Konvent mit den Gnesiolutheranern schreiben (HypBr. Nr. 23). 1558 unterschreibt Hyperius die Billigung des Frankfurter Rezesses und seiner Erneuerung der Abendmahlslehre der Confessio Augustana durch die hessische Geistlichkeit (A. F. C. Vilmar, Gesch. d. Confessionsstandes S. 89 f.); er wird nach Adam Kraffts Tod von den Pfarrern des Marburger Bezirks zum Superintendenten vorgeschlagen (C. Franz III, Nr. 839 B u. E. S. 266 f.), aber vom Landgrafen nicht berufen. Ungetrübt wohl gefühlt hat er sich nicht in Marburg. Wie er schon 1555 zum Weggang bereit und indirekt um eine Wegberufung bemüht war (HypBr. Nr. 14), so ist er, als ihn der Berner Rat nach *Lausanne* beruft, „von Herzen bereit" (HypBr. Nr. 19), freilich, soweit sich nachweisen läßt, ohne den Streit mit dem Berner Rat über die Kirchenzucht zu kennen, der Beza 1558 seine Vorlesungen am Lausanner Seminar einstellen ließ und der Anfang 1559 zur Absetzung des Petrus Viret führte (RF.³ 20, 693–695; HBLS VII, 272 f.; RGG³ 6, 1406 f.), und auch ohne in dieser Sache eine dem Berner Rat genehmere Haltung versprechen zu können. Insofern war die Weigerung des Landgrafen, Hyperius zu entlassen (Schrb. Philipps v. 27. April 1559 an den Rat zu Bern, abschriftl. im Staatsarchiv zu Marburg), doch wohl ein Glück, das Hyperius selbst jedoch nicht einsah, denn sein Absagebrief an Bern begnügte sich zwar mit der Auskunft, daß er seinen Marburger Anstellungsvertrag nicht einseitig kündigen wolle, aber einige Monate später bedauerte er gegenüber Bullinger, daß sein Wunsch, nach Lausanne zu gehen, unerfüllt blieb, er jedoch wegen der örtlichen Anfeindungen weiterhin von Marburg wegstrebe und die nächste Gelegenheit dafür nicht dem Landgrafen zur Entscheidung vorlegen wolle (HypBr. Nr. 32 u. 33. Vgl. zur Berufung nach Lausanne auch die Briefe des Benedikt Aretius vom 11. 4. u. 6. 6. 1559 an Hieronymus Zanchi und dessen Antwort vom 11. 8. 1559 in: H. Zanchii Operum Theol. Tomus VIII, Genf 1619, Anhang S. 166 f.). – Noch in diesem Jahr beauftragte Landgraf Wilhelm Hyperius samt den Professoren Oldendorp, Lonicer, Garnerius, Rudolphi, Conr. Mattheus und die Superintendenten Pistorius und Tholde mit einer Revision der Universitätsstatuten; nachdem der akademische Senat den ersten Entwurf am 16. Juni 1560 zurückgewiesen hatte, trat eine überarbeitete Fassung am 14. Januar 1564 in Kraft (Br. Hildebrand, Urkundensammlung, S. 76 u. 79).

In seinen *letzten Lebensjahren* hat Hyperius neben neuen theologischen Veröffentlichungen und einem dritten Rektorat sich in zunehmendem Maße als theologisch-kirchlicher Berater und kirchenpolitischer Gutachter betätigt. 1561 brachte er bei Oporin in Basel seine später am häufigsten übersetzte Schrift „De sacrae scripturae lectione ac meditatione quotidiana" heraus, 1563 seinen in Hessen vielumstrittenen „Katechismus", die „Elementa Christianae religionis", und im Winter 1563/64 hat er an der „Topica theologica" gearbeitet (HypBr. Nr. 61), die dann bald nach seinem Tode bei Froschauer in Zürich erschien (HypBibl. Nr. 11, 13, 14). Zwei weitere in diesen Jahren in Angriff genommene Werke, „De ordinanda ecclesia" und die „Methodus Theologiae", hat er nicht mehr vollendet (HypBr. Nr. 53 u. 61; HypBibl. Nr. 16).

Nach Adam Kraffts Tod (9. 9. 1558) war Hyperius zwar in die Stelle des Professor primarius der Theologischen Fakultät aufgerückt, aber der Landgraf folgte nicht dem Vorschlag von Nik. Roding und Joh. Pistorius, ihn in die freigewordene Marburger Superintendentur zu berufen, sondern wollte ihn lediglich zum dortigen Ehegericht hinzuziehen (G. Franz III, Nr. 839 B, E). Daneben ist er seit 1560 mit Nik. Roding beauftragt, eine neue Kirchenordnung auszuarbeiten (Sehling VIII, 25 f.); 1561 überträgt man ihm die amtliche Vernehmung des Antitrinitariers Leonhard Schneider, 1562 die des Sohnes seines Lehrers Geldenhauer (G. Franz III, Nr. 893; IV, Nr. 149). 1560 ist Hyperius Mitverfasser eines Gutachtens über den Synodalplan der Jenaer Gnesiolutheraner (G. Franz III, Nr. 865). In den Streit zwischen dem reformierten Straßburger Theologen Hieronymus Zanchi und seinem lutherischen Amtskollegen Joh. Marbach griffen sieben Doktoren und Professoren der Marburger Theologischen Fakultät mit einem Gutachten vom 15. August 1561 ein, das geschickt die konsensfähigen Thesen Zanchis „De fide Electorum" herausgriff und billigte, aber die umstritteneren Thesen einer „angemessenen Interpretation" empfahl; es ist von Hyperius an erster Stelle unterzeichnet und trägt deutlich die Züge seiner Argumentationsweise (These und Gutachten in: Hieronimi Zanchii Operum Theolog. Tomus VIII, Genf 1619, Supplem. Epist. Lib. I, p. 114–117). Im April 1561 war Hyperius Delegierter Hessens auf dem Erfurter Theologentag (Hassencamp I, 746 f.) und er unterzeichnete in diesem Jahre verschiedene, z. T. selbst mitverfaßte Gutachten über Conf. Augustana X, über die Abendmahlsschrift von Joh. Pincier und über eine hessische Abendmahlsformel (G. Franz III, 753, 865, 875, 883; A. F. C. Vilmar, Gesch. d. Confessionsstandes S. 96). 1562 schrieb Hyperius ein Gutachten über die „Weseler Konfession" von 1561 (HypBibl. Nr. 12) und vermutlich auch in diesen Jahren die Thesen „De trinitate", die später irrtümlicherweise in die Aktenpublikation über Valentin Gentilis gelangten (HypBibl. Nr. 17). In den Briefen der Jahre 1560–63, die fast die Hälfte der erhaltenen Briefe ausmachen, tritt die Auseinandersetzung mit der lutherischen Frühorthodoxie in den Vordergrund. In Hessen wächst trotz der Wohlabgewogenheit seiner Lehrformulierungen und trotz seines deutlichen Strebens nach Lehrkonsens in der Pfarrerschaft der Verdacht, daß Hyperius „dem calvinismo beifellig sei" (G. Franz III, Nr. 906 f.). Vermutlich konnte er sich fernhalten von dem kritischen Gutachten über den Heidelberger Katechismus, das die „Kirchendiener, im synodo Marpurg versamlet" unter maßgeblicher Beteiligung von Joh. Pistorius Niddanus im Mai 1563 befehlsgemäß dem Landgrafen einreichten (G. Franz III, S. 323 f., Nr. 903, dazu: ARG 52, 1961, S. 251); denn der Vorwurf der Katzenelnbogener Pfarrerschaft versäumte nicht, ausdrücklich seine Nähe zum Heidelberger Katechismus nachzuweisen (G. Franz III, Nr. 906, S. 327). Man versteht, daß er sich auch 1563 noch ein anderes Tätigkeitsfeld wünschte (HypBr. Nr. 60).

Auch in Angelegenheiten der Universität ist Hyperius' Tätigkeit in diesen Jahren greifbar und zum Teil in ihrem konfessionellen Einschlag. Im Februar 1560 unterzeichnet er mit dem Landgrafen, vier landgräflichen Beamten, zwei Professoren und fünf leitenden Geistlichen eine neue Stipendiatenordnung für Hessen (Sehling VIII, S. 166–175). Als er sich in seinem dritten Rektorat 1561/62 um die Wiederbesetzung einer medizinischen Professur kümmern mußte, war es wohl kein Zufall, daß er sich hauptsächlich um Schweizer Kandidaten bemühte (HypBr. Nr. 46, 48; Jüttner 107–113, 161). Als der unter Hyperius' Mitwirkung nach Marburg berufene Wilhelm Gratarolus seine Tätigkeit als Medizinprofessor nur vom Februar bis Oktober 1562 ausgeübt hatte und wegen der ihm als Calvinisten von den Marburger Lutheranern bereiteten Widerstände nach Basel zurückgegangen war (G. Jüttner 162–171), bemühte sich Hyperius, den Basler Arzt Heinrich Pantaleon (1522–95, über ihn: ADB 25, 128–131 u. HBLS V, 373), der ihn im März 1563 bei seiner Erkundungsreise nach deutschen Gelehrten und Fürsten des 16. Jahrhunderts aufsuchte, für die Medizinprofessur zu gewinnen. Pantaleon lehnte dies von Landgraf Wilhelm und Nikolaus Roding unterstützte Angebot zwar ab, erwähnte die Episode aber später am Schluß des ausführlichen, Hyperius gewidmeten Artikels in seinem „Teutscher Nation Heldenbuch" (Teil III, Basel 1570, p. 395–398), der zugleich die erste deutschsprachige Kurzfassung von Orths Gedenkrede bildete und Hyperius' Bedeutung als eines humanistisch gebildeten und gelehrten Theologen einem weiten Leserkreis bekannt machte.

Als Hyperius am 1. Febr. 1564 starb, besaß keines der verbliebenen Mitglieder seiner Fakultät die theologische Doktorwürde. Da drei der Theologieprofessoren promoviert werden wollten, ließ der Senat der Marburger Universität den Tübinger Professor Theodorich Schnepf kommen zur Vornahme der Promotion. Für Schnepf war dann die Hauptsache, daß der Doktoreid die richtige, an Conf. Aug. X orientierte Abendmahlslehre enthielt (H. Heppe, Gesch. d. dt. Protestantismus, Bd. 2, 96–99).

24 Orth nennt zwei *Lehrgebiete* des Hyperius, das öffentliche der Theologie (litterae sacrae) und das private der Philosophie (artes liberales). Danach schaltet er eine längere Passage über vier grundsätzliche Anforderungen für das Lehramt ein. Alle sind bemerkenswert praktisch orientiert; für die letzten drei ist „unser Paulus" mit Zitaten aus 1. Tim. 3,3; 1. Kor. 4,2; Tit. 1,6 f. die maßgebliche Autorität. Neutestamentliche Anforderungen an den Bischof werden schlicht mit denjenigen an den akademischen Lehrer der Theologie gleichgesetzt: Ziele sind „Frucht" und „Nützlichkeit". Das dabei wohl gemeinte Programm des Erasmus mit seinem Zugleich humanistischer Bildung in den bonae litterae und christlicher forma vitae wird mit dem Blick auf in Marburg offenbar bestehende Zustände grob-moralisch exemplifiziert.

25 Orth nennt zuerst in chronologischer Reihenfolge die von Hyperius selbst besorgten wichtigsten theologischen *Schriften* (vgl. Hyp-Bibl. Nr. 5, 7, 8, 11, 14).

26 Bei seiner Aufzählung der von Hyperius verfaßten, aber noch nicht druckfertig gemachten philosophischen Schriften, von denen zwei posthum ediert wurden (HypBibl. Nr. 15 u. 21) ist Orth entgangen, daß die Cosmographia und die Randbemerkungen zur Nikomachischen Ethik bereits gedruckt waren (HypBibl. Nr. 2 und 6). Sollten sich im „Musaeum" des Verstorbenen, wie Hyperius seine Studierstube nach Humanistenmanier nannte (vgl. Kap. IV, S. 92), von diesen Schriften nur noch Manuskripte gefunden haben?

27 Von Orths Liste der von Hyperius vorbereiteten, aber nicht mehr zum Druck beförderten theologischen Werke sind die später posthum edierten in der Bibliographie unten aufgeführt unter den Nummern 18 (1, 14, 2), 19 (4, 3, 2), 21–26, 16. Der Titel „Feriae scholasticae" war wohl für die „Opuscula" vorgesehen. Den Jesajakommentar (HypBibl. Nr. 20) erwähnt Orth nicht.

28 *Konrad Matthaeus* (1519–1580) war Lehrer am Pädagogium in Marburg und wurde an der Universität 1551 Prof. der Geschichte, 1554 auch der Rhetorik, er war viermal Rektor und wurde 1566 Universitäts-Syndikus. Über ihn: Eisenhart in ADB 20, 615–17; Grundlach Nr. 547; Melchior Adam, Vitae jureconsultorum 108–111. – Mattheus war in erster Ehe seit 1544 mit Margarethe Orth, Tochter des Vogtes zu Kaldern, verheiratet und durch sie mit Wigand Orth und mit der Frau von Hyperius verschwägert. – Weit eindrucksvoller als die hier von Orth zitierte formula docendi der Friedfertigkeit ist das Selbstzeugnis des Hyperius zu Beginn des 3. Teils des Traktats „de sacr. lit. studiis non deserendis" (Var. Op. I): „Dies ist meine Kunst, dies sind meine Kriegsmaschinen, dies meine Schlachtpläne, mit denen ich mich gegen die Gegner, die mich verletzen, verteidige, ihnen Widerstand leiste und sie fast stets überwinde: Ich schweige, ich dulde, ich hoffe" (schon von Verheiden zitiert; Müller, S. 127).

29 Zu diesen oft erwähnten *rhetorischen und homiletischen Übungen* s. meinen Forschungsbericht: ThR 34, 1969, 331 f. Die bei

Strieder 298 wiedergegebene Nachricht, Hyperius habe mit diesen Übungen 1563 begonnen, ist falsch, denn Hyperius erwähnt sie selbst bereits in seinen Briefen seit 1550.

30 Wenn des Hyperius *Programm der Kirchenreform* wirklich von dieser Definition Orths vollständig erfaßt wäre, dann ließe es sich von humanistischen und innerkatholischen Reformbestrebungen kaum unterscheiden. Es war Erasmus, der sich die Reform als Rückkehr zur Einfachheit der alten Kirche vorgestellt hatte, und die Wiederherstellung der disciplina ecclesiastica war auch ein die Glaubensgegensätze übergreifendes moralisches Anliegen. Beide Programmpunkte klingen transkonfessionell und so allgemein, daß ihnen Gebildete aller christlichen Gruppierungen zustimmen konnten. Es gibt aber Belege dafür, daß Hyperius die auf Evangelium und Glauben gerichtete reformatorische Mitte keineswegs vernachlässigte: Mangold Dt. Zs. 242 ff.; Müller 62 ff., 79 ff., 137 ff.; Frielinghaus 19 ff., 89 ff., 93, 104 ff.; G. Krause ThR 34, 1969, 297 ff. Eine kritische und das ganze Werk des Hyperius berücksichtigende Untersuchung über seine Bestimmung des Verhältnisses von Kirchenreform und Glauben steht allerdings noch aus. – Orth selbst holt das hier Versäumte im letzten, appellartigen Abschnitt seiner Rede nach, in dem er die capita doctrinae religionis, die puritas fidei und die Autorität der sola scriptura als die Grenzen definiert, innerhalb derer es zu stehen gelte.

31 Nach R. Hartmann, Das Autobiographische in der Basler Leichenrede, war der *Bericht vom Sterbebett* ein wichtiges Stück des biographischen Teils der im 16. Jahrhundert entstandenen Leichenrede. Von den sechs Artikeln seines Kanons (Hartmann, S. 36 ff.) fehlen bei Orth das Sündenbekenntnis und das gegenseitige Verzeihen. Das mag eine Differenzierung der akademischen Gedenkrede von der Leichenrede andeuten. Dazu wird auch die medizinische Schilderung der Krankheit gehören. Bei Trägern öffentlicher Ämter waren Gespräche über öffentliche Angelegenheiten, denen der Sterbende verpflichtet war, typisch (a.a.O., S. 44 f.). Die Erwähnung des Abendmahls pro more veteris ecclesiae dagegen legitimiert den gerade wegen seiner Abendmahlslehre angegriffenen Theologen gleichsam oberhalb der aktuellen Konflikte.

32 Zu den Thronwechseln und dem Herrschaftsantritt einer neuen Generation um 1550 s. K. Brandi, Deutsche Geschichte im Zeitalter der Reformation u. Gegenreformation, S. 281 f. – Zur *apokalypti-*

schen Weltuntergangsstimmung im 16. Jahrhundert: H. Preuss, Die Vorstellungen vom Antichrist im späteren Mittelalter, bei Luther u. in der konfessionellen Polemik, Lpzg. 1906; W. Andreas, Deutschland vor der Reformation, eine Zeitenwende, Stuttgart ⁶1959; W.-E. Peuckert, Die große Wende. Das apokalyptische Saeculum und Luther, 2 Bde. (1948), Nachdruck Darmstadt 1966; W. Maurer, Der ekklesiologische Ansatz der abendländischen Kirchenspaltung nach dem Verständnis Luthers: Fuldaer Hefte 18, 1968, S. 32 ff. – Die Beurteilung seines Zeitalters durch Hyperius aufgrund der historischen Ereignisse findet in seinen Briefen zahlreiche Belege, ist aber nicht immer so unabhängig von Astrologie aufgefaßt worden, wie Orth sie (vielleicht in apologetischer Absicht) schildert. Das beweist der in England erschienene Band: The common places taken out of A. Hyperius ... where of, in the one, he sheweth the force that the sonne, moone and stares have over men etc. In the other, Wheter the devils have been the shewers of magicall artes, etc. Translated into English by R. V(aux), London 1581 (su. u. HypBibl. Nr. 29).

33 Landgraf Wilhelm IV. unterstützte die Witwe und das Studium der *Söhne des Hyperius* durch Stipendien. Beide Söhne waren Stipendiaten in Marburg und studierten dann Medizin, Lorenz (geb. um 1550) in Tübingen (immatrikuliert 28. 9. 1572 und 5. 4. 1574) wurde später Leibarzt Wilhelms in Kassel und starb im Dez. 1594 (über sein Leben s. Strieder 298 f. und Mangold Dt. Zs. 238. Zu seinen beiden posthumen Editionen von Werken des Vaters s. HypBibl. Nr. 20 u. 21); Johann Albert studierte in Padua Medizin und Botanik (am 2. Okt. 1580 im Catalogus German. ... studios. in schola Patavina, No. 4, p. 123a eingetragen und noch 1583 u. 1585 erwähnt in Universitätsprotokollen Paduas, vgl. Antonio Favaro, Atti della Nazione Germanica Artista nello Studio di Padova, Vol. I, Venezia: Emiliana 1911, p. 198 u. 208), wurde Leibarzt und Leiter des Botanischen Gartens in Kassel und starb am 6. Mai 1591 (sein Stammbuch befindet sich in der Marburger Universitätsbibliothek: Ms 801).

34 Beispiele aus der alten Geschichte gehörten zum Stil der humanistischen Rede- und Denkweise. Auch in der von Hyperius mit Nik. Roding entworfenen Kirchenordnung von 1566 werden *Theodosius und Arcadius* mehrmals erwähnt (Sehling Bd. 8/1, S. 180, 232, 257). In Orths Rede erhöht die Geschichtsparallele allerdings nur die Stimmung der Trauer und Resignation. Ganz anders hatte Erasmus in einem Brief aus Freiburg vom 18. Aug. 1530 an den auf dem Augsburger Reichstag tätigen Lorenzo Campegio gerichteten Brief auf die beiden Kaiser als kluge Überwinder der Häresien verwiesen (ErEpA IX, Nr. 2366, S. 15, 40 ff.; dazu vgl. P. Rassow, Erasmus u. d. Augsbg. Reichstag, S. 59).

35 *Petrus Martyr Vermigli* war in Zürich am 12. Dez. 1562 gestorben, *Wolfgang Musculus* in Bern am 30. August 1563. Beide waren Hyperius, wie seine Briefe ausweisen, persönlich und theologisch befreundet. – Das Gefühl einer Generationenwende war nicht ganz unberechtigt: Im Jahre der Professio fidei Tridentini und der Veröffentlichung des Index librorum prohibitorum 1564 starben Michelangelo (15. Febr.), Joh. Calvin (27. Mai) und Kaiser Ferdinand I. (25. Juli) und geboren wurden in diesem Jahr Galilei und Shakespeare.

36 *Johannes Lonicer* (ca. 1499–20. 6. 1569), Philologe und Theologe aus der Schule Melanchthons, war in Marburg seit 1527 Professor zuerst für Griechisch, dann für Physik, seit 1549 für Theologie. Er war mehrmals Rektor. Zur Biographie: Gundlach Nr. 531; über seine naturwissenschaftlichen Arbeiten: G. Jüttner, Wilh. Gratarolus, 1969, S. 78–80.

Nicolaus Roding (1519–23. 9. 1580), hatte u. a. in Paris studiert, wurde Pfarrer in Kassel, 1555 in Marburg und hier später auch Superintendent. Seit 1560/61 arbeitete er mit Hyperius am Entwurf einer neuen Kirchenordnung für Hessen trotz eines theologischen Gegensatzes zu ihm in der Abendmahlslehre, der erstmals aus den Briefen des Hyperius definierbar wird. Landgraf Wilhelm bestimmte Roding 1564 zur Nachfolge des Hyperius beim Vorsitz der theologischen Disputationen, 1576 wurde er Professor primarius der theologischen Fakultät. Zur Biographie: Gundlach Nr. 10; G. Krause: ThR 34, 1969, 279 f., 319 f.

37 Es bleibt nachzutragen, daß Hyperius (nach Paquot 492, Reusens 704 f., Müller 21) „dans l'Eglise principale de Marpourg", also in der Elisabethkirche, an der Seite Geldenhauers, „seines zu Lebzeiten besten Freundes" (Verheiden) beerdigt wurde. Eine alte Nachricht über die *Grabschrift* überliefert Nathan Chyträus (Variorum in Europa itinerum Deliciae, Herborn 1594, p. 834; abgedruckt in: Otto Stölzel, Marburgs alte Grabinschriften, Marburg 1938, S. 64), der sie folgendermaßen selbst gelesen hat:

„Hic Noviomagi requiescunt membra Gerhardi,
Juxta hunc Andreas conditur Hyperius,
Ut pia doctrinae concordia iunxerat ambos,

Sic ibidem amborum contegit ossa locus.
Quos sociat tumulus, sociabunt coelica regna,
Ut capiant fidei praemia iusta suae."
(Hier ruhen die Glieder Gerhard Geldenhauers, neben ihm begrub man Andreas Hyperius. Wie fromme Eintracht der Lehre beide vereinte, so verbirgt hier der Ort beider Gebeine. Die das Grab verbindet werden himmlische Reiche vereinen, damit sie ihres Glaubens gerechten Lohn empfangen). Verheiden erwähnt 1602 die ersten Zeilen dieser Grabinschrift, aber Melchior Adam teilt 1620 folgendes andere Epitaphium mit, das an sein Grab neben demjenigen Geldenhauers gesetzt sei (p. 395): „Anno Domini M.D.LXIV. Kal. Februarii, pie in Christo obiit clarissimus vir D. Andreas Hyperius, Theologiae Doctor ac Professor in hac schola celeberrimus." Diese andere Grabinschrift kannte aber auch schon Heinrich Pantaleon und teilte sie als „auf den stein gehawen" in seinem Heldenbuch (Teil III, p. 398) in folgender Verdeutschung mit: „Da man zalt von Christi geburt 1564 jar den 1. Feb. ist der fürnemme hochgelehrte herr D. Andreas Hyperius ein Doctor der heiligen geschrifft/unnd Professor auff dieser berümbten hohen Schul seligklich in Christo verscheiden etc." Das Nebeneinander beider Epitaphien klärt sich durch einen Blick in den Anhang der „Methodi Theologiae" (Basel 1567 = HypBibl. Nr. 16), der nach der Gedenkrede Orths eine Anzahl der Epicedien auf den Tod des Hyperius bringt und unter ihnen auf S. 771 f. zuerst die zuletzt genannte Grabinschrift in Majuscelen als „Sepulcro D. Hyperii insculptum" und später die aus den drei Distichen bestehende Inschrift als „Contiguo D. Gerardi Noviomagi sepulcro insculptum" mit der Unterschrift: Nicolaus Rodingus. Danach hat Roding also als Marburger Superintendent nach des Hyperius' Tode am Grabe Geldenhauers eine neue Inschrift anbringen lassen, die, als Chyträus die Grabstätte aufsuchte, nur alleine noch erhalten war. Die Nachricht von der Beisetzung in der Elisabethkirche muß in dem Maße als zweifelhaft gelten, als das Verschwinden der Grabtafel des Hyperius in ihr, auch während der mit Ägidius Hunnius 1576 beginnenden Verschärfung konfessionell-lutherischer Polemik, als weniger wahrscheinlich anzusehen ist. –
Verheiden ist es, der die oft von seinen Abschreibern zitierten Worte in seiner Kurzbiographie erstmals bringt: „Der niemals genug gelobte Theologe", „der alle Zeit zu lobende Mann" und: „Was Melanchthon für Sachsen war, das war Hyperius für Hessen."

Zweiter Teil

IKONOGRAPHIE

IV. Zum Gelehrtenporträt des 16. und 17. Jahrhunderts

Die Erinnerung an Andreas Hyperius' Leben und Werke wurde vom Ende des 16. bis in die Anfänge des 18. Jahrhunderts lebendig erhalten und weiter überliefert von einer Reihe prominenter Gelehrtenporträt-Sammlungen. Diese eigentümliche Literatur- und Kunstgattung, die seit der Mitte des Reformationsjahrhunderts bis zum Beginn des Dreißigjährigen Krieges von verschiedensten europäischen Verlagen in erstaunlicher Anzahl veröffentlicht und jeweils besonders gestaltet wurde, gilt als ein später Zweig am Baum der berühmten Porträtmalerei der Renaissance. Kein Wunder, daß sich die Kunstgeschichte mit zahlreichen Untersuchungen und Darstellungen diesen weltbekannten Renaissanceporträts widmete und das künstlerisch weniger bedeutende Gelehrtenporträt außer längsschnittartiger Behandlung der Bildnisse großer Humanisten, wie Paracelsus, Brant und Erasmus, oder der Reformatoren, fast unerforscht ließ. Trotz seiner Bedeutung für die europäische Gelehrten- und Wissenschaftsgeschichte „gleicht das große, lockende Arbeitsfeld des Gelehrten- und Humanisten-Bildnisses einem Neuland"[1]. Bevor wir uns den in der Mehrzahl für diese Sammlungen angefertigten Hyperiusbildern zuwenden, empfiehlt sich daher zu deren Verständnis eine allgemeine Vororientierung über das Genre des Gelehrtenporträts.

In der Regel wird die Idee und der Anfang des Gelehrtenporträts auf den Basler Verleger Peter Perna zurückgeführt. Er hatte zu-

---

[1] Ingeborg Schnack, Beiträge zur Geschichte des Gelehrtenporträts, in: Walter Goetz, Historische Bildkunde, Hamburg 1935, Heft 3. Frau Dr. Schnack berichtet hier über die 1927 begonnene Sammlung von Bildnissen der Universitätslehrer an der Marburger Philipps-Universität.

nächst 1559 die Biographien veröffentlicht, die der Geschichtsschreiber, Hofmann und Bischof von Como, Paolo Giovio (Paulus Jovius, 1483–1552) zu den zahlreichen, in seinem ‚Museo' am Comer See gesammelten Porträts verfaßt hatte; dann ließ er den größten Teil dieser Bilder 1561–64 durch den Schaffhausener Maler Tobias Stimmer zu Vorlagen für Holzschnitte kopieren, mit denen er 1577 die nunmehr zweibändige 2. Auflage seiner Edition ausstattete[2]. Da sich auf dies, Poeten und humanistische Gelehrte enthaltende Sammelwerk zwei im folgenden Jahrzehnt in Genf und in Straßburg herausgegebene Werke mit Gelehrtenporträts berufen, ist die Bedeutung der von Perna publizierten Bilder und Schriften Giovios für die Literaturgattung der Gelehrtenporträts erwiesen. Dennoch war Pernas Giovio-Ausgabe nicht die einzige und vielleicht nicht einmal die wichtigste Voraussetzung der vielen Sammlungen mit Gelehrtenporträts. Dafür sprechen mehrere Beobachtungen.

Lange bevor Giovio nördlich der Alpen bekannt wurde, sammelte man Schaumünzen mit den Porträts berühmter Persönlichkeiten. Johannes Ficker hat aus Briefen belegt, daß der Student Rudolf Gualther 1538 aus Straßburg eine silberne Medaille von Johann Sturm, der ihn begeisterte, nach Zürich sandte und zwei Jahre später aus Marburg von Heinrich Bullinger zwei Silbermünzen mit dem Bildnis Zwinglis erbat, damit sie von Marburger Buchbindern in Kupfer gestochen und einer Psalterausgabe in Gold aufgedruckt würden[3]. Im

---

[2] Paolo Giovios Prosopographie „Elogia veris clarorum virorum imaginibus apposita, quae in Musaeo Joviano Comi spectantur" (Venedig 1546) wurde „besonders durch die Verbreitung in den illustrierten Ausgaben des Baslers Druckers Perna die meistbenutzte Literaturgeschichte der Renaissance für zwei Jahrhunderte" (A. Flitner, Erasmus im Urteil seiner Nachwelt, S. 60). Über die Elogia Giovios vgl. ferner:
Jacob Burckhardt, Die Kultur der Renaissance in Italien, hg. von R. Jaspert, Berlin 1941, S. 144 f. – Ders., Die Sammler. Gesamtausgabe Bd. 12, hg. von H. Wölfflin, Berlin-Leipzig 1930, S. 461 f. – Ders., Die Anfänge der neueren Porträtmalerei. Gesamtausgabe Bd. 14, hg. von E. Dürr, Berlin-Leipzig 1933, S. 316–330. – Eugen Müntz, Die Porträtsammlung des Paulus Jovius. Beitr. z. Ikonographie d. Mittelalters u. d. Renaissance, in: Zeitschr. f. Bücherfreunde, Bielefeld-Leipzig 1904/05, Heft 1, S. 120–127. – Manfred Lemmer, Nachwort zu: Nicolaus Reusner, Icones sive imagines virorum literis illustrium, 1587, Nachdruck, Leipzig-Gütersloh 1973, S. 431–449.

[3] Johannes Ficker, Bildnisse der Straßburger Reformation, Straßburg 1914, S. 9 ff. – Walther Köhler, Hessen und die Schweiz nach Zwinglis Tode im Spiegel gleichzeitiger Korrespondenzen, in: Philipp der Großmütige, Beitr. z. Gesch. seines

Jahre darauf regte Gualther einen Holzschnitt mit dem Bild des verstorbenen Simon Grynäus an, um ihn seinem Lobgedicht auf den verehrten Gräzisten beizugeben, das er recht humanistisch und offenbar ohne theologische Hemmungen „Apotheosis" betitelte. Medaillenporträts gab es von vielen Humanisten und Reformatoren, sie waren sehr beliebt, wurden verschenkt, gesammelt und abgezeichnet und bildeten nicht selten die Vorlage der später als Holzschnitt oder Kupferstich publizierten Gelehrtenporträts. Das vielfach vermehrbare Beispiel Gualthers zeigt mit seiner Beheimatung in verschiedenen Zentren der Reformation, daß man das Lebensinteresse an der Sammlung von Gelehrtenporträts der Medaillenkunst, das demjenigen an den leichter vermehr- und erwerbbaren graphischen Porträtwerken in Buchform unmittelbar voranging und inhaltlich eng verwandt war, nicht durch einen verengten Begriff der Spätrenaissance als der Verherrlichung des Individuums und des Ruhmes erfaßt, sondern eher in einer unproblematisierten Gemeinsamkeit von Renaissance, erasmischem Bibelhumanismus und Reformation findet, die im Einzelfalle durchaus verschieden akzentuiert sein konnte.

Das scheint eine zweite Beobachtung zu bestätigen. Aus der Stadt Basel waren vor und neben Pernas Giovio-Edition auch andersgeartete Anregungen für Buchausgaben mit Gelehrtenporträts gekommen: Matth. Flacius, Catalogus testimoniorum veritatis (1556), John Bale, Scriptorum illustrium maioris Brytanniae Catalogus (1557), John Foxe, Rerum in Ecclesia gestarum ... Commentarii (1559), dessen zweiten Teil Heinrich Pantaleon mit dem Titel „Martyrum Historia" 1563 herausgab und ihm 1565 seine „Prosopographia heroum atque illustrium virorum totius Germaniae" folgen ließ, die 1567–70 in ihren drei Teilen übersetzt erschien als „Teutscher Nation Heldenbuch"[4]. Zwar waren nur die drei zuletzt genannten Bücher mit Porträtbildern ausgestattet, aber sie bildeten durch die enge Zusammenarbeit ihrer als Humanisten und protestantische Theologen verbundenen Autoren einen Typus von zuerst nur literarischen, später auch illustrierten Lebensbildern, der ganz anderen Geistes und von anderer Zielsetzung war als Pernas Giovio-Edition. Natürlich war Giovio

---

Lebens u. seiner Zeit, hg. v. d. histor. Verein f. d. Grhztm. Hessen, Marburg 1904, S. 466 u. 470 f.

[4] Hans Buscher, Heinrich Pantaleon und sein Heldenbuch (Basler Beitr. z. Gesch.wissenschaft Bd. 26), Basel 1946, S. 40–43, 86–91, 108, 116, 176 ff., 295, 300. – Zu John Bale: DNB III, 41–42; zu John Foxe: DNB XX, 141–150.

den Verfassern der Märtyrer- und Heldenbücher bekannt; Pantaleon hatte sogar 1560 und 1564 zwei Geschichtsbücher Giovios in deutscher Übersetzung herausgegeben. Die bezeichnenderweise zunächst von drei Glaubensflüchtlingen verfaßten Bekenner- und Märtyrerviten standen im Dienst der reinen Lehre des Evangeliums, ihre Tendenz war scharf antipäpstlich und sie riefen die ganze Christenheit zu dem von allen weltlichen Kampfesweisen unterschiedenen Kampf des Glaubens für Christus auf. Dazu kam ein bei den Engländern anhebendes und dann von Pantaleon ungemein verstärktes nationales Pathos. Daß diese Bücher als neue Heiligenlegenden in den Reformationskirchen wirkten, zeigt vor allem der jahrhundertelange Erfolg, den die erweiterte englische Ausgabe des Buches von Foxe (Actes and Monuments of these latter and perillous days, London 1563, oft zitiert als „Book of Martyrs") in der angelsächsischen Welt als ein Glaubensbewußtsein prägendes Erbauungsbuch hatte[5]. Aber die Märtyrer- und Heldenbücher wollten auch wissenschaftlich sein und haben in der Tat unter anderem der neuzeitlichen Biographik nicht nur Inhalte, sondern auch Gestaltungsprinzipien vermittelt, die von den Gelehrtenporträts zum Teil übernommen wurden, wie der panegyrische Stil, zum Teil erheblich verbessert wurden, wie die Bildausstattung.

Nun drängt sich freilich die Frage auf, wie es zur Veränderung des Personenkreises von den in diesen Büchern behandelten Märtyrern zu den in den alsbald folgenden Sammlungen dargestellten Gelehrten gekommen ist. Die in Pantaleons „Heldenbuch" beggenende Einstellung auf deutsche Berühmtheiten aller Zeiten und Stände ist dafür offenbar nicht von Belang. Weit eher könnten Zensurbestimmungen gegen politisch nachteilige und den konfessionellen Frieden störende Publikationen eine Rolle gespielt haben[6], ebenso Verkaufsüberlegungen der Verleger, die der römischen Indizierung entgehen und möglichst Käufer aller religiösen Gruppierungen erreichen wollten. Es ist aber auch nicht zu verkennen, daß der Wechsel der behandelten Personen keine totale Änderung brachte, denn oft genug waren die Bekenner eben Theologen und Gelehrte. In dieser Entwicklung mag eine zwischen beiden Personengruppen und den entsprechend gestalteten

---

[5] Zur lutherischen und reformierten Heiligen- und Märtyrerliteratur vgl. jetzt Wolfgang Brückner, Volkserzählung, S. 521–579.

[6] Martin Steinmann, Johannes Oporinus. Ein Basler Buchdrucker um die Mitte des 16. Jahrhunderts (Basler Beitr. z. Gesch.wissenschaft Bd. 105), Basel–Stuttgart 1967, S. 22 ff. u. 94 ff.

Porträtsammlungen vermittelnde Wirkung einem weiteren Typus von Porträtsammlungen zugefallen sein, der bald nach der Mitte des 16. Jahrhunderts aufkam und einem breiten Bedürfnis entsprach. Schon 1550 bestellte der Engländer Christopher Hales bei dem Zürcher Maler Hans Asper eine Serie von fünf Porträtbildern der Zürcher Reformatoren Zwingli, Pellikan, Bibliander, Bullinger und Gualther[7]. Bilder der Wittenberger Reformatoren brachte Gabriel Schnellboltz 1562 in Wittenberg heraus (Warhaffte Bildnis etlicher gelarten Menner). Zehn Jahre später erscheint in Antwerpen ein katholisches Gegenunternehmen: Virorum Doctorum de disciplinis bene merentium effigies XLIIII a Philippo Galleo. Andere Veröffentlichungen ähnlicher Art aus diesen Jahren mögen mir entgangen sein. Gemeinsam ist ihnen, daß sie die Porträtkunst und die zeitgeschichtliche Biographik in den Dienst der religiösen, sei es reformatorischen oder gegenreformatorischen, Propaganda stellen, wie das schon die Märtyrerviten getan hatten. Überschaut man von ihnen her die nach der Pernaschen Giovio-Edition veröffentlichte Reihe von Gelehrtenporträt-Sammlungen, die möglicherweise noch vervollständigt werden kann, dann zeigt sich, daß sie in überwiegendem Maße diese Zielbestimmung beibehält. Schon Bezas erst lateinisch, dann französisch edierten „Icones" (1580/81) sind auf Berühmtheiten im Dienst der bonae litterae und der vera religio konzentriert und wollen der Glaubensstärkung dienen. Auch Nicolaus Reusner, der seine neunundneunzig „Icones" (Straßburg 1587) gleichmäßig auf Humanisten und Theologen oder Kirchenmänner verteilt, unter diesen sogar zehn, meist als Vorreformatoren gemeinte Katholiken, empfiehlt seine Celebritäten als „fide et doctrina religionis & bonarum literarum studia" ausgezeichnet und stellt in unverkennbar protestantischer Tendenz die Lokalreformatoren des Kernlandes der Glaubensumwälzung, Sachsen, und des alemannisch-schwäbischen Raumes am konsequentesten vor (M. Lemmer 446). Die 1588 in Dresden bei Gimel Bergen erschienenen „Bildnüs und Abkontrafactur etzlicher vornemer gelerten Menner" geben ihre Absicht in der Vorrede mit den Worten des Märtyrerbuches von John Foxe wieder: „Damit (weil sie jederman vor Augen) die gaben, mit welchen der gütige Gott durch sie die gantze Christliche Kirche zu diesen letzten und gefehrlichen Zeiten geziret, nicht in vergessen-

---

[7] Erasmus en zijn tijd. Katalog des Museum Boymans-van Beuningen, Rotterdam 1969, Nr. 435, vgl. Abbildungsheft S. 90. – HBLS I, 457.

heit möchten gestellet werden." Nur das Monumentalwerk von J. J. Boissard und Theod. de Bry (Frankfurt 1597 ff.), das in neun Teilbänden insgesamt 441 Porträts brachte, mußte die konfessionsspezifische Aufgabenstellung vermeiden und den allgemeineren humanistischen Titel wählen „Icones virorum illustrium doctrina et eruditione praestantium". Aber wenige Jahre später skandiert das als Gegenunternehmen zu Phil. Galles Porträtsammlung gemeinte niederländische Gemeinschaftswerk von Jacob Verheiden und Hendrik Hondius geradezu Bilder hervorragender Theologen, „qui Rom. Antichristum praecipue oppugnarunt" (Den Haag 1602) in verschiedenen Ausgaben lateinischer, niederländischer und französischer Sprache (s. u. die Anm. zu Abb. 7).

Freilich will der vorrangige Einfluß religiöser und evangelisch-theologischer Gestaltungsprinzipien auf die Gelehrtenporträts nicht im Gegensatz zu denen des Humanismus und der Renaissance verstanden sein, die selber nach Stoff und Inhalt „trotz allem Einschlag von Klassizismus und Weltlichkeit zum überwiegenden Teil christlich gewesen und geblieben sind"[8]. Der weltanschauliche und künstlerische Hintergrund, auf dem der Stil und auch die Absatzerwartungen der Gelehrtenporträts erwuchsen, bestand zugleich aus späthumanistischen und aus christlichen Faktoren. Daß Pernas Giovio-Edition in dieser allgemeinen Hinsicht auch auf die Gelehrtenporträts wirkte, wäre töricht leugnen zu wollen. Nach zwei Seiten hin läßt sich eine gewisse Gemeinsamkeit etwas näher bestimmen. Sie findet sich, sieht man von allerdings nicht unwichtigen Unterschieden ab, zunächst im Geschichtsverständnis. Nach dem Programm der Humanisten des 15. und 16. Jahrhunderts soll der Gelehrte und Weise zum Leiter des Menschengeschlechtes werden; die Intelligenz gilt als die bewegende Kraft der Geschichte[9]. Diese Grundanschauung differenzierte sich jedoch, je nachdem man die Offenheit des Menschengeistes für Fortuna oder für den offenbarten Willen Gottes in den Vordergrund stellte.

Wichtiger war Giovios Bedeutung für die Gelehrtenporträts in künstlerischer Hinsicht, sofern er ihr Bemühen um die Qualität der Bildporträts angeregt haben kann. Dem Porträtbild war zu Beginn

---

[8] J. Huizinga, Das Problem der Renaissance. Sonderausgabe der WBG, Darmstadt 1952, S. 41.

[9] A. Chastel/R. Klein, Die Welt des Humanismus, München 1963, S. 29 f.

des 16. Jahrhunderts bei den großen Künstlern, wie Lionardo und Dürer, eine bald von allen Porträtmalern angestrebte verinnerlichende Charakterisierung der dargestellten Personen gelungen, die den Ausdruck der Gefühls- und Gedankenwelt ebenso zur Natürlichkeit wie zur Ähnlichkeit rechnete und erst dadurch die individuelle Besonderheit „zum Sprechen ähnlich" wiederzugeben vermochte. Zugleich wurde so der durch Geist und Taten berühmt gewordenen Person ein seelisch-geistig qualifiziertes und beispielhaftes Andenken in der Nachwelt gesichert. Diese Wirkung wurde unter anderm durch den Einfall des Lichtes und der Schattenbildung oder durch die oft sehr fein gezeichneten Hände erzielt, deren vielsagende, manchmal souveräne Haltung, zur sprechenden Geste kultiviert, „das Unaussprechliche, die geheime Welt der Gefühle und Gedanken ausdrücken möchte". Damit ergriff das Porträt die Aufgabe, mit dem Individuellen auch das allgemein Bedeutsame, mit dem Einmaligen auch das Zeitüberdauernde der geschichtlichen Persönlichkeit wie in einer „Vision des Künstlers" auszudrücken. Als dann um die Mitte des Jahrhunderts die für Adels- und Patrizierfamilien, für Rathäuser, Bibliotheken und Bischofspaläste malenden Porträtisten Oberitaliens die geistig-seelische Vertiefung ihrer Modelle durch den Ausdruck eines teils verschlossenen, teils melancholischen Ernstes zu erfassen suchten, so daß man bei vielen ihrer Porträts „das Gefühl hat, einem Gelehrten, Dichter oder Philosophen gegenüberzustehen"[10], da waren von künstlerischer Seite her Voraussetzungen entstanden, die geeignet erschienen, sowohl Gelehrte als gerade auch religiös bedeutsame Theologen und Glaubensmänner nicht mehr durch eine anbetende Haltung, wie auf den mittelalterlichen Andachtsbildern, sondern durch individuelle Porträtierung zu gestalten.

Trotz dieser gesteigerten Möglichkeiten bediente sich auch das in Öl gemalte Porträt zur genaueren Charakterisierung der Personen nicht selten symbolischer Beigaben, wie Bücher, Briefe, Geld, Stundenglas, Blumen, Waffen. Das an Darstellungsmöglichkeiten ärmere Holzschnitt- oder Kupferstich-Porträt nahm meist das Epigramm zu Hilfe. Es wurde in ein oder zwei Distichen auf einer Schriftleiste unter dem Bild mitgeteilt; längere Epigramme und Epigramm-Anthologien fügte man auf den dem Bildporträt folgenden Seiten an. Obwohl das Epigramm damit seine ursprüngliche Bestimmung der Inschrift

---

[10] Klára Garas, Italienische Renaissanceporträts, Budapest 1965, S. 8 f., 15, 21.

für Tote wieder übernahm, war es doch am Ende des 16. Jahrhunderts durch allzu häufigen und gekünstelten Gebrauch bei humanistischen Poeten zu einer akademischen Alltagsware herabgesunken, in der sich der Autor selbst mit Pointensucht und der Schaustellung eigenen Wissens oft ebenso sehr zu rühmen versucht wie den Verstorbenen. Dennoch sind die Epigramme, Elogia und Carmina in den Sammlungen der Gelehrtenporträts in mehrfacher Hinsicht bezeichnend: für die Bejahung der klassisch-humanistischen Form, für die Bemühung, in ihr das Christliche zur Sprache zu bringen, und zum Teil für den an dem dargestellten Gelehrten interessierten Personenkreis. Bei der Übersetzung der Epigramme, die den Hyperiusbildern beigefügt wurden, ließen sich naturgemäß nicht alle Nuancen gleichmäßig zur Geltung bringen.

Neben das Bildnis des Malers und das Gedicht des Poeten tritt in den Sammlungen der Gelehrtenporträts als eine dritte und selbständige Größe die Biographie. Zwar ist sie in einigen Ausgaben beschränkt auf Namen, Beruf, Lebensort und die Geburts- und Sterbedaten; aber sie wächst schnell, da die Bilder sonst nur einem kleinen Kreis von Wissenden etwas sagen können, zu einem kürzeren oder längeren Verzeichnis der wichtigsten Lebensereignisse, einem curriculum vitae, das gelegentlich mit charakterisierenden Akzentuierungen das Wesen der Persönlichkeit zu erfassen versucht, und das noch vor der Wende zum 17. Jahrhundert regelmäßig durch eine erstaunlich vollständige, aus Gesners „Bibliotheca Universalis" schöpfende, Bibliographie der Werke des porträtierten Gelehrten ergänzt wird. Darin folgen die Gelehrtenporträts dem Comasken Paolo Giovio, „dessen größere Biographien und kleinere Elogien weltberühmt und für Nachfolger aller Länder ein Vorbild geworden sind"[11]. Aber die Biographie hatte ein eigenes Gewicht. Das beweist Pernas erste Giovio-Edition ebenso wie die ersten, bildlosen Märtyrerviten und die im 17. Jahrhundert zunehmende Verkleinerung und Verdrängung des Bildporträts durch das literarische Porträt. Die bedeutende Biographie, von Italienern des 14.–16. Jahrhunderts mit talentierter Beobachtungsgabe, Menschenkenntnis und Spürsinn für das individuell Charakteristische ausgebildet, entsprach in ganz anderer Weise als das Porträtbild dem lebhaften Interesse der Epoche an den conditiones humanae, den Affekten und geistigen Fähigkeiten, der Schönheit, der Macht und dem

---

[11] J. Burckhardt, Kultur der Renaissance, ed. s. o. Anm. 2, S. 144.

Ruhm des Menschen, aber auch seiner sittlichen Größe oder Verwerflichkeit, ja seiner Rätselhaftigkeit. Damit fügte die Biographie der weithin chronistischen Geschichtsschreibung der Zeit ein für jederman lebendiges und auf unmittelbare Resonanz zielendes Genre hinzu. Wenn die literarischen Gelehrtenporträts auch nicht die Meisterschaft erstrangiger Biographik erreichen, so bilden sie doch – ähnlich wie Giorgio Vasaris 1568 in Florenz erschienene und mit Holzschnitt-Porträts illustrierten „Le Vite d' più Eccellenti Pittori, Scultori e Architettori" die erste moderne Kunstgeschichte – den Anfang einer europäischen Gelehrtengeschichte und, als einen ihrer wesentlichen Bestandteile, den Anfang einer Theologengeschichte.

Mit der Verbindung von Bild und Wort, in der sich Dichterworte von der Prosa des Historikers abhoben, eröffneten die Sammelbände der Gelehrtenporträts eine differenzierte Vielfalt von Zugängen zu den berühmten Geistern der Wissenschaft. Dabei ging es nicht um die heute fast allein übliche Darstellung ihrer Gedankenwelt. Wer sie kennenlernen wollte, war auf die Schriften der Gelehrten selbst verwiesen. Es ging um die mit Mitteln der malenden und dichtenden Kunst repräsentierte und biographisch dokumentierte Persönlichkeit. Zu ihr konnten die Bildnisse und die sie ergänzenden Texte ein personales Verhältnis anknüpfen, sie konnten Sympathie, Vertrauen und Verehrung wecken, den Willen zum Nacheifern bewegen und damit den Entschluß auch zum Studium der Wissenschaften und der Theologie vorbereiten[12]. Insofern mag die Funktion dieser Literaturgattung mehr im Propädeutischen gelegen haben als in dem, was heute Wissenschaftsgeschichte heißt. Mit ihrer Gemüt, Vernunft und Willen zugleich ansprechenden Kunst konnten die Gelehrtenporträt-Bücher aber sehr wohl ein wirksames Instrument der Glaubensstärkung und -propaganda sein. Dem zur Glaubens- und Kirchenerneuerung bewegten und zu Glaubenskämpfen erregten Zeitalter schufen sie Tra-

---

[12] In der Verbindung von Bild und Gedicht, pictura und poiesis, kann eine hier nicht weiter zu verfolgende andere Kunstgattung des 16. und 17. Jahrhunderts auf die Sammelbände mit Gelehrtenporträts Einfluß gehabt haben: die Emblembücher. Vgl. Albrecht Schöne, Emblematik und Drama im Zeitalter des Barock, München 1964, und K. Schmidt, Artikel „Emblem, Emblematik" im Historischen Wörterbuch der Philosophie, hg. von Joachim Ritter, Band 2, 1972, Sp. 449–452. Jedenfalls befaßten sich Herausgeber von Gelehrtenporträtbüchern, wie Beza, Boissard, Giovio und Reusner, auch mit der Emblematik oder der Edition von Emblembüchern (vgl. Schöne, S. 225 u. Lit.-Verz. Nr. 4, 18, 30, sowie unten Kap. V, S. 105 Anm. 4).

ditionen, setzten sie Vorbilder und appellierten sie mit der in ihnen vielfältig exemplifizierten Einheit von eruditio, virtus und pietas an das Ethos der Wissenschaft und des Glaubens im geschichtlichen Leben. Sie wagten Illustrationen mittels individueller Porträts zu unanschaulichen Wirklichkeiten.

Erst im 18. Jahrhundert kamen die Sammlungen mit Gelehrtenporträts aus dem allgemeinen Gebrauch. Löscher und Schröckh reproduzieren mit ihren Hinweisen auf Hyperius noch je eines der früheren Porträtbilder und in etwas späteren, biographisch hervorragenden Artikeln von P. Bayle, Paquot und Strieder über den flandrischen Theologieprofessor Marburgs werden jeweils zwei seiner Bildnisse nur noch anmerkungsweise genannt. Ob und wie die Gattung der Gelehrtenporträt-Bücher der damals zu weltgeschichtlicher Bedeutung kommenden Idee der Gelehrtenrepublik (respublica litteraria) zur Wirksamkeit verhalf, kann in unserm begrenzten Zusammenhang nicht weiter untersucht werden[13]. – Heute findet man die Gelehrtenporträts fast nur in Museen, Kupferstichkabinetts und in für ihre Professoren angelegten Sammlungen einiger Universitäten, wie Hamburg oder Marburg. Den Studierenden kommen sie leider nur selten zu Gesicht. Doch wenn man bedenkt, daß sie als literarische und künstlerische Gattung auf eine Zeit folgten, die von „ungezügelter Ausarbeitung der Einzelheiten" geprägt war[14], und ihr das Angebot humanistisch und christlich verstandener „Wiedergeburt" entgegensetzten, dann wird man sich auch in einer von Bildern überfluteten Zeit für die Chancen der Erinnerung an ihr anspruchsvolles Wirken offenhalten.

---

[13] Zu Titel und Idee der „Gelehrtenrepublik": W. Knispel im Histor. Wbch. d. Philosophie, Bd. 3, 1974, Sp. 226–232.

[14] Johan Huizinga, Herbst des Mittelalters, Stuttgart [10]1969 (Kröners TA Bd. 204), S. 406 ff.

V. Abbildungen und Beschreibung der Hyperius-Bilder

1. Holzschnitt im Darmstädter „Thesaurus Picturarum" (1564): Abb. 1

Das wahrscheinlich älteste Bildnis von Hyperius scheint nur in einem Exemplar erhalten zu sein. Es befindet sich in der von dem pfälzisch-calvinistischen Kirchenrat Markus zum Lamb (1544–1606) angelegten Sammlung verschiedenartigster Abbildungen, die mit der großherzoglichen Bibliothek unter dem Titel „Thesaurus Picturarum" in den Besitz der Hessischen Landes- und Hochschulbibliothek zu Darmstadt kam, unter den Bildern Marburger Professoren in Band 18 auf Seite 124 aufgeklebt. Der Holzschnitt von 171 mm Höhe und 110 mm Breite wurde offenbar später mit zahlreichen anderen Bildern des Thesaurus in schlichter Weise koloriert. Da ein Teil der auf die Bände 18, 21 und 22 verteilten Marburger Professorenbilder mit Jahresdaten von 1561–64 versehen ist, kann man die Anfertigung des Bildes von Hyperius noch zu dessen Lebzeiten annehmen; nachdem Hyperius dann am 1. Februar 1564 verstorben war, mußte man bei der später erfolgenden Veröffentlichung des Holzschnittes das Todesjahr in der Überschrift nennen[1]. Aus den durchgängig gleichen Drucktypen in den Überschriften der Professorenbilder haben Könnecke und von Drach auf den Marburger Drucker Andreas Kolb als deren Verleger geschlossen. Schwieriger ist die Identifikation des Zeichners und des Holzschneiders dieser Gelehrtenporträts. Ph. A. F. Walther meinte ein auf dem Bildnis Wigand Orths (Band 18, S. 129) schwach erkennbares Monogramm, ein GVB mit Zirkel, als identisch mit demjenigen des Illustrators der Anatomia und des Arzneibüchleins (1536 u. 1547) des Marburger Mediziners Johann Dryander (†

---

[1] Ph. A. F. Walther, Beiträge zur näheren Kenntnis der Großherzoglichen Hofbibliothek zu Darmstadt, Darmstadt 1867, S. 144–157. – Ferdinand Justi, Urbs et Academia Marpurgensis ..., Supplement, editionis Caesarianae, Professorum Marpurgensium icones a Wilhelmo Dilichio delineatas, Marburg 1898, S. 3. – Gustav Könnecke u. Alhard von Drach, Bildnisse Philipps des Großmütigen, Marburg 1905, S. 63. – F. Küch, in: Jahrbuch für Denkmalpflege im Regierungsbezirk Cassel, Marburg 1920. – Rolf Walther, Die Trachtenbilder im Thesaurus Picturarum des Dr. Markus zum Lamm, in: Zeitschr. f. Waffen- u. Kostümkunde, München/Berlin 1971, S. 77–96.

1560) entdeckt zu haben. Für diesen Monogrammisten fand F. Justi einen G. von Bidenkopp. F. Küch schlug den bis 1571 nachweisbaren Marburger Maler Georg Thomas von Basel vor, der auch als Stempelschneider für Marburger Drucker arbeitete. Sollte dieser Künstler jedoch der Meister der wenig später in Marburg entstandenen Gelehrtenporträts auf Stempelbildern sein (Abb. 2), dann verbietet seine erheblich sorgfältigere Arbeit hier, ihn für die Bildnisse des Thesaurus zu reklamieren. Neuerdings hat Dr. Rolf Walther das Monogramm PVD auf dem Bilde von Johannes Brenz (Band 18, S. 59), von dem sich ein zweites Exemplar in der Sammlung des Historischen Museums zu Frankfurt befindet (Nr. K 267) auf Daniel Uffenbach gedeutet, der 1548 in Marburg immatrikuliert wurde und als Meister anderer Bilder des Thesaurus vermutet werden kann (brieflich an den Verf.). Aber eine sichere Bestimmung des Meisters der Marburger Professorenbilder steht noch aus.

Die Inschrift über dem Hyperiusbild des Thesaurus lautet verdeutscht: „Bildnis des verehrungswürdigen und hochbedeutenden Theologen, des Herrn Andreas Hyperius, des Doktors der hochheiligen Theologie und vielgenannten Professors der heiligen Wissenschaften an der Marburger Schule, der im Jahre des Herrn 1564 im Alter von 53 Jahren verstorben ist." Der Holzschnitt zeigt Hyperius im Professorenornat mit Talar und Barett. Das schmale und durch den Vollbart noch länger erscheinende Antlitz ist würdevoll, aber noch mehr vom Ernst eines durch Erkenntnis und Erfahrung Wissenden geprägt, der eher gelassen als getrost in die Zukunft schaut. Dieser Ausdruck wird durch sparsame und schlichte Strichführung vor allem in der Augen- und Mundpartie erreicht, die es sich leisten kann, die Falten des Talars, die ineinander gelegten Hände und besonders das linke Ohr nur grob zu skizzieren. Einmalig unter allen Hyperiusbildern ist der Knopfverschluß des unter dem Talar hervorscheinenden Gewandes.

Unsere Abbildung 1 erfolgt mit Genehmigung der Hessischen Landes- und Hochschulbibliothek zu Darmstadt nach einer das Original etwas verkleinernden Aufnahme des Bildarchivs Foto Marburg. Eine frühere Reproduktion findet sich bei Guido Jüttner, Carolus Clusius und seine Beziehungen zu Marburg und Kassel, in: Alma mater philippina, hg. vom Marburger Universitätsbund, Wintersemester 1971/72, S. 36.

2. Buchprägestempel von Georg Harder, Marburg (1565):
Abb. 2

Der Marburger Buchbinder Georg Harder ließ 1565, ein Jahr nach Hyperius' Tode, einen Plattenstempel für Einprägbilder auf hessischen Schweinsledereinbänden mit einem Bildnis von Andreas Hyperius herstellen (83 mm Höhe und 48 mm Breite). Als Stempelschneider ist der seit 1534 in Marburg nachgewiesene Meister Georg Thomas von Basel vermutet worden. Adolf Schmidt hat vier mit dem Hyperiusbild gezierte Bucheinbände der Darmstädter Landesbibliothek untersucht und beschrieben, Ernst Goldschmidt einen in Göttingen befindlichen, zwei weitere besitzt die alte lutherische Pfarrbibliothek im Archiv der Elisabethkirche. Albrecht Kippenberger hat ein ähnliches, aber namenloses Einband-Prägebild wegen seines Monogramms G H auf Gerhard Hyperius gedeutet; wahrscheinlich aber stellt dies Bild den Marburger Juristen Johannes Eisermann, genannt Ferrarius Montanus (1485/86–1558), dar und das auch auf andern Bildern dieser Art vorkommende Monogramm bezeichnet den Buchbinder Georg Harder. Das Hyperiusbild ist von Schmidt und Goldschmidt reproduziert. Unsere Abbildung 2 ist vom Bildarchiv Foto Marburg mit geringer Vergrößerung von einem der Bände aus der alten Pfarrbibliothek aufgenommen[2].

Im Bogen über dem Brustbild liest man den Namen des Abgebildeten und das Jahr der Herstellung des Bildes: „Doctor Andreas Hyperius. 1565." Eine Spruchleiste unter dem Bild nennt das Bekenntnis-

---

[2] Adolf Schmidt, Bucheinbände aus dem XIV. bis XVI. Jahrhundert in der Landesbibliothek zu Darmstadt, Leipzig 1921, Tafel XLII, Abb. 63. – Ders., Zur Geschichte deutscher Buchbinder im 16. Jahrhundert, in: Beiträge zum Rollen- und Platteneinband im 16. Jh., Konrad Haebler z. 80. Geb. gewidmet, hg. von Ilse Schunke, Leipzig 1937, S. 47 ff. – Ders., Bildnisse auf deutschen Bucheinbänden des 16. Jahrhunderts, aus dem Nachlaß hg. von Ilse Schunke, in: Jahrbuch der Einbandkunst, hg. von Erhard Klette, Bd. IV, Leipzig 1937, S. 20. – Albrecht Kippenberger, Die Buchbinder der lutherischen Pfarrbibliothek in Marburg, in: Heimat-Schollen, Zeitschr. d. Landesvereins f. Heimatschutz, Melsungen/Kassel 1933, Heft 6, S. 68–70. – Ernst Goldschmidt, Gothic & Renaissance Bookbindings, Nieuwkoop/Amsterdam (1928), ²1967, Vol. I, S. 307 (Beschreibung), Vol. II, Nr. 238 (Abbildung).
In der alten luther. Pfarrbibliothek Marburgs befindet sich das Hyperiusbild auf den Einbänden folgender Bücher: Augustinus Marloratus, Novi Testamenti catholica expositio Ecclesiastica ..., Edit, acc., Genevae 1564 (Signatur: II, 77) und Duodecima Centuria Ecclesiasticae Historiae ..., Basileae 1569 (Signatur: II, 78 f.); von diesem Band unsere Abb. 2.

wort aus dem Paulusbrief an die Philipper (1,21): „Mihi vita Christus est et mors lucrum." Das mag auf die Schilderung des seligen Sterbens in Wigand Orths akademischer Gedenkrede anspielen, die auch in zahlreichen Epigrammen nachklang; zugleich kann der Spruch den Mann und sein Werk charakterisieren wollen. Magister Georg Reinmann, der das Sterben seines Lehrers Hyperius miterlebte, hat in seinem Epicedion festgehalten, daß der Sterbende sein letztes Glaubens- und Lebensbekenntnis mit Phil. 1,23 bezeugt habe: er habe Lust abzuscheiden und bei Christo zu sein (Meth. theol., 1567, p. 753 f., = HypBibl. Nr. 16,2). Das führt nahe an die möglicherweise aus Raumgründen gewählte kürzere Bildunterschrift. Bei dem Meister des Plattenstempels ist 1565, auch wenn er nicht der vermutete Georg Thomas war, mit größter Wahrscheinlichkeit persönliche Kenntnis des Aussehens des berühmten Marburger Theologen vorauszusetzen. Sein Werk gleicht dem Holzschnitt von 1564 (Abb. 1) als Halblinksprofil in dem über der Mitte des Ohres gestutzten Haupthaar, der hohen Stirn und großen Nase, in den würdevoll-ernst in die Ferne blickenden Augen, dem halbgeöffneten Talar und den auffallend langen Fingern der ineinander gelegten Hände. Demgegenüber sind die Unterschiede (Fehlen des Baretts und der Knöpfe des Untergewandes, breiterer Bart, veränderte Handhaltung über dem nach links verschobenen Buch und die etwas rundere Kopfform) von geringerer Bedeutung. Erklärt man die wesentlicheren Übereinstimmungen beider Bildnisse damit, daß beiden Künstlern das wirkliche Aussehen des Professors Hyperius bekannt sein konnte, dann wird die Entscheidung der Frage, ob der Holzschnitt die Vorlage des Plattenstempels gewesen sei, zweitrangig.

Tatsächlich ist Georg Harders Buchprägestempel das erste öffentlich bekannt gewordene und über die Landesgrenzen Hessens hinaus verbreitete Hyperius-Porträt geworden. Auf dem Einband von Büchern verschiedensten Inhaltes gelangte es in den folgenden Jahren in die Hände von Freunden, Landsleuten und Verlegern, die Porträtsammlungen humanistischer Gelehrter vorbereiteten, und wurde so zur Original-Vorlage einer stattlichen Reihe es kopierender Hyperius-Bilder.

3. Ein Phantasieporträt aus Basel (1570): Abb. 3

Heinrich Pantaleon stellte seinem ausführlichen Artikel über Hyperius, wie den meisten Artikeln seines „Heldenbuches" überhaupt, ein kleines Holzschnittporträt voran (Höhe 57 mm, Breite 44 mm)[3]. Diese Holzschnitte gelten auch bei historischen Personen des 16. Jahrhunderts, zumal sie in den verschiedenen Auflagen des Werkes wechselten, durchweg als Phantasieporträts. Zwar hatte Pantaleon Hyperius 1563 persönlich kennengelernt und hätte dem Zeichner der Holzschnitte seines Werkes einige charakteristische Züge der Physiognomie des Hyperius angeben können; aber es bleibt unentscheidbar, ob man derartige Angaben vermuten darf, da die an das nach den älteren Marburger Bildern wahrscheinliche Aussehen des Hyperius erinnernden Züge (hohe Stirn, kräftige Nase, langer Vollbart) auf dem kleinen nach rechts blickenden Vollprofilbild bei Pantaleon fast aller individuellen Charakteristik entraten. Unsere Abbildung 3 soll lediglich durch ihre augenfällige Andersartigkeit gegenüber den folgenden Hyperiusbildern deren Abhängigkeit von dem Marburger Buchprägestempelbild (Abb. 2) verdeutlichen helfen.

4. Genfer Holzschnitt von 1580/81: Abb. 4

Theodor Beza brachte in seinen 1580 mit lateinischem Begleittext, 1581 in französischer Übersetzung erschienenen „Icones" ein Hyperiusbild im Oval (Höhe 99 u. 94 mm, Breite 73 u. 71 mm), das in der Erstausgabe in einem mit Eichenblättern verzierten Rahmen steht, in der französischen in einem Lorbeerkranz. Nagler hielt Jean de Laon, den Verleger des Werkes, für den Formenschneider „der schönen Holzschnitte der ‚Icones' von 1580", aber bis jetzt ist der Meister unbekannt[4]. Unsere Abbildung 4 ist der französischen Ausgabe entnommen.

---

[3] Heinrich Pantaleon, Der dritte und letste Theil Teutscher Nation Heldenbuch, Basel 1570, p. 395. Dazu s. o. Erläuterungen zur Biographie Nr. 23, S. 84.

[4] Der vielsagende Titel lautet: Icones, id est verae imagines virorum doctrina simul et pietate illustrium, quorum praecipue ministerio partim bonarum literarum studia sunt restituta, partim vera Religio in variis orbis Christiani regionibus, nostra patrumque memoria fuit instaurata: additis eorundem vitae & operae descriptionibus, quibus adiectae sunt nonnullae picturae quas Emblemata vocant. Theodoro Beza Auctore. Genevae, apud Ioannem Laonium, 1580. Das Hyperiusbild auf Bl. 1, j. – Die französische Übersetzung „Les vrais pourtraits des hommes illustres ..., Geneve, par Jean de Laon, 1581", bringt das Hyperiusbild auf S. 65. – Zu beiden Ausgaben und späteren Auflagen: Frédéric Gardy, Bibliographie des oeuvres de Théodore de Bèze, Genève 1960, Nr. 338–343, S. 180–184. – G. K. Nagler, Die Monogrammisten, Bd. III, Leipzig 1863, S. 726 f., Nr. 1746. – H. W. Singer, Allgemeiner Bildniskatalog, Bd. V, Leipzig 1931, S. 24, Nr. 32611. – Zu Bezas Verbindung der Erneuerung der „bonae literae" und der „vera religio": A. Flitner, Erasmus i. Urteil sr. Nachwelt, S. 63 f.

Mit großer Wahrscheinlichkeit ist Bezas Hyperiusbild eine Kopie des Einprägbildes von 1565 auf den Marburger Bucheinbänden. Zwar sind die Unterschiede zwischen Präge- und Druckbild, sowie gewisse Freiheiten des Kopisten, wie der heruntergeschlagene Talarkragen und das Weglassen der Hände, unverkennbar, aber das Halbprofil, den Haarschnitt, die markante Nase, den ernsten, in die Ferne gerichteten Blick und den Bändchenverschluß des Untergewandes hat der Genfer Meister genau wiederzugeben versucht. Obwohl ihm der Gesamteindruck gegenüber der Marburger Vorlage glatter geriet, vermochte er doch, den ursprünglichen Zug zur Schwermut festzuhalten.

Nach Bezas Widmungsbrief an Jacob VI. von Schottland wollen die ›Icones‹ der Stärkung evangelisch-reformierten Glaubens dienen. Diesem Programm dienen eine Kurzbiographie und ein Gedicht, beide von Beza geschrieben. In ihnen wird Hyperius erstmalig als „Flame", im Index als „Belgier" herausgestellt, um die internationale Verbreitung des neuen Glaubens zu dokumentieren, der auf die ganze Kirche zielt und mit humanistischer Bildung betont konform geht. Sie lauten verdeutscht:

„Andreas Gerard, ein Flame aus Ypern, Professor der Theologie in Marburg. – Hier ist dieser Andreas, der nach seiner Vaterstadt mit dem Beinamen Hyperius benannt ist. Die Stadt der Yperer brachte ihn nicht nur für die Kirche und Universität von Marburg hervor, wo der unbestritten hochgelehrte und äußerst gewissenhafte Mann volle 22 Jahre Theologie lehrte, sondern noch mehr für die universale christliche Kirche; denn wie er als Toter nicht aufhört, mit seinen höchst wissenschaftlich und gründlich geschriebenen Büchern zu lehren, so hätte er den Nachfahren noch viel mehr hinterlassen, wenn nicht ein frühzeitiger Tod ihn weggerafft hätte, der sich mehr um das öffentliche Wohl kümmerte als um die eigene Gesundheit. Dem Verstorbenen haben wir dies Gedicht gewidmet:

Nicht das Vaterland Ypern gab dir einst den Namen „Hyperius",
denn du führst ihn mehr von den oberen Gefilden;
kein blindes Geschick gab dir einst den Namen Andreas,
denn die Tugend selbst hat dich mit ihrem Namen geschmückt.
Das beweisen die heiligen Sitten, das ganze Leben von früh an,
geweiht der Sorge um höhere Werte und um den Himmel.
Denn wer hätte besser, wer tapferer als du allein,

den Tyrannen bekämpft, ihn vom tarpejischen Felsen zu stürzen?
Wer wies Irrende sich'rer durchs ausweglose Getümmel
die zu höherem Wissen hinführende richtige Straße?
Heil deiner Kraft, Hyperius, den der Tod, der wilde, nicht völlig,
auch die Riegel des Grabes nicht ganz zu verschließen vermochten;
denn die Höheren heilen den schon zum Bessern Erwählten, da
sein anderer Teil nun ruht vom Grabe verschlossen.
Sicher schon strebt entgegen der Tote dem Lichte des Himmels,
daß er, glücklich erwacht, erlange wonach er benannt ist:
„Hyperius" – alsdann nach Namen und Wahrheit ein Ganzer.
Verstorben zu Marburg, wo er länger als 22 Jahre Theologie lehrte,
im Jahre des Herrn 1564 am 1. Februar, im Alter von 53 Jahren."

5. Straßburger Holzschnitt von 1587: Abb. 5

Der Melanchthonschüler Nicolaus Reusner (1545–1602), Professor des Römischen Rechtes und Polyhistor in Straßburg seit 1582 und in Jena seit 1588, gab in Straßburg 1587 unter dem Titel „Icones sive imagines virorum literis illustrium" eine Sammlung von 99 Gelehrtenporträts und -biographien heraus, unter denen sich der künstlerisch wertvollste Holzschnitt von Andreas Hyperius findet, der auch in allen späteren Ausgaben des Werkes erhalten blieb. Der Verleger war Bernhard Jobin († 1597), ein Schwager Johann Fischarts und Freund des Malers Tobias Stimmer (1539–84/87), der den umfangreichen zeichnerischen Nachlaß Stimmers geerbt hatte. Nach Reusners Vorrede ist „vor allem" Tobias Stimmer der Schöpfer der Holzschnittporträts, zu seiner Zeit einer der berühmtesten Maler in Deutschland, der auch heute zu den bedeutendsten und vielseitigsten Meistern der deutschen Spätrenaissance gezählt wird (M. Lemmer, S. 443, mit J. Jahn). Nach Jobins Vorrede zum „Contrafacturbuch", der deutschen Ausgabe der ‚Icones', wurde Stimmer allerdings von seinem Schüler Christoph Maurer aus Zürich unterstützt. Da das Urteil über die Porträts in Reusners Sammlung schwankt von „höchst ungleich in Zeichnung wie im Schnitt und augenscheinlich nicht von einer Hand" (A. Andresen, S. 67 f.) bis zur Reduktion der Autorschaft Stimmers auf nur zwei Holzschnitte (F. Thöne), ist über die Annahme eines anonymen Meisters (Catalogue, Paris) für das Hyperiusbild nur mit der Formel „Tobias Stimmer und seine Werkstatt" hinauszukommen (M. Lemmer, S. 440)[5].

---

[5] Nicolaus Reusner, Icones sive imagines virorum literis illustrium quorum fide

Mit größter Wahrscheinlichkeit ist das Hyperiusbild in Reusners ‚Icones' eine seitenverkehrte Kopie aus Bezas Sammlung (Abb. 4); doch ist für den Meister des Holzschnittes die Kenntnis des Marburger Buchprägestempels nicht völlig auszuschließen, da er dessen ein Buch haltende Hände, eine bei derartigen Porträts freilich auch übliche Geste, wieder aufnimmt. Trotz genauer Übereinstimmung mit den Ausmaßen des Kopfes und Talarkragens auf dem Genfer Bild ist der Straßburger Holzschnitt lebendiger und ausdrucksvoller. Damit entspricht er Stimmers bekanntem Bemühen, das Innenleben seiner Modelle zu erfassen und das Menschenantlitz als Ausdruck seelischen Lebens darzustellen. Mit kundiger Hand ist die Schwermut der früheren Bilder in Besonnenheit und Zuverlässigkeit gewandelt und ein zarter Anflug von Humor spielt um die Augen- und Mundpartie. Diese von Hyperius bezeugte Charakteristik war in der nördlichen Schweiz, Stimmers Heimat, oder in Straßburg nicht schwer in Erfahrung zu bringen, da dort noch persönliche Freunde des Marburger Theologen lebten, von denen Stimmer mehrere in Öl gemalt oder in Holz geschnitten hatte. So darf man in dieser Kopie (ohne Über- und

et doctrina religionis & bonarum literarum studia, nostra patrumque memoria, in Germania praesertim, in integrum sunt restituta. Additis eorundem elogiis diversorum auctorum, Straßburg: Bernhard Jobin, 1587, bringt das Hyperiusbild auf Blatt Q 7. – Die im selben Verlag und Jahr erschienene deutsche „Volksausgabe": Contrafacturbuch. Ware und lebendige Bildnussen etlicher weit berümbten unnd hochgelehrten Männer in Teutschland, fügt 4 Holzschnitte hinzu, läßt jedoch die der Erstausgabe beigefügten Biographien und Epigramme fort und ersetzt sie durch meist recht allgemeine Vierzeiler unter den Holzschnitten. – Eine 2. Auflage der lateinischen Erstausgabe von 1590 ließ die ursprünglichen Einfassungen der Textseiten durch mannigfaltige Renaissancebordüren fort, führte aber Seitenzählung ein; das Hyperiusbild, dem unsere Abb. 5 folgt, auf S. 262. – Die 3. Ausgabe erschien bei Balthasar Diehl in Frankfurt am Main 1719 mit nur 91 Porträts, jetzt in alphabetischer Reihenfolge. – Von der Erstausgabe brachten 1973 die Edition Leipzig und das Gütersloher Verlagshaus Gerd Mohn einen vorzüglichen Faksimiledruck heraus, zu dem Manfred Lemmer ein kundiges Nachwort über die Entstehung und Gestaltung der ‚Icones' sowie ein knapp orientierendes Namensregister beigesteuert hat (S. 431–485). – A. Andresen, Der deutsche Peintre-Graveur, Bd. 3, Leipzig 1872, S. 67 f. – Catalogue des Portraits Français et étrangers (der Pariser Nationalbibliothek), Tom. V, Paris 1901, S. 121, Nr. 22726/1. – Johannes Ficker, Bildnisse der Straßburger Reformation mit Text, Straßburg 1914. – H. W. Singer, Allgemeiner Bildniskatalog, Bd. V, Leipzig 1931, S. 24, Nr. 32604–07 (teilt die 4 im Dresdner Kupferstichkabinett befindlichen Hyperiusbilder der ‚Icones' Tobias Stimmer zu). – Max Brendel, Tobias Stimmer, Leben und Werk, Zürich/Berlin 1940. – F. Thöne, Tobias Stimmer, Handzeichnungen, Freiburg 1931. Über Tob. Stimmer auch: HBLS VI, 553 f.

Unterschrift: Höhe 102, Breite 80 mm) unter allen außerhalb Marburgs gefertigten Hyperiusbildern das künstlerisch bedeutendste und der Wirklichkeit am nächsten kommende erblicken.

Das Distichon der Subscriptio lautet verdeutscht: „Den Flandern gebar, birgt Hessen in der Stadt des Mars; in ihr habe ich die reinen Lehren des heiligen Glaubens gelehrt" (das richtige „fidei" der Erstausgabe ist hier verschrieben). Der daraus gemachte Reim des Vierzeilers im deutschen ‚Contrafacturbuch': „Hypern in Flandern mich hat gborn/Marpurg in Heßn zu Lehrer erkorn/viel nützlicher Bücher da ich schreib/nachm todt ligt da begraben mein leib" – hat zwar die seit Beza oft wiederholte flandrische Herkunft festgehalten, nicht aber das Bekenntnis zur reinen Glaubenslehre. Für Reusner jedoch, der seine Sammlung in der Widmung an König Friedrich II. von Dänemark (1534–88) nicht nur in die Tradition der Bilder und Elogien des durch sie berühmt gewordenen Bischofs von Como Paolo Giovio (1483–1552) stellte, sondern auch unter die Zielsetzung Bezas auf Männer, die doctrina ac pietas zur Würde des Vaterlandes und zur Wahrheit der Religion verkörperten, mag Hyperius sowohl als Freund der Schweizer und Straßburger Kirchen und auch als ein gerade deshalb in seiner Rechtgläubigkeit angefochtener Theologe bekannt gewesen sein. Aber enge konfessionelle Propaganda liegt dem Straßburger Band mit Gelehrtenporträts fern. Zur Hälfte bringt er Humanisten verschiedener Wissenschaften und Berufe, zur andern Hälfte Theologen und Kirchenmänner. Sofern diese allerdings mit je zwei Fünfteln der Bilder zum lutherischen oder reformierten Bekenntnis gehören und nur mit einem Fünftel zum römisch-katholischen, ist „eine protestantische Tendenz des Werkes unverkennbar" (Lemmer 445 f.). Indem die Bilder der durch Tugend und Weisheit ausgezeichneten Männer nach Reusners Vorwort Nacheiferer erwekken wollen, kann als Hauptziel der Sammlung eine mit Mitteln der Kunst wirkende Erziehung zu den Idealen eines christlichen Humanismus gelten.

Demselben Ziel dienen die den Bildern beigefügten Kurzbiographien und Elogien. Reusners Hyperiusbiographie, aus Orths Gedenkrede und Bezas biographischer Notiz zusammengefaßt, nennt als erste ein Studium der Philosophie und Theologie „in Paris und Löwen" und stellt die Wanderjahre unter ein „ständiges Streben nach akademischem Leben". Sie schließt mit dem Jahreszahlvers (Eteostichon), in dem einige Buchstaben das Todesjahr ergeben, – eine humanistische

Künstelei, die in späteren Viten des Hyperius, um überhaupt verstanden zu werden, die gemeinten Buchstaben in Großschrift brachte: „FLanDrIa qVeM genVIt, HassIa nostra tegIt" (d. h. „den Flandern gebar, birgt unser Hessen"; MDLVVIIII = 1564).

Die folgende Reihe von fünf Elogien, die Reusner dem Anhang der „Methodus" (HypBibl. Nr. 16) entnehmen konnte, eröffnet Beza (s. o. zu Abb. 4). Das anschließende zweifache Distichon von Nicolaus Asclepius Barbatus lautet verdeutscht:

„Wie der gerechte Simeon Christus in die Arme faßt,
so beugt sich Andreas am letzten Tage unter das Schicksal;
Christi Erbarmen läßt seinen Diener fahren,
den ewige Ruhe nun in seinem Frieden erquickt."

Das folgende Epicedion des Marburger Poetik-Professors Petrus Paganus tröstet und rühmt:

„Vom Grabe bedeckt und von sanftem Tode erhoben
hat schon Hyperius teil am besseren Schicksal.
Von den Lebenden geht er hinüber zu Schlössern des wahren Lebens
und den er lange gelehrt, Gott, schaut er selber schon an.
Körper ist Last der Erde, den Geist aber rettet der Äther
und seine Schriften sind dann frommer Nachwelt zum Dienst."

Der Marburger Pädagogiarch Justus Vultejus (1529–77), Schüler und Freund des Hyperius, Herausgeber eines Teiles seiner ungedruckten Schriften und Verteidiger seines sogenannten „Katechismus" (s. u. HypBibl. Nr. 13 u. 19.1) hat sogar ein griechisches Gedicht hinterlassen, das Reusner in seiner ursprünglichen Gestalt wiedergibt. Übersetzt lautet es:

„Dies Grab birgt den Leib des Andreas Hyperius,
der berühmt ist durch bekannte gottesfürchtige Worte,
den Könige erhoben und Greise bewunderten.
Weh mir, daß Gott die Säule unserer Schule stürzte."

Zuletzt bringt Reusner in der Erstausgabe seiner ‚Icones' das Gedicht von Nicolaus Roding (1519–80), der als Pfarrer und Superintendent von Marburg an einer neuen Kirchenordnung für Hessen mit Hyperius zusammengearbeitet hatte und trotz der dabei durch das von ihm vertretene lutherische Bekenntnis entstandenen Spannungen in diesen schlichten Zeilen das selige Sterben des verehrten Theologen bezeugt (in Übersetzung):

„Doktor der heiligen Schrift, so fromm wie gläubig,
Hyperius erhielt Befehl, von der Erde zu weichen.
Ohne Widerstreben wiederholte er oft: Lieber Vater,
dein heiliger Wille soll geschehen.
Der Krankheit Schmerzen erträgt er in duldendem Geist,
mehrmals bekennt sein Mund den wahren Glauben.
Mahnend hieß er die Kinder, das göttliche Gesetz zu lernen
und ehrfürchtig zu befolgen des Herren Befehle.
Die Gattin hat er mit freundlichen Worten getröstet.
Dem höchsten Gott zu folgen, empfahl er den Seinen.
Zuletzt sprach er mit zum Himmel erhobenen Händen:
Vater, ich bitte, nimm auf meine Seele.
Frommer Sinn wählte die Ehre der himmlischen Heimat,
aber der Grabhügel hier hat nur den verwesenden Leichnam."

Diese Texte füllen in der Erstausgabe der ‚Icones' drei ziemlich eng bedruckte Seiten nach dem Hyperiusbild. In der 2. lateinischen Ausgabe von 1590 hat Nicolaus Reusner, der schon zu 36 Porträts der ersten Ausgabe von 1587 Epigramme beigesteuert hatte und 1594 von Rudolf II. zum poeta laureatus gekrönt wurde, ein eigenes Gedicht auf Hyperius hinzugefügt, das aus sechs Distichen besteht. Inhaltlich bleibt es zwar fast durchweg bei den von den älteren Gedichten vorgegebenen, recht allgemeinen Topoi des Lobes; aber daneben bringt es auch die persönliche Überzeugung zum Ausdruck, daß der (vielleicht) umstrittene Ruhm des Hyperius in den ‚Imagines virorum literis illustrium' mit Recht gefeiert werde. Es lautet auf deutsch:

„Alles warst du als Mann, ein Andreas und großer Gerhardus,
gleichermaßen erfüllt Tugend dich und Frömmigkeit.
Schwieg ich, so müßte das doch akademisch recht ausgesagt werden,
leugnet man's, würde dein Wort zeugen, obwohl es verstummt,
daß du, lebendig wie tot, dich bemühst, mit dem Deinen zu dienen,
ungeachtet ob du selbst die Gesundheit verlierst.
Ständig um Rettung des Volkes und um Verherrlichung Christi
bist du am meisten besorgt, himmlischen Heiles gewiß.
Wer so dem Himmel vertraut, läßt Sterbliches nicht sich bekümmern,
und so bist du bedacht, Himmelsbürger zu sein.
Heimatstadt gab dir den Namen, doch Streben zur oberen Heimat,
großer Hyperius, macht wahrer den Namen zugleich."

Weder die Kurzbiographie noch die Gedichte tragen Bemerkenswertes bei, die theologiegeschichtliche Bedeutung des Andreas Gerhard Hyperius zu erfassen. Sie wollen das auch gar nicht. Vielmehr dokumentieren sie mit ihren Aussagen über Gelehrsamkeit und Tugend, Frömmigkeit und Glauben des Marburger Theologen dessen im allgemeinen Sinne wirkungsgeschichtliche Bedeutung. Sie wird noch erhöht durch Reusners Auswahl, die bei aller Abhängigkeit vom erreichbaren Bild- und Textmaterial der darzustellenden Gelehrten nur vier während der Amtszeit des Hyperius an der Marburger Universität lehrende Professoren bringt (den Theologen Joh. Draconites, die beiden Mediziner Cornarius und Gratarolus, den Juristen Joh. Oldendorp), aber zwölf als Konfessions- und Brieffreunde des Hyperius nachweisbare Humanisten und Theologen aus Basel, Bern, Zürich und Straßburg. Es ist Reusners Verdienst, Hyperius mit diesem nur Kennern der Szene als eng verbunden bekannten engeren Kreise in seiner Porträt- und Elogiensammlung von berühmten Gelehrten des 16. Jahrhunderts repräsentiert zu haben. Mit diesem Kontext und Rang wird Hyperius aus ihr in spätere Sammlungen von Gelehrtenporträts übernommen.

6. Frankfurter Kupferstich von 1598: Abb. 6

Neun Jahre nach den Straßburger Gelehrtenporträts begann in Frankfurt am Main ein Monumentalwerk mit Porträts und Biographien von Gelehrten und Humanisten aus ganz Europa zu erscheinen, das mit seinen ersten vier Bänden (1597–99), später vermehrten Ausgaben und deren neunteiliger Zusammenfassung (Heidelberg 1669, vgl. u. zu Abb. 9) insgesamt 441 Kupferstiche veröffentlichte und für länger als ein Jahrhundert alle Werke gleicher Absicht in den Schatten nur provinziellen Daseins stellte. Die Idee sowie die – oft aus der Basler Giovioausgabe stammenden (A. Flitner, Erasmus im Urteil sr. Nachwelt, S. 69) – Porträtzeichnungen und die Biographien der ersten Bände kamen von Jean Jacques Boissard, einem 1528 in Besançon geborenen, in Straßburg, Leipzig und Ingolstadt studierten Humanisten, der 1555–61 Italien und Griechenland als begeisterter Antiquitätensammler bereist hatte und dann bis zu seinem Tode 1598 in Metz lebte. Mit der Herstellung der Stiche, dem Druck und der Edition seiner Sammlung beauftragte er Johann Theodor de Bry, der, 1528 in Lüttich geboren, Goldschmied, Zeichner und Kupferstecher war, aus den Niederlanden wegen seines reformierten Glaubens floh,

IMAGO REVERENDI GRAVIS-
SIMIQVE THEOLOGI, D. ANDREAE HYPERII, SA-
crosanctæ Theologiæ Doctoris, & sacrarum literarum in schola
Marpurgensi professoris celeberrimi. Qui obijt Anno
Domini 1 5 6 4. Aetatis suæ 5 3.

Abbildung 1 (1564)

Abbildung 2 (1565)

Andreas Hyperius Theologus zu Marpurg.

Andreas Gerardus ist zu Hypperie einer namhafften stadt in Flanderen võ Andrea Gerardo einem Juristen/ vnd Catherina Coetz einer edlen tochter von Gendt den 16 tag Meyen im 1511 jar erboren. Als der knab die ersten fundament begriffen/ vnd 11 jar alt worden/ habẽ jn seine elteren / Jacob Pape einem guten Poeten zu aufferziehen befolhẽ/ welcher zu Vastin an der Lysa die guten künst gelehret: daselben höret er auch Johannem Sepanum/ so in den spraachen wol erfarẽ. Nach zwey jarẽ zoge er in die Flanderische Insula/ damit er auch die Frantzösische spraach erlernet. An diesem ort höret er Johannem Lacteum/ welcher ein zierliche red gebrauchet. Der Vatter name jn für damalen seinen sun gehn Pareyß zu senden: weil aber der Keiser vnd Frantzoß ein krieg vorhandẽ/ dorffte er solches nit thun: also behielte er jn ein zeitlang daheim/ vñ über jn mit schreibẽ. Mitlerzeit im 1525 jar ist der Vatter gestorben / welcher seinem gemahel befolhen/ sie solle den knaben so bald müglich gehn Pareyß thun: dann er hatt deß knaben gute art/ vnd natürlichẽ wolredenheit bald vermercket. Deßhalben als der friden beschlossen/ käme er den lersten Julij im 1528 jar gehn Pareyß: daselben hatt er erstlich bey Johanne von Campis einem Licentiaten Theologie gewonet/ vnd in Collegio Calviato die Dialecticam gehöret. In dem anderen jar kame er in Joachimi Ringelbergij freündtschafft/ welcher in diesem Collegio die jugent vnderwisen. In dẽ dritten jar hat er angefangẽ die gründ der Dialectic vnd Rhetorick andere zu lehren/ vnd hat er Aristotelis Physica gehöret/ damit er nach der Schulen gebrauch Magister wurde. Als diese drey jar für über/ kame er wider in sein Vatterland / damit er gute freünd heimsuchet/ vnd wüsset was sein gut vermöchte.

In volgendem 1532 jar zoge er wider gehn Pareyß / vnd fienge an in Heiliger geschrifft zu studieren. Zu zeiten höret er auch die Lectionen in Geistlichen Rechten / dieweil damalen die Theologi deß glauben artickel mehr auß den Decreten/ dann auß heiliger geschrifft probieret. Etwan kame er auch in der Artzeten saal/ dieweil er võ natur zu dieser kunst allezeit sehr grossen lust gehabt. Hiezwischen höret er auch die Professores

Mancherley reiß.

1556.

Abbildung 3 (1570)

Abbildung 4 (1580/81)

ANDREAS GERARDVS HYPERIVS,
Theologus.

Flandria quem genuit, tegit Heßia, Martis in vrbe:
Quâ fides docui dogmata pura sacræ.

M. D. LXIIII.

Abbildung 5 (1587)

Abbildung 6 (1598)

ANDREAS GERARDVS HYPERIVS
Non Hyperis dedit hoc, Hyperi, tibi patria quondam,
Quod superis potius ducis cognomen ab oris:
Nec tibi sors olim tribuit temeraria nomen,
Andreæ: at ipsa suo ornauit te nomine virtus.   Cum priuil.

Abbildung 7 (1602)

Abbildung 8 (um 1615)

Abbildung 9 (vor 1650)

❦ (48) ❦
ANDREAS GERARDVS HYPERIVS,
S. Theologiæ in Acad. Marpurgensi Professor, nasc. Hyperis Flandriæ oppido a. 1511. Mor. 1564.

Hyperii talis facies: dat patria nomen:
   Hassia quo maius uix decus unquam habuit.
Qui sacras melius docuit tractare nepotes
   Scripturas, melius publica uerba loqui:
Quem docta fas est Polyhistora mente uocari,
   Nec minus eloqvio, iudicioqve ualet.

I. G. Z.

Abbildung 10 (1686)

Abbildung 11 (1688)

Abbildung 12 (1743)

1570 in Frankfurt eine Buch- und Kunsthandlung begründete, von 1586–89 in England arbeitete und für das zunächst „Icones virorum illustrium" betitelte Sammelwerk eigene Kupferstiche im wesentlichen nur zum ersten Bande beitragen konnte, bevor er am 17. März 1598 in Frankfurt starb. In der von seinen Söhnen Johann Theodor de Bry d. J. (1561–1623) und Johann Israel de Bry (1570–1612), danach von des ersteren Schwiegersöhnen Matthaeus Merian d. Ä. (1593–1650) und Klemens Ammon weitergeführten Werkstatt und Verlagshandlung arbeitete Robert Boissard (geb. um 1570 zu Valence), ein Verwandter von J. J. Boissard, seit etwa 1597 neben anderen Künstlern mit. Er hat von den jeweils 50 Bildern der Bände 2–4 über hundert Kupferstiche gefertigt und mit seinem Monogramm, einer Kombination seiner Initialen R und B, gezeichnet, darunter das Hyperiusbild in Band 3[6].

Der Frankfurter Kupferstich von Robert Boissard (Höhe 143, Breite 107 mm) ist in der Kopf- und oberen Brustpartie maßgetreu, darunter etwas breiter ausgreifend von dem Straßburger Holzschnitt abgezeichnet und dessen seitenverkehrte Kopie. Zwar kann man in einer Metropole des Buchhandels wie Frankfurt, deren Messen Hyperius oftmals besucht hatte, auch die Kenntnis des Marburger Buchprägestempels und des Genfer Holzschnittes annehmen; doch sprechen mehrere Indizien, wie das Anliegen des Talarkragens, die Schleife des Untergewandes, die Hand- und Zeigefingerhaltung, ge-

---

[6] Die voneinander abweichenden Titel der verschiedenen Bände und Ausgaben des Werkes haben in späteren Zitierungen mancherlei Konfusion angerichtet. Das Hyperiusbild der Abb. 6 befindet sich in: III. Pars Iconum virorum illustrium, quorum alii quidem inter vivos esse iam olim desierunt, alii vero nunc quoque vitali aura, honorumque suorum beati per fruuntur gloria. Natalium eorundem succincta notatio, singulis, Iconibus adiuncta: Disticha passim addita singulis, opera et studio, omnia in aere recens scite facta, et edita per haeredes Theodori de Bry, Francofordii ad Maenum Anno MDIIC, p. 234, unter der Nummer XXXIIII. – Die kunsthistorisch gründlichste Arbeit über das Werk der ersten vier Bände hat Joh. Bapt. Janku veröffentlicht im Repertorium für Kunstwissenschaft, Band VII, Berlin/Stuttgart 1884, S. 416–428. – Der Catalogue der in der Pariser Nationalbibliothek befindlichen Porträts beschreibt das Hyperiusbild unserer Abb. 6 richtig: „En buste, de 3/4 à gauche, dans une bordure cintrée, Grav. par R. B. (Robert Boissard)" (Tome V, Paris 1901, S. 121, Nr. 22726/7). – H. W. Singers Allgemeiner Bildniskatalog verzeichnet unter Nr. 32608–10 und 32617 drei dieser Kupferstiche im Dresdner Kupferstichkabinett und einen aus der Sammlung der Veste Coburg, schreibt sie aber fälschlich Theodor de Bry d. Ä. zu. Ihm sind zahlreiche Zitierungen und Antiquariatskataloge gefolgt.

gen das Genfer und für das Straßburger Bild als in Frankfurt benutzte Vorlage. Nur das Halblinksprofil der älteren Hyperiusbilder ist durch die zweimal in der Kopiertradition erfolgte Seitenverkehrung wiederhergestellt. Im Unterschied zu den meisten Kupferstichen Robert Boissards, die sich durch technische Sicherheit in gutem Cartonstich, feinere Abtönung, weichere Linienführung und eine, durch Verbindung der Radiernadel mit dem Grabstichel erzielte, malerische Auffassung auszeichnen, hat Janku das Hyperiusbild samt fünf weiteren Porträts des 3. Bandes zu den von Theodor de Bry vorbereiteten und unvollendet hinterlassenen Stichen gezählt, die Robert Boissard dann fertigstellte und mit seinem Monogramm versah. Diese Bildnisse nämlich „zeigen eine gewisse Härte in der Modellierung, wenig decidierte, brüchige Gewandfalten, und die Physiognomie jenes Starre, welches charakteristisch dem älteren de Bry anhaftet" (S. 425). Vielleicht erklärt das den etwas zwiespältigen Eindruck einer gewissen Unnatürlichkeit, den der Frankfurter Kupferstich im Unterschied zu dem Holzschnitt aus Stimmers Werkstatt hinterläßt.

Das Bild ist in einen Renaissancebogen gedrängt, auf dem Namen und Beruf des Dargestellten vermerkt sind. In der Höhe der Hände ist eine Tischplatte gezeichnet, auf der ein Täfelchen die Lebensdaten nennt (verdeutscht: „Geboren zu Ypern in Flandern im Jahre 1511, gestorben in Marburg im Jahre 1564"); neben ihm sind Tintenfaß, Feder und Papier als Verweise auf das Distichon der Bildunterschrift, die übersetzt lautet: „Glücklich hat Hyperius die heiligen Schriften gedeutet, fromm und beredt war der Mann, würdevoll sein Gesicht." Die auf den folgenden sechs Seiten mitgeteilte Biographie wiederholt zunächst fast wörtlich Nic. Reusners kurze Lebensskizze. Dann aber folgt – wie zum Ausgleich des offenkundigen Mangels der Reusnerschen Texte – eine ungewöhnlich vollständige Bibliographie. Sie ist, wie die Reihenfolge und kleinere Fehler beweisen, aus der erweiterten „Bibliotheca Instituta" Conrad Gesners (Zürich 1583, p. 44–45) übernommen. Mit dieser zwar einfachen, aber doch überzeugenden Dokumentation des ausgebreiteten theologischen Werkes wird Hyperius sachgemäßer als bei Reusner den berühmten Gelehrten zugehörig erwiesen. Diese Angaben schließt Boissard mit dem bei Reusner nicht wiedergegebenen Gedicht von Petrus Nigidius d. Ä. auf Hyperius und macht mit ihm zugleich die Quelle seiner Bildunterschrift bekannt. Es lautet ins Deutsche übersetzt:

„Bitte an alle Lande: Hyperius wollet beweinen,
würdig war er fürwahr, zahllose Tage zu schaun!
Neidiges Schicksal befahl der Parze, sein Leben zu enden;
Atropos, welch einen Mann nahmst du uns elend hinweg!
Glücklich hat dieser vermocht, die heiligen Schriften zu deuten:
Wer die Propheten nur kennt, der besitzt wahrlich genug.
Gleicherweise las er die Schriften der alten Gelehrten
fromm und beredt, ein Mann, würdevoll sein Gesicht.
Trefflich im Lehren hat er gefördert die Tugenden alle,
allen Ländern bekannt, west- und östlichen auch.
Wem sollten nicht seine Bücher, die wertvollen Werke bekannt sein?
Schätze edeler Kunst, edelsten Geistes zugleich.
Lest, wie das Heilige er den Fremden des Heiligen kündet,
füllend Sinne und Herz echt mit Glauben allein."

7. Kupferstich aus Den Haag von 1602: Abb. 7

Kurz nach dem Frankfurter Kupferstich erschien auch in den Niederlanden, der Heimat des Hyperius und einer seit langem blühenden Zeichen- und Malkunst, ein Hyperiusbild, das sich hier freilich unter scharf betonter konfessionspolitischer Zielsetzung präsentierte, die vom niederländischen Freiheitskampf geprägt war. Die betont auf Bilder und Biographien protestantischer Theologen beschränkte Sammlung, die nach der Jahrhundertwende bald in verschiedenen lateinischen, niederländischen und französischen Ausgaben aufgelegt wurde, hat Jacob Verheiden (1573–1645), ein Brüsseler Maler, Kupferstecher, Verleger und leidenschaftlicher Rufer zum Kampf gegen die Spanier (in seinem Buch „De iure belli belgici adversus Philippum ...", Den Haag 1595), ediert und in der Erstgestalt im eigenen Verlag veröffentlicht. Die Kupferstiche fertigte Hendrik Hondius (I.), d. Ä. (1573–ca. 1650) an, der als Schüler von Jan Wiercx gilt und als Zeichner, Formenschneider und Kupferstecher, insbesondere von Porträts, in Den Haag lebte. In der Vorrede des Werkes wird darauf hingewiesen, daß bereits zahlreiche Bildersammlungen der „Antichristiani" im Umlauf seien. So habe der Antwerpener Kupferstecher Philipp Galle (1537–1612) schon 1572 vierundvierzig „virorum doctorum de disciplinis bene merentium effigies" herausgebracht, die samt ihren erweiterten Neuauflagen (1587 u. 1595) das „nihil S. Romanae Ecclesiae fidei contrarium aut reipubl. offensium" der Zensur attestiert bekommen hätten. Entsprechend wendet sich die protestantische Sammlung „ad verae pietatis patriaeque libertatis Studiosos", nach dem Wortlaut der niederländischen Ausgabe an „alle die de ware Godvruchticheyt ende de Vaderlandtsche Vryheyt lief hebben". Wenn die niederländische Vorrede die Bilder empfiehlt „tot behaghen van den Godtvruchtighen Aenschouwer", so ist das nicht auf rein ästhetisches Vergnügen gezielt, sondern auf Stärkung in einem Kampf um Leben und Tod, mit den Worten der lateinischen Vorrede: „Ita hos nunc specta ut coelum spectes, in quo illi qui contra Antichristum certarunt aeterna felicitate fruuntur."[7] In den Niederlanden verband sich die schon von Bezas Porträtsammlung intendierte Glaubensbedeutung mit der von Reusner gewünschten vaterländischen Zielsetzung in so aktueller Zuspitzung, daß die bisher gepflegte

[7] Eine erste Ausgabe von 1599, erwähnt bei Thieme-Becker (Allgem. Lexikon d. Bildenden Künstler, Bd. 17, S. 436) und F. W. H. Hollstein (Dutch and Flemish Etchings, Engravings and Woodcuts, Amsterdam 1949–1964, Vol. IX, S. 91), war mir nicht zugänglich. Benutzt und zitiert sind: Praestantium aliquot Theologorum, qui Rom. Antichristum praecipue oppugnarunt, Effigies: quibus addita Elogia, Librorumque Catalogi, opera Ja. Verheiden, Hagae-Comitis 1602. In den unteren Ekken des Titelblattes: „sculpebat et excud./henricus hondius" (das Hyperiusbild vor S. 95); ferner: Afbeeldingen van sommighe in Godts-Woort ervarene Mannen, die bestreden hebben den Roemischen Antichrist ..., in s'Graven-Haghe by Beuckel Corneliszoon Nieulandt, Anno 1603 (das Hyperiusbild vor S. 65). Beide Bände befinden sich in der Universitätsbibliothek zu Leiden. Eine Kopie des Stiches ohne Monogramm und Unterschrift, in ein rundes Medaillon gefaßt, findet sich in: Le Miroir des Portraits des premiers Reformateurs des Eglises Protestantes, A Leide, Chez Pierre Vander Aa, dans l'Academie, o. J. (vorhanden im Prentenkabinet zu Antwerpen). – In der Sammlung der Pariser Nationalbibliothek befindet sich der Stich in Kreisform und mit dem Monogramm H. H., außerdem in 4 Einzelblättern ohne Monogramm in wenig oder stark verkleinertem quadratischem Format, einmal „dans une bordure ovale tronquée" (Catalogue de la Collection des Portraits Français et étrangers, Tom. V., S. 121, Nr. 22726/2/3/4/8), von denen die fünf letztgenannten als anonym bezeichnet sind. – Eine seitenverkehrte, auf ein Quadrat von 75 mm verkleinerte Kopie ohne Monogramm u. mit der vierzeiligen Unterschrift in kleineren Buchstaben, Schreibweise „Hiperius" und Zeile 1 u. 3 über die Bildränder 15 mm herausragend, hat Markus zum Lamm im Thesaurus Picturarum Bd. 18, S. 127 aufbewahrt (vgl. zu Abb. 1) mit der handschriftlichen Eintragung: „Alia et ad Vivum expresssa effigies Andreae Hyperii Flandri sacrosanctae Theologiae Doctoris et in Marpurgensi Academia Professoris orthodoxi." – Eine verkleinerte Wiedergabe mit Monogramm findet sich in: Eug. de Seyn, Dictionnaire biogr. des Sciences etc. en Belgique, I., Bruxelles 1935, S. 496.

H. W. Singer registriert den Kupferstich unter Nr. 32615. – Über J. Verheiden: NNBW IX, 1190 f. Thieme-Becker, Allg. Lex. d. Bildenden Künstler, Bd. 17, S. 17–19. – Über Hendrik Hondius d. Ä.: G. K. Nagler, Die Monogrammisten, Bd. 3, München 1883, S. 381, Nr. 1034 und Thieme-Becker, Bd. 17, S. 435 f.

humanistische Komponente der Gelehrtenporträts nicht mehr frontenverschleiernd oder -überwindend wirken konnte.

Der mit einem seiner zahlreichen Monogramme versehene Kupferstich von Hendrik Hondius d. Ä. (Plattengröße mit Unterschrift: 168 mm hoch, 121 mm breit) hat wenig Ähnlichkeit mit den älteren Hyperiusbildern. Aus der Bartform, dem Verzicht auf die Hände und der die ersten Zeilen des Bezaschen Epigramms wiederholenden Unterschrift könnte man eine seitenverkehrte Kopie des Genfer Holzschnitts vermuten. Verheiden, der nach Straßburg und Marburg Beziehungen hatte, konnte Hondius vielleicht auch einige der dort entstandenen Hyperiusbildnisse vermittelt haben. Im wesentlichen aber wird man die bei Hondius veränderte Physiognomie auf die beschränkte und rückständige Leistungsfähigkeit des Meisters in technischer wie künstlerischer Hinsicht zurückführen müssen. Sein Interesse für die berühmten Glaubenskämpfer der Reformation vermochte nicht zu hindern, daß seine Kopien von deren weithin bekannten Porträts zuweilen, wie bei demjenigen Bugenhagens, wie eine Karrikatur erschienen.

Von ganz anderer Qualität ist der dem Kupferstich auf S. 95–98 der lateinischen Ausgabe beigefügte Text. Die Biographie weist eine Reihe selbständiger Beobachtungen und Beurteilungen des Werkes von Hyperius auf, bemüht seine „Theologia syncera" zu belegen, und prägt Formulierungen, die spätere Biographen übernahmen (vgl. oben zur Biographie die Erklärungen Nr. 15 u. 37 S. 65 u. 88 f.), so daß sie nicht aus Orths Rede und den anderen Kurzbiographien kompiliert sein kann, sondern von einem niederländischen Kenner der Schriften des Hyperius – er spricht von „unserm Ypern" – verfaßt sein muß. Die Bibliographie gliedert sich in selbst veröffentlichte, nur schriftlich hinterlassene und posthum edierte Werke und ist mit ihrer fast erreichten Vollständigkeit und Fehlerlosigkeit weitaus die beste des 16. Jahrhunderts. Mit Recht hat P. Bayle auf diese bemerkenswerte Quelle zurückgegriffen.

8. Ein hessischer Holzschnitt von ca. 1615: Abb. 8

Der hessische Pfarrerssohn Wilhelm Dilich (1571/2–1650), tätig als Chronist, Graphiker und Architekt, hinterließ ein vor 1605 begonnenes und vermutlich für das erste Jahrhundertjubiläum der Marburger Universität (1627) bestimmtes Bildwerk über die Stadt und Universität Marburg unvollendet, das unter 61 Holzschnittporträts von Marburger Professoren auch ein Bildnis von Andreas Hyperius enthält[8]. Obwohl Dilichs Vater noch Hyperius in Marburg gehört und persönlich gekannt haben konnte, sind dem Holzschnitt Erinnerungen aus persönlicher Bekanntschaft nicht anzumerken. Ferdinand Justi war verwundert, daß Dilichs Hyperiusbild nicht wie andere seiner Professorenporträts den Holzschnitt aus dem „Thesaurus Picturarum" (Abb. 1) zur Vorlage habe, sondern wohl „ebenso wie der Stich des de Bry nach Stimmer als Gegenbild gefertigt" sei (S. 2). Freilich ist die schöne Vorlage durch groben Strich und kümmerliche Ausdrucksgestaltung erheblich entstellt. Der Holzschnitt (Höhe 90, Breite 55 mm) ist auf Abb. 8 nach einer Aufnahme des Bildarchivs Foto Marburg fast um das Doppelte vergrößert.

9. Noch ein Frankfurter Kupferstich von 1650: Abb. 9

Das Monumentalwerk der von Jean Jacques Boissard und Theodor de Bry d. Ä. begründeten Frankfurter ‚Icones' war inzwischen zu der mit neuen Bildnissen späterer Künstler vermehrten „Bibliotheca Chalcographica" angewachsen, die in den neuen Teilbänden auf biographische und bibliographische Texte verzichtete. Das von Klemens Ammon, einem Schwiegersohn Theodor de Brys d. J., Kupferstecher und Verleger in Frankfurt und Heidelberg, geerbte Unternehmen wirkt in den von ihm besorgten Ergänzungsbänden 7–9 der – später handschriftlich paginierten – Seiten 291–443 im wesentlichen wie eine handwerksmäßig und schematisch ausgeführte Massenfabrikation von Gelehrtenbildern. In den 1650–52 veröffentlichten Teilbänden 7–8 findet sich ein ganz neues Hyperiusbild, das in der neunteiligen Gesamtausgabe (Heidelberg 1669) wiederkehrt. Diese Sammelausgabe scheint das so entstandene Vorhandensein zweier recht unterschiedlicher Hyperiusbilder nicht realisiert zu haben. Jedenfalls registriert der Index für die Teile 1–5 den jetzt umplazier-

---

[8] Wilhelm Dilichs Manuskript befindet sich in der Marburger Universitätsbibliothek und handelt auf S. 65–70 über Hyperius, das Bild auf S. 66. Darüber berichtet Julius Caesar, Urbs et Academia Marpurgensis..., Marburg 1867, S. 29, ohne eine Nachbildung der Holzschnitte. Diese brachte: Ferdinand Justi, Urbs et Academia Marpurgensis succincte descripta et typis efformata a Wilhelmo Dilichio. Supplementum editionis Caesarianae (Marburg 1867). Professorum Marpurgensium icones a Wilhelmo Dilichio delineatas, Marburg 1898 (das Hyperiusbild auf S. 13, Abb. 15). – Über Dilich: Andreas Andresen, Der deutsche Peintre-Graveur, Bd. III, Leipzig 1872, S. 303–326; J. Kurzwelly in: Thieme-Becker, Allg. Lexikon d. Bildenden Künstler, Bd. 9, S. 288–90.

ten älteren Kupferstich von Robert Boissard (unsere Abb. 6) unter G mit „Andreas Gerhardus Hyperius, Theol." während der neue Kupferstich im Index zu Teil 8 unter H aufgeführt wird als „Andreas Hyperius, Theol. Ref. ddd. 4". Unsere Abb. 9 gibt eine Aufnahme aus der Bibliotheca Chalcographica wieder, die sich in der Kunstsammlung der Veste Coburg befindet[9].

Als Meister des Kupferstichs wird mit der Registratur der Kunstsammlungen der Veste Coburg von H. W. Singer Friedrich van Hulsen (Hulsius) genannt. Er war um 1580 in Middelburg geboren, um 1590 mit der Familie des Vaters Lewin van Hulsen, eines Mathematikers und Buchdruckers, aus Gent nach Nürnberg ausgewandert, 1602 nach Frankfurt/Main übergesiedelt, Lehrling bei Theodor de Bry

---

[9] Eingesehen und verglichen wurden die Exemplare der Bibliotheca Chalcographica von der Veste Coburg (Sign.: Kp. B. 62) und von der Hessischen Landesbibliothek in Wiesbaden (Sign.: C 9805). Das neue Hyperiusbild steht im Coburger Band in Teil VIII auf der handschriftlich paginierten Seite 358, im Wiesbadener Band, der die Teilbände in der Reihenfolge 6, 8, 9, 7 gebunden und die Indices falsch betitelt, den zu Teil 7 überhaupt nicht hat, in Teil VII als das 17. Bild. –
Die Teilausgabe trägt den Titel: VII. et VIII. Pars Bibliothecae Calcographicae, id est: Continuatio secunda et tertia Iconum Virorum illustrium Sculptore Clement. Ammonio, Chalcograph. Francof., Francof. ad. Moen. 1650–1652 (zit. nach: Julius Meyer, Allgem. Künstlerlexikon, I., Leipzig 1872, S. 661). Die Gesamtausgabe heißt: Bibliotheca Chalcographica, hoc est virtute et eruditione clarorum virorum Imagines, Collectore Jano-Jacobo Boissardo, Vesunt., Sculptore Theodoro de Bry, Leod., primum editae, et ab ipsorum obitu hactenus continuatae. Heidelbergae, Impensis Clementis Ammoni, Bibliopolae. Anno 1569. –
Der Catalogue de la Collection des Porträts Français et étrangers, Tom. V, Paris 1901, S. 121, Nr. 22726/6, bezeichnet diesen Kupferstich als „en buste, de 3/4 à gauche, dans une bordure ovale. Grav. à l'eau-forte anonyme" (zweimal vorhanden); H. W. Singer, Allg. Bildniskatalog, führt ihn unter Nr. 32616 auf und nennt als Künstler, der Registratur der Veste Coburg folgend, Friedrich van Hulsen (Hulsius). –
Über Klemens Ammon: Jul. Meyer, Allg. Künstlerlexikon, I., Lpzg. 1872, S. 661; Thieme-Becker, Allg. Lex. d. Bildenden Künstler, Bd. 1, S. 417. – Über Friedrich Hulsius: G. K. Nagler, Die Monogrammisten, Bd. II, 1860, S. 790, Nr. 2159 und Bd. III, 1863, S. 322, Nr. 913; Thieme-Becker, a.a.O., Bd. 18 (1925), S. 114; F. G. Waller, Biographisch Woordenboek van Noord Nederlandsche Graveurs, s'Gravenhage 1938, S. 156. –
Joh. Matth. Schröckh soll dieses Hyperiusbild in seinen „Abbildungen und Lebensbeschreibungen berühmter Gelehrten", Leipzig 1766, wiedergegeben haben und K. F. Müller ist ihm darin gefolgt (Andreas Hyperius, Kiel 1895), äußert sich aber S. 54 ziemlich kritisch über die Bedeutung des Bildnisses. Beide sind der Bildgeschichte nicht nachgegangen (vgl. dazu unten Anm. 12).

d. J. geworden und leitete nach des Vaters Tode 1606 Verlag und Druckerei „Witwe des Lewin Hulsius". Von ihm sind zahlreiche Kupferstiche von Porträt- und Landschaftsbildern für eigene und fremde Verlagswerke gefertigt worden. In der Gesamtausgabe der Bibliotheca Chalcographica ist nur der – handschriftlich paginierte – Porträtstich Nr. 162 mit „F. Hulsius f." signiert. Da zahlreiche Bilder der späteren Teile des Sammelwerkes diesem Porträt in der Ausführung und in formalen Einzelheiten stark ähneln, mag der Schluß auf Hulsius als den Künstler dieses Hyperiusbildes naheliegen. Ein bei Hulsius vermutbares Heimatinteresse an Hyperius könnte von der Bildumschrift bestätigt werden, die den Namen lediglich durch „Flander Theologus" erläutert und jeden Hinweis auf die Marburger Professur vermissen läßt. Andere durch die zweimalige, höchst verschiedene und beziehungslose Darstellung des Hyperius in demselben Sammelwerk sich stellende Fragen sind kaum entscheidbar: War es untunlich, einen entsprechend der damaligen hochorthodoxen Situation betont als „reformiert" charakterisierten Theologen als Glied der seit 1624 unter Entlassung ihrer reformierten Professoren streng lutherisch gewordenen Universität Marburg auszuweisen? Wollte man nur, wie Markus zum Lamm im „Thesaurus Picturarum" (vgl. oben zu Abb. 1 u. 6), ein bemerkenswert anderes Hyperiusbild festhalten? Oder war Hyperius hier ein Jahrhundert nach seinem Tode soweit in Vergessenheit geraten, daß er zum gedankenlos weitergegebenen Traditionsstoff gehörte? Dafür könnte das sehr allgemeine Distichon der Bildunterschrift sprechen, das verdeutscht lautet: „Billig heißt Hyperius, der das Himmlische droben/treu zu suchen gelehrt seine Herde als Hirt."

Der Kupferstich selbst (Plattengröße samt Unterschrift 143 mm hoch und 102 mm breit) hebt das Bildnis durch eine ovale Umrandung von dem schlicht schraffierten rechteckigen Hintergrund ab. Licht und Schatten treten scharf auseinander. Gegenüber den älteren Hyperiusbildern sind die Haartracht und die Bartform etwas, der Talar und das Untergewand erheblich verändert; das Gesicht wirkt um Jahrzehnte verjüngt, aus ihm spricht weniger Gelehrsamkeit und Geist als vielmehr eine Hyperius niemals nachgerühmte Manneskraft. Bei soviel künstlerischer Freiheit kann man fast jedes der früheren Hyperiusporträts als Vorlage des Stiches annehmen.

10. Wittenberger Holzschnitt von 1686: Abb. 10

Zu den eigentümlichen Wendungen in der Bildgeschichte der Hyperiusporträts gehört, daß sie sich nach dem Dreißigjährigen Kriege nicht nur in östlichere, sondern auch in ausgesprochen lutherische Länder verlagert. In ihr erfahren die verschiedensten Kopien aus dem ersten Jahrhundert dieser Bildgeschichte neue Nachbildungen.

So veröffentliche Johann Gottfried Zeidler (ca. 1655–1711), Mathematiklehrer, Schriftsteller, Poeta laureatus, Hilfsprediger seines Vaters im mansfeldischen Fienstedt, Holzschnittkünstler und zuletzt Auktionator der Universität Halle 1686, in seinem Kompendium von hundert Gelehrtenbildern und -historien aufs neue ein Hyperiusbild[10]. Der Holzschnitt (Höhe 62, Breite 54 mm) ist unverkennbar eine fast maßgetreue Kopie der oberen Hälfte des Straßburger Holzschnitts aus Stimmers Werkstatt (Abb. 5). Trotz gröberer Strichführung und übergangsloser Schattierungen ist der Ausdruck der Vorlage nicht ganz verlorengegangen. Die Überschrift ist ausführlicher als auf den früheren Hyperiusbildern und heißt auf deutsch: „Andreas Gerard Hyperius, Professor der hl. Theologie an der Marburger Akademie, geboren in Ypern, einer Stadt Flanderns, im Jahre 1511, gestorben 1564." Zeidlers in drei Distichen unter das Bild gesetztes Epigramm enthält vielleicht eine Andeutung der Gründe, aus denen ihm die Erinnerung einer größeren Leserschaft an Hyperius wichtig erschien. Es lautet verdeutscht:

„So des Hyperius Antlitz; das Vaterland gab ihm den Namen.
Hessen hat jemals kaum größere Zierde gehabt.
Er hat die Enkel gelehrt, besser die Bibel zu treiben,
besser zu predigen dann freies Verkündigungswort.
Rühmet mit Recht den Gelehrten, er war von Geist Polyhistor,
mächtig war er im Wort, mächtig im Urteil zugleich."

---

[10] Theatri eruditorum pictura, carmine, historia elaborandi compendium, centum imigunculas doctissimorum virorum, quorum opera vera religio atque erudita doctrina artium & linguarum olim renata & propagata est, additis inscriptionibus & epigrammatibus brevissimis, exhibens sculptore & autore Johanne Gotofredo Zeidlero, Finstadiensi, Poeta laureato. P. S. Callipolitani in incl. Comit. Mansfeld. Wittenbergae, Typus Matthaei Henckelii, Acad. Typ. Anno 1686, enthält auf S. 48 das Hyperiusbild. Aus dem in den Staatlichen Kunstsammlungen zu Dresden befindlichen Band ist Abb. 10 aufgenommen. H. W. Singer, Allg. Bildniskatalog, führt den Holzschnitt unter Nr. 32612. – Über J. G. Zeidler: G. K. Nagler, Neues allgemeines Künstler-Lexikon, München 1852, S. 224; Thieme-Becker, Allg. Lexikon der Bildenden Künstler, Bd. 36, S. 432.

11. Nürnberger Kupferstich von 1688: Abb. 11

Bereits zwei Jahre später erscheint wiederum eine Kopie eines Hyperiusbildes, das erstmals vor fast hundert Jahren veröffentlicht worden war. Man versteht sehr wohl, daß im vierten Jahrzehnt nach dem Ende des großen Krieges mit der Sammlung von Gelehrtenportraits und -biographien einem Zeitbedürfnis entsprochen wurde, das zum Wiederaufbau der Kultur nach den im Kriege vielfach zerstörten oder geraubten Quellen abendländischer Tradition fragte. Und man wird es kaum für einen Zufall halten dürfen, daß sich diese bis in die Anfänge des 17. Jahrhunderts hinein schlicht „Icones" genannten Sammlungen jetzt als „Theatrum" berühmter Gelehrter präsentierten. Verhieß doch diese von Plato und Paulus erfundene, von Stoikern und Kirchenvätern variierte, dann von Johannes von Salisbury im ‚Policraticus' (1159) umfassend und zeitkritisch reflektierte Metapher vom Menschen- und Weltleben als eines „Theaters" dem sie vielfältig anwendenden Barockzeitalter – der ‚Policraticus' wurde zwischen 1595 und 1677 fünfmal gedruckt – nicht nur eine sinnvolle Zusammenschau der gegensätzlichsten Dinge und Menschen, sondern auch eine tröstliche Erträglichkeit der widrigsten Schicksale angesichts des dem Spiele zuschauenden und es beendenden Gottes. Freilich bildete die Sammlung des in Genf studierten und in Nürnberg praktizierenden Arztes Paul Freher (1611–82) ein Riesentheater von Gelehrten, dargestellt in ca. 2850 Artikeln und 1300 Porträtbildern, zusammengetragen aus zwölf europäischen Ländern und gegliedert nach Theologen, Juristen, Medizinern und Philosophen in jeweils geschichtlicher Anordnung. Erst sein Neffe, der Arzt Karl Joachim Freher (1655–90), kam zur Veröffentlichung dieses opus grande[11].

---

[11] Der vielsagende Titel des Werkes: D. Pauli Freheri, Med. Norib., Theatrum virorum eruditione clarorum, in quo vitae et scripta Theologorum, Jureconsultorum, Medicorum & Philosophorum, tam in Germania superiore et inferiore, quam in aliis Europae Regionibus, Graecia nempe, Hispania, Italia, Gallia, Anglia, Polonia, Hungaria, Bohémia, Dania et Suecia a saeculis aliquot, ad haec usque tempora, florentium, secundum annorum emortalium seriem, tanquam variis in scenis repraesentantur ... Noribergae, Impensis Johannis Hofmanni, et Typis haeredum Andreae Knorzii, 1688. In Pars I (Theologi varii), Sectio III (Theol. doctorum et professorum) auf unnumerierter Bildseite nach S. 190 das Hyperiusbild, auf S. 198 der Hyperius-Artikel. Unsere Abb. 11 vergrößert eine Aufnahme aus dem in den Staatlichen Kunstsammlungen zu Dresden befindlichen Band. – H. W. Singer, Allg. Bildniskatalog, hat den Kupferstich unter Nr. 32614 als „von unbekanntem Künstler" registriert.

Der Kupferstich mit der Unterschrift „Andreas Hyperius Theol. Marpurg." (Höhe 74, Breite 43 mm) steht mit 15 anderen Porträtbildern auf einem Blatt und ist eine stark verkleinernde Kopie des Kupferstiches von H. Hondius (Abb. 7). Das Epigramm unter dem niederländischen Stich ist fortgelassen. Der Meister der Freherschen Bildnisse ist unbekannt. Bild und Text sind aus technischen Gründen voneinander getrennt; zugleich gewinnen die Texte durch Ausführlichkeit und Qualität ein Übergewicht. Zwar ist die Biographie nur ein kurzer Auszug aus Melchior Adams „Vitae Germanorum Theologorum" (1620), wie Freher selbst angibt; aber die Bibliographie, für die sich Freher auf Marburger Manuskripte beruft, ist ziemlich vollständig, unterscheidet jedoch nicht zwischen selbst veröffentlichten, nur vorbereiteten und posthum edierten Schriften.

12. Das letzte Hyperiusbild von 1743: Abb. 12

Es gehört wohl zu den absonderlichen Wegen geistiger Überlieferung, daß der letzte Förderer der Hyperiusbilder der letzte, bedeutendste und gemäßigste Vertreter der lutherischen Orthodoxie war. Valentin Ernst Löscher (1673–1749) war in den Besitz zweier guter Bilder von Hyperius gelangt, vermutlich der beiden in der Sammelausgabe der Bibliotheca Chalcographica vereinigten, und ließ das ältere von ihnen demjenigen Heft seiner Zeitschrift „Fortgesetzte Sammlung von Alten und Neuen Theologischen Sachen" (auf das Jahr 1743, dritter Beytrag) voransetzen, in dem er zugleich als VII. Stück „Andreae Hyperii kurtze Lebens-Beschreibung" veröffentlichte (S. 368 f.).

Den Kupferstich (Höhe der Platte 153, Breite 95 mm) fertigte Johann Christoph Sysang (1703–57), ein sächsischer Kupferstecher, der als Sculptor der Universität Halle 1724–27, dann in Dresden, Prag und Leipzig tätig war und für Löschers Zeitschrift eine ganze

---

Über Paul Freher: Ersch-Gruber, Allgem. Encyklopädie d. Wissenschaften und Künste, I. Section, 48 Teil, Leipzig 1848, S. 417. – Zur Schauspielmetapher: E. R. Curtius, Europäische Literatur und Lateinisches Mittelalter (1948), Bern u. München ⁵1965, S. 148–154; Albrecht Schöne, Emblematik und Drama im Zeitalter des Barock, München 1964, Kap. III–V. Zum Buchtitel „Theatrum" (=Schauplatz) im 16. u. 17. Jahrhundert siehe Wolfg. Brückner, Volkserzählung, S. 102–110. – Frehers Philosophenporträts, die zum großen Teil Kopien aus dem Boissard-de Bryschen Monumentalwerk sind (vgl. o. zu Abb. 6 u. 9), wurden neu herausgegeben von Lutz Geldsetzer: Philosophengalerie I., Philosophia-Verlag Düsseldorf 1967.

Reihe von Porträtbildern gestochen hat, auf denen er meist, wie auf unserem Bildnis, seine Autorschaft mit einem winzigen „Sysang fe" (cit) rechts unter dem Bildrand vermerkte, gelegentlich auch mit „S.fe." oder mit „J.C.S.fe.". Unverkennbar ist dieses Hyperiusbild eine maßgetreue Kopie des Kupferstiches von Robert Boissard (Abb. 6). Mit handwerklichem Können erreicht Sysang eine bemerkenswerte Ähnlichkeit zu seiner Vorlage. Unter den vier im Dreißigjährigen Krieg und später veröffentlichten Bildnissen des Marburger Theologieprofessors, die jedenfalls die besten der älteren Hyperiusporträts kopierten, ist Sysangs Wiedergabe dem Original am nächsten gekommen[12].

Im Unterschied dazu muß der Verfasser der kurzen Lebensbeschreibung in Löschers Zeitschrift die Hyperiusbiographie im III. Teil der Boissard-de Bryschen Sammlung (s. o. zu Abb. 6) recht flüchtig gelesen haben, denn für seine Behauptung, Hyperius habe unter anderem auch in Straßburg studiert, fand er dort, von andern Fehlern abgesehen, keine Grundlage. Daneben deutet er jedoch den Grund des Interesses der Lutheraner an Hyperius mit dem Satze an: „Sein Hang zur Calvinischen Partey war stark genug, doch hat er sich ihnen nicht schlechterdings ergeben, wie die Marpurgischen Theologen in den Streit-Schriften wider die Caßler dargethan haben." Indem Löscher so das Werk und Bild von Andreas Gerhard Hyperius der theologiegeschichtlichen Beachtung empfahl, hielt er eine schon verkümmernde Überlieferung aufrecht, die drei Jahrzehnte später den Theologieprofessor Balthasar Wagnitz (1755–1838) in Halle veranlaßte, Hyperius wegen seiner praktisch-theologischen Bedeutung durch eine Neuausgabe seiner Homiletik (s. u. HypBibl. Nr. 6) aufs neue bekannt zu machen.

---

[12] Über Joh. Christoph Sysang: G. K. Nagler. Neues allgem. Künstlerlexikon, Bd. 18, München 1848, S. 73; Müller-Singer, Allgem. Künstlerlexikon³, Bd. 4, Frankfurt 1901, S. 372; Thieme-Becker, Allgem. Lexikon der Bildenden Künstler, Bd. 32, Leipzig 1938, S. 367 f. – Das Hyperiusbild steht vor dem Titelblatt von: Fortgesetzte Sammlung von Alten und Neuen Theologischen Sachen, ..., zur geheiligten Übung in beliebten Beyträgen ertheilet von einigen Dienern des Göttlichen Wortes, Auf das Jahr 1743, Dritter Beytrag, Leipzig bey Carl Ludwig Jacobi. – In der mir allein zugänglichen Ausgabe der „Abbildungen und Lebensbeschreibungen" berühmter Gelehrten" (1. Bd., 3. Slg., Leipzig 1765) hat Joh. Matth. Schröckh vor seinem Hyperius-Artikel, S. 259–267, die Kopie von Sysang reproduziert.

Dritter Teil

BIBLIOGRAPHIE

VI. Geschichte, Probleme und Anordnung der Hyperius-
Bibliographie.
Tabelle befragter Bibliotheken

Schon im 16. Jahrhundert bestanden günstige Voraussetzungen für eine Bibliographie der Schriften von Hyperius durch deren Aufzählung sowohl in Wigand Orths akademischer Gedenkrede als auch im Hyperius-Artikel der ersten systematisch-kritischen Bibliographie der Neuzeit, der „Bibliotheca Universalis" Conrad Gesners (Zürich 1545), die in ihren späteren Bearbeitungen durch Josias Simler (1574) und Joh. Jac. Frisius (1583) die inzwischen veröffentlichten Werke mit aufführte. Aufgrund dieser Quellen erreichten im 16. und 17. Jahrhundert bereits die von Boissard, Verheiden und Freher ihren Gelehrtenporträts und -biographien beigegebenen Bibliographien beinahe Vollständigkeit, wenn sie auch die in den Quellen fehlenden Frühschriften und Gutachten nur teilweise beibringen konnten und durch bisweilen ungenaue Titelformulierungen, generellen Verzicht auf Angabe der Erscheinungsorte und -jahre und vereinzelte Vermischung der von Hyperius hinterlassenen Manuskripte mit veröffentlichten Büchern mancherlei Verwirrung stifteten (dazu s. meinen Forschungsbericht: ThR 34, 1969, 266–71). Dennoch sind ihnen gegenüber die bibliographischen Angaben bei Melchior Adam und Chr. Gottl. Jöcher schlicht als mangelhaft zu bezeichnen.

Einen wesentlichen Fortschritt brachten die am Ende des 18. Jahrhunderts nach moderneren Methoden gearbeiteten Bibliographien von Paquot und Strieder. Sie versuchen die Erscheinungsorte und -jahre, spätere Auflagen und Übersetzungen zu erfassen und dokumentieren, sieht man von kleineren Ungenauigkeiten ab, das gesamte gedruckte Werk des Hyperius mustergültig. Nur die erst später wiederentdeckten Jugendschriften und Gutachten fehlen ihnen noch. Der bleibende Wert dieser Bibliographien liegt in der Erwähnung von vielleicht damals schon seltenen Ausgaben, die heute in keiner der zahlreichen befragten Bibliotheken mehr vorhanden sind und vermutlich durch Kriegseinwirkungen verlorengingen. Die folgende Bibliographie führt diese Ausgaben mit der sie bezeugenden Quelle auf.

Die Ermittlung der Bestände an Ausgaben der Hyperius-Werke des 16. Jahrhunderts bei den wichtigsten Bibliotheken des In- und Auslandes sollte zunächst nur der Kontrolle der besten vorhandenen Hyperius-Bibliographien dienen. Sie förderte jedoch einige bisher überhaupt nicht in der Literatur erwähnte Sonder- und Teildrucke, sowie Übersetzungen ans Licht und verwies dazu mit der relativen Übersicht der Verbreitung und heutigen Erreichbarkeit der Hyperius-Schriften auf Schwerpunkte ihrer Wirkung und Bearbeitung, die nicht zuletzt zu der von Dieter Frielinghaus (S. 80 ff.) vorgeschlagenen „Literaturgeschichte des Hyperius" gehören.

Die in einigen älteren Bibliographien mehr zufällig und niemals vollständig erwähnten wenigen Drucke einzelner Hyperiusbriefe werden in der folgenden Bibliographie nicht vermerkt, sondern bleiben mit den viel zahlreicheren nur handschriftlich erhaltenen Briefen einer in Vorbereitung befindlichen Ausgabe der Briefe vorbehalten. Nur sofern die Briefe zum Verständnis des Werdens oder des Inhaltes der Bücher beitragen, werden sie in der Bibliographie angeführt.

In den meisten älteren Bibliographien ist eine Gliederung der Werke des Hyperius versucht worden, etwa in Philosophica, Theologica, Exegetica, bei Chr. von Rommel auch in Methodica und Varia. Solche Sachgliederung ist aber in strengem Sinne nicht zutreffend; sie müßte außerdem Vorurteile fördern. Die folgende Bibliographie ist daher nach den Daten des jeweiligen Erstdruckes einer Schrift chronologisch angeordnet. Bei den Gutachten gilt das Datum der Ausfertigung und nur dann, wenn es nicht bekannt ist, der erste Druck. Jede Schrift ist fortlaufend mit einer Hauptnummer gezählt; ihre späteren, auch die veränderten Ausgaben und Auflagen werden dem Erstdruck unmittelbar angeschlossen und nur als Dezimalzahlen weitergezählt. Danach werden die Übersetzungen in chronologischer Reihenfolge aufgeführt und durch ein /Ü nach der Hauptnummer hervorgehoben. Dabei soll das eigentliche Interesse der früheren Gliederung in Fachgebiete, eine Kurzinformation über den Inhalt der einzelnen Schriften zu geben, jedoch nicht verlorengehen. Deshalb wird den genannten Angaben über spätere Ausgaben und Übersetzungen einer Schrift möglichst eine letzte Rubrik hinzugefügt, die Zitate und Literaturverweise zum Inhalt dieser Schrift bringt. Das schien auch angebracht, weil die meisten Schriften des Hyperius nur in lateinischer Sprache vorliegen und durch diese Anmerkungen den des Lateinischen nicht kundigen Lesern jedenfalls im Überblick erschlossen werden. Diese Rubrik ist nach der Hauptnummer durch /Inh. gekennzeichnet. – Am Schluß wird den unter dem Namen von Hyperius erschienenen Schriften des 16. und 17. Jahrhunderts die Reihe derjenigen Bibliotheken mit den unten alphabetisch aufgeschlüsselten Abkürzungen beigegeben, in denen sie zur Zeit vorhanden und erreichbar sind. Dabei sind die Bibliotheken der Vereinigten Staaten von Amerika zur Erleichterung der Orientierung durch ein vorgestelltes US/... gekennzeichnet, danach mit den Sigeln des „National Union Catalog Pre-1956 Imprints" (Hyperius in Volume 262, London–Chicago 1973, S. 614–616).

Erstmalig aufgeführt sind in der folgenden Bibliographie die seltenen Jugend-Veröffentlichungen (HypBibl. Nr. 1–3), die Gutachten Nr. 10 und 28, alle nachweisbaren Übersetzungen und Sonderausgaben.

Abkürzungen der Bibliotheken,

die ihre Bestände an Hyperius-Werken teils direkt, teils durch Mitteilung der Zentralkataloge dankenswerterweise mitgeteilt haben und die in der folgenden Bibliographie verzeichnet sind:

Amb	Staatliche Provinzial-B., D-845 Amberg.
Amd 1	Bibliotheek der Vrije Universiteit, Amsterdam-Buitenveldert, Ndld.
Amd 2	Universiteits-Bibliotheek van Amsterdam, Singel 425, Niederland.
Apd	Bibl. d. Theol. Hochschule der Christl. Geref. Kirchen in Niederland, Apeldoorn, Wilhelminapark 4, Ndld.
Aug	Staats- u. Stadt-B., D-89 Augsburg.
Bam	Staats-B., D-86 Bamberg.
Bas	Universitäts-B., Basel/Schweiz.
Bln 1	Bibliothek der Kirchl. Hochschule, D-1 Berlin 37, Teltower Damm 120–122.
Bln 2	Universitäts-B., der Humboldt-Universität, DDR 108 Berlin.

Brn	Stadt- u. Universitäts-B., Bern/Schweiz.
Bon	Universitäts-B., D-53 Bonn.
Bsg	Stadt-B., D-33 Braunschweig.
Brü	Bibliothèque Royale Albert 1er, Bruxelles/Belgien.
Cob	Landes-B., D-867 Coburg, Schloß Ehrenburg.
Dst	Landes- und Hochschul-B., D-61 Darmstadt.
Dtm	Lippische Landes-B., D-493 Detmold 1.
Dil	Studien-B., D-888 Dillingen.
Eit	Staats- u. Seminar-B., D-8833 Eichstätt.
Emd	B. der Großen Kirche, D-297 Emden.
Erl	Universitäts-B., D-852 Erlangen.
Frb	Universitäts-B., D-78 Freiburg/Breisgau.
Ful	Landes-B., D-64 Fulda.
Gnt	Centrale Bibliotheek der Rijksuniversiteit, Gent/Belgien.
Göt	Niedersächsische Staats- u. Universitäts-B., D-34 Göttingen.
Got	Landes-B., DDR-58 Gotha.
Grd	Universitäts-B., DDR-22 Greifswald.
Hal 1	Universitäts-B. der Martin-Luther-Universität und Landes-B. Sachsen-Anhalt, DDR-401 Halle (Saale).
Hal 2	Marien-B., DDR-401 Halle (Saale).
Hal 3	Haupt.-B. der Franckeschen Stiftungen, DDR-401 Halle (Saale).
Hml	Stadtbücherei, D-325 Hameln.
Hnv 1	Niedersächsiche Landes-B., D-3 Hannover.
Hnv 2	Stadt-B., D-3 Hannover.
Hdl	Universitäts-B., D-69 Heidelberg 1.
Hrb	B. des Ev.-Theol. Seminars der Ev. Kirche in Hessen u. Nassau, D-6348 Herborn/Dillkreis, Schloß.
Hfg	B. des Ev. Predigerseminars der Ev. Kirche von Kurhessen-Waldeck, D-352 Hofgeismar.
Jen	Universitäts-B. der Friedr.-Schiller-Universität, DDR-69 Jena.
Kmp	Bibliotheek Theologische Hogeschool van de Gereformeerde Kerken in Nederland, Kampen/Ndld.
Kas	Murhard'sche u. Landes-B., D-35 Kassel.
Kiel	Universitäts-B., D-23 Kiel 1.
Köln	Universitäts- u. Stadt-B., D-5 Köln.
Ldn	Bibliotheek der Rijksuniversiteit te Leiden/Ndld.
Lpz	Universitäts-B. der Karl-Marx-Universität, DDR-701 Leipzig.
Lon	Bibliothek des Britischen Museums in London (General Catalogue of Printed Books, Vol. 84, S. 76–78).
Lüb	Stadt-B., D-24 Lübeck.
Mbg 1	Universitäts-B., D-355 Marburg/Lahn.
Mbg 2	B. des Theol. Seminars der Philipps-Universität, D-355 Marburg/Lahn.
Mch 1	Bayerische Staats-B., D-8 München 34.
Mch 2	B. des Franziskanerklosters St. Anna, D-8 München 22.
Mst	Universitäts-B., D-44 Münster/Westfalen.
Mstf	B. des Michael-Gymnasiums, D-5358 Münstereifel.

Nau	B. des Katechetischen Oberseminars, DDR-48 Naumburg.
Nbg	Staatliche B., D-8858 Neuburg a. d. Donau.
Ner	B. der Abtei, D-7086 Neresheim/Württ.
Nür 1	Stadt-B., D-85 Nürnberg.
Nür 2	B. des German. Nationalmuseums, D-85 Nürnberg 1.
Old	Landes-B., D-29 Oldenburg.
Par	Bibliothèque Nationale, Paris (Catalogue, Tome 75, S. 425–427).
Pas	Staatliche B., D-839 Passau.
Rgb	Staatliche B., D-84 Regensburg.
Rtl	Stadt-Bücherei, D-741 Reutlingen/Württ.
Rst	Universitäts-B. der Wilhelm-Pieck-Universität, DDR-25 Rostock.
Rot	Diözesan-B., D-7407 Rottenburg/Württ.
Rtd	B. der Remonstrantse Gemeente, in: Stadt-B. Rotterdam/Niederland.
Soe	Wissenschaftliche Stdt-B., D-477 Soest/Westf.
Spe	B. des altsprachl. Gymnasiums, D-672 Speyer.
SPt	B. des Priesterseminars der Erzdiözese Freiburg, D-7811 St. Peter.
Str 1	Universitäts-B., Strasbourg/Frankreich.
Str 2	Séminaire Protestant (Thomas-Archiv u. B. Wilhelm), Strasbourg/Fr.
Stg	Württembergische Landes-B., D-7 Stuttgart.
Tüb 1	Universitäts-B., D-74 Tübingen.
Tüb 2	B. des Evangelischen Stifts, D-74 Tübingen.
Tüb 3	B. des Bischöflichen Theologenkonvikts Wilhelmstift, D-74 Tübingen.
Ueb	Leopold-Sophien-B., D-777 Überlingen.
Ulm	Stadt-B., D-79 Ulm.
US/CSmH	Henry E. Huntington Library, San Marino.
US/CtY	Yale University, New Haven.
US/CU	University of California, Berkeley.
US/DFo	Folger Shakespeare Library, District of Columbia.
US/ICN	Newberry Library, Chicago.
US/ICU	University of Chicago, Chicago.
US/IU	University of Illinois, Urbana.
US/MB	Boston Public Library, Boston/Mass.
US/MdE	Enoch Pratt Free Library, Baltimore, Maryland.
US/MH	Harvard University, Cambridge/Mass.
US/MiU	University of Michigan, Am Arbor.
US/MnU	University of Minnesota, Minneapolis.
US/MoSCS	Concordia Seminary Library, St. Louis/Missouri.
US/NcD	Duke University, Durham/North Carolina.
US/NIC	Cornell University, Ithaca.
US/NjNbS	Theological Seminary, New Brunswick.
US/NN	New York Public Library, New York.
US/NNC	Columbia University, New York.
US/NNG	General Theological Seminary of the Protestant Episcopal Church, New York.
US/NNUT	Union Theological Seminary, New York.
US/OCl	Cleveland Public Library, Cleveland/Ohio.
US/OrU	University of Oregon, Eugene.

US/PPLT	Lutheran Theological Seminary, Krauth Memorial Library, Philadelphia.
US/PPT	Temple University, Philadelphia.
US/PPWe	Westminster Theological Seminary, Philadelphia.
US/PU	University of Pennsylvania, Philadelphia.
US/TxDaM	Southern Methodist University, Dallas.
US/ViU	University of Virginia, Charlottesville.
Utr	Universiteitsbibliotheek d. Rijksuniversiteit Utrecht/Niederland.
Ven	Bibliotheca Marciana, Venedig/Italien.
Wlf	Herzog-August-B., D-334 Wolfenbüttel.
Wmr	Landes-B., DDR-53 Weimar.
Wzb	Universitäts-B., D-87 Würzburg.
Zei	Stifts-B., DDR-49 Zeitz.
Zrb	B. der Erweiterten Oberschule Franciceum, DDR-34 Zerbst.
Zür	Zentral- und Universitäts-B., Zürich/Schweiz.
Zwb	Bibliotheca Bipontina, Wissenschaftl. B. am Herzog-Wolfgang-Gymnasium, D-666 Zweibrücken.

VII. Chronologisches Verzeichnis der Werke von A. G. Hyperius.
Ausgaben, Übersetzungen, Bibliotheksbestände, Literatur

1.1 Andreae Gerardi Hyperii in laudem Ioa(chimi) Fort(ii) Ring(elbergij) Andoverpiani, Oratio ad Senatum Parisiensem.

Abgedruckt in: Ioachimi Fortii Ringelbergij Andoverpiani opera, apud Seb. Gryphium, Lugduni Anno M.D.XXXI. (1531), p. 672–681.

1.2 Dasselbe in den späteren Ausgaben von Ringelbergs „Lucubrationes, vel potius absolutissima ‚kyklopaideia'": Antwerpen 1539, Basel 1541 und der Opera, Lugduni apud Joan. Frellonium 1556, p. 650 ff. – Eine frühere Ausgabe (Lutetiae 1530) zählt zu den Kriegsverlusten der Bayerischen St. B. in München.

1.3 Dasselbe im Reprint von 1.1: Monumenta Humanistica Belgica, Vol. 3, Nieuwkoop: B. de Graaf, 1967, p. 672–681.

1/Inh. Rommel 469 spricht von einer „Trauerrede", richtiger charakterisierte Melchior Adam die Rede als „officii et exercitationis causa" gehalten: Frielinghaus 168. Vgl. auch Mangold Dt. Zs. 237 f. und in diesem Buch: Kap. III, Erläuterungen zur Biogr. Nr. 11, S. 58 f.

Der Rede folgt ein kurzer Brief von Hyperius an Ringelberg (HypBr. Nr. 1) und ein aus vier Distichen bestehendes Epigramm, das Hyperius auf Ringelberg dichtete und ihm vermutlich mit der Rede nachsandte. Es stellt Ringelberg in die Reihe der gefeierten niederländischen Humanisten Erasmus, Rudolf Agricola, Martinus Dorpius (1485–1525, über ihn: NNBW 4, 519) und Christophorus Longolius (1488–1522, über ihn: BNBelg. 12, 349–359). Hyperius zeigt sich in dem Epigramm als stolzer Schüler des heimatlichen und weltbekannten Humanismus. Die beiden zuletzt genannten Namen lassen vermuten, daß er die freundschaftliche katholisch-theologische und die philologische Kritik an Erasmus kannte (vgl. Huizinga, Erasmus, S. 113, 159, 205, 207).

2.1 F. ANDREAE
GERARDI HYPERII DOMI
NICANI COSMOGRA =
PHIA AD. M. HEN =
RICUM BAL =
DUM
PHYSICUM.

(Schmuckleiste mit zwei, einen in der Mitte befindlichen Kopf flankierenden G)

Opus nunc recens natum, atque aeditum.

Haganoe, apud Ioannem Stromerium, M.D.XXXII (1532). Mense Junio.

Auf der Umseite des Titelblattes: „Isidorus Slartius Lectori Candido S." mit folgendem Gedicht:

Heus lector, placido improbum laborem
Conde et claude sinu Andreae Gerardi.
Nam scripsit iuvenis sequutus illum
Qui facto celebri patrem indicavit
Infans esse Jovem. Gerardus olim
Se Phoebo gentium arguet potenti
Magno nomine (ut Hercules) furentes.
Deterrens animos, canes latrantes.

Mit Wiederholung des Titels (nur: Hiperii) folgt auf Bl. A II bis C IIII der Text von insgesamt 25 Seiten. Der Schlußgruß ist datiert: „Hyperis ex nostris edibus sexto nonas Martij M.D.XXXI."

Die Umseite des letzten Blattes bringt das Excudebat wie auf der Titelseite. – In -4°.

Vorhanden: Gnt, Par.

2/Inh. Über Inhalt und Probleme der Cosmographia ist in den Histor.-theol. Erläuterungen, Kap. III Ziff. 12, S. 59–63 berichtet.

3/1 Drei Epitaphia auf den Tod des Desiderius Erasmus von Rotterdam „per .F. Andream Hyperium" erschienen in:
CATALOGI DUO OPERUM D. ERASMI ROTERODAMI AB IP-
so conscripti, et digesti. Cum praefatione D. Bonifacij Amerbachij Iurecons. ... ACCESSIT Vita Erasmi per Beatum Rhe. ad Episco. Colon. Monodia Frederici Nauseae ... Vita Erasmi exipsius epistola ad Ser. patrem. Praeterea, ne quid desideres, Epitaphiorum libellus cum clariss. virorum aliquot epistolis: cumque Monodijs, Encomijs, consolationibus, Elegijs, multisque doctissi. virorum Epitaphijs, nunquam impressa.

Antverpiae apud vidvam Martini Caesaris, Expensis Ioannis Coccij, circiter Calē. Maias, Anno M.D.XXXVII. (1537). In Kl.-8⁰.

In dem unpaginierten Buch finden sich die Epitaphia von Hyperius auf den Seiten P. 4.v–P. 5.r (=zehnt- u. neuntletzte S.).

3.2 Abdruck von 3.1 in der zweiten Auflage derselben Sammlung:
Antverpiae apud vidvam Martini Caesaris, expensis Ioannis Coccij, circiter Calē. Augu. Anno M.D.XXXVII. (1537). In Kl.-8⁰.

3.3 EPITAPHIUM ERASMI PER F. ANDREAM HYPERIUM und Aliud eiusdem sind ein Nachdruck der Epitaphe 1 und 3 aus 3.1, in: MAGNI DES. ERASMI ROTERODAMI VITA;

Partim ab ipsomet Erasmo, partim ab amicis aequalibus fideliter descripta. Accedunt EPISTOLAE ILLUSTRES plus quam septuaginta, quas aetate provectiore scripsit, nec inter vulgatas in magno volumine comparent.

P. SCRIVERII, & Fautorum auspiciis.

Lugduni Batavorum. Ex Officina Godefridi Basson 1615. In Kl.-8⁰.

Die beiden Epitaphe von Hyperius stehen auf der vorletzten (21.) Seite der unpaginierten Einleitung; in der Überschrift ist der Name „F. ANDREAM HYPERIUM" in auffallend großen Lettern gesetzt.

3.4 Nachdruck der beiden Epitaphe aus 3.3, in: MAGNI DES. ERASMI Roterodami VITA ... (wie 3.3)

Lugduni Batavorum, Ex Officina Ioannis Maire, 1642. In Kl.-8⁰.

Die zwei Epitaphe von Hyperius auf der viert- u. drittletzten (30.–31.) Seite der unpaginierten Einleitung.

3.5 Abdruck der drei Epitaphe von Hyperius, in: Desiderii Erasmi Roterodami Opera omnia, recognoc. Joannes Clericus, Leiden 1703, Nachdruck Hildesheim 1961, Tom. I, im „Epitaphorum ac tumulorum libellus" am Schluß der Einleitung auf p. *** *** ** 2b.

3/Inh. Die beiden Antwerpener Ausgaben der „Catalogi duo" (3.1 und 3.2) sind ein Nachdruck der unter demselben Titel bei J. Froben und N. Episcopius in Basel im Februar oder April 1537 erschienenen Sammlung, die jedoch den Basler „Libellus Epitaphiorum ac Tumulorum" durch zahlreiche Gedichte niederländischer Humanisten, besonders aus Löwen, erweiterte. Dazu vgl. H. de Vocht, History III (1954), Kap. XVIII/5 „Epitaphs by Admirers", S. 431–453, wo es zum letzten Teil der Löwener Gedichtsammlung heißt: „A last section comprises contributions from various quarters: an elegia on the ‚felici in Christo obitu' of Erasmus by Godefredus Rhodus Stegrius, three distichs to the three Fates, by Ludouicus (= Andrew) Masius, three epitaphs by Andrew Hyperius, and two poems by George Cassander; on a page by itself, Erasmus' effigies is printed with a twolined carmen by Cranvelt, and the list closes with two longer anonymous poems" (S. 451 f.). – Über den Leidener Humanisten Petrus Scriverius (1576–1660), der ein Gesinnungsfreund von Jakob Arminius und den Remonstranten war, vgl. NBG 43, 593 f.; über seine Hugo Grotius gewidmete Edition (3.3) vgl.: ADB 33, 492; A. Flitner, Erasmus im Urteil seiner Nachwelt, S. 94–105; de Vocht, History II, 307; Erasmus en zijn tijd, 1969, Nr. 555. – Zur biographischen und theologischen Bedeutung der drei Epitaphe s. o. Histor.-theol. Erläuterungen: Kap. III Ziff. 18, S. 68–71.

4.1 De honorandis Magistratibus Commentarius, in quo Psalmus XX. Exaudiat te Dominus ect. enarratur, Autore Andrea Hyperio.

Eiusdem in Psalmum XII. Salvum me fac Domine ect., in quo oratur, ut Dominus extirpatis omnibus erroribus, synceram doctrinam ubique promoveat, Paraphrasis.

Marpurgi. (Auf dem Titelblatt der Auslegung von Psalm 12: Marpurgi excusum in officina Christiani Egenolphi. Mense Ianuario, Anno 1542). In -8⁰.

Der Band enthält: Epistola nuncupatoria von Andreas Hyperius an Ioannes Fallvelus Sperlecanus, datiert: Cal. Octob. Anno 1541 (5 S.); Index (10 S.); De Honor. Magistrat. auf Bl. 1–143. – Dann folgt die Epistola nuncupatoria von Andreas Hyperius an Ioannes

Ferrarius Montanus, den Juristen und ersten Rektor wie Kanzler der Marburger Universität Joh. Eisermann († 1559), datiert: Mense Novembri Anno 1541 (4 S.), und die Paraphrasis zu Psalm 12 auf Bl. 1–44. – Das auf dem ersten Titelblatt fehlende Erscheinungsjahr wird bisweilen nach der ep. nunc. auf 1541 datiert.

Vorhanden: Hal 2, Lüb, Mbg 1, Mch 1, Nür 1, Stg, Zür.

4.2 Schon im 18. Jh. hat das doppelte Titelblatt, die ungenügende Datierung und die Seltenheit von 3.1 offenbar Verwirrungen gestiftet: Paquot 493 notiert außer 3.1 eine „Paraphrasis in Psalmum XXII" ohne Erscheinungsjahr, die nie wieder auftauchte; Strieder 307 und 311 nennt nur zwei Einzelausgaben: Paraphrasis in Ps. XII., Marp. 1542, und einen Commentar in Ps. XX. De honorandis magistratibus, Marp. 1578, der jedenfalls heute nicht mehr nachzuweisen ist. Die Auslegung von Ps. XXII und die Ausgabe des Comment. in Ps. XX von 1578 erwähnt schon Martin Lipenius, Bibliotheca Theolog., Frankfurt 1685, Bd. II, p. 591 b u. 592 b. Singulär verzeichnet die Bibliothek Nür 1 außer einem Exemplar des Kommentars zu Ps. XX von 1542 auch noch eine Ausgabe Marburg 1562, vermutlich durch Schreibfehler entstanden.

4/Inh. Conr. Gesner, Bibliotheca Universalis, Zürich 1545, p. 39 b. – H. B. Wagnitz, Homiletische Abhandlungen und Kritiken, Sammlung I, Halle 1783, S. 163. – Frielinghaus 174.

5.1 In D. Pauli ad Romanos epistolam Exegema, in qua partium dispositio clarissimo ostenditur, Authore Andrea Hyperio.

Marpurgi excusum, 1549 (Schlußseite: Marpurgi Andreas Colibius excudebat, impensis honesti viri Petri Brubachij Typographi Francofortani, Anno a Christo nato, 1549). In -8°.

Auf Blatt 2–4: Epistola von Andreas Hyperius „Lectori Candido S.", datiert: Marpurgi Calendis Maij, Anno 1548; auf Blatt 5–130 der Kommentar.

Vorhanden: Hal 2, Hrb, Kas, Mbg 1, Nbg, Stg, Zür.

5.2 Dasselbe: Excudebat Thomas Vautrollerius, Londini 1577. In -8°. Über angeblich weitere Ausgaben in England siehe unten Nr. 25/Inh.

Vorhanden: Lon.

5/Inh. Auf die englische Ausgabe verwies Löscher in: Fortgesetzte Sammlung von Alten und Neuen Theologischen Sachen, Leipzig 1751, S. 516. – Frielinghaus 81 f.

6.1 Annotationes in X. libr. Ethicorum Aristotelis, Marpurgi 1553. In -8⁰.
Diese bei Strieder 312, Rommel 472 und Mangold Dt. Zs. 238 erwähnte Ausgabe fand sich in keiner der befragten Bibliotheken.

6.2 In Aristotelis Ethica Nicomachia annotationes haud inutiles Andreae Hyperio Authore.
Accessit rerum ac verborum praecipue memorabilium Index. Basileae, ex officina Oporiniana, 1586. In -8⁰.
Johannes Mylius Vetteranus Ad Lectorem, ohne Datum: S. 3–13; Text: S. 14–555; Index auf 10 unbezifferten S. Schlußseite: Basileae, ex officina Oporiniana, per Hieronymum Gemusaeum et Balthasarum Han, Anno Salutis humanae M.D.LXXXVI. mense Februario.
Vorhanden: Brn, Hal 1, Mch 1, Par, US/CtY.

6.3 Decem librorum ethicorum ad Nicomach. Aristotelis explicatio succincta, perspicua & erudita.
Per Andream Hyperium quondam in Academia Cattorum Philosophiae primum, deinde vero Theologiae Doctorem eximium.
Die Ausgabe umfaßt S. 339–598 in:
Meditationes Ethicae sive Aristotelis Ethicorum Nikomacheion perspicua ac perquam erudita, cum moribus sacris, id est, in sacra pagina descriptis, collata explicatio.
Per D. Petrum Martyrem Vermilium Florent. in Tigurinorum et D. Andream Hyperium Fland. in Cattorum, Scholis quondam Theologos clarissimos. Cum notis et lemmatibus logicis Rodolphi Goclenii in Academia Marpurg. Profess. Philosoph. Clariss. . . .
Lichae ad Veterim (Lich an der Wetter, bei Gießen), in Comit. Solmensi Typis Nicolai Erbenii. Anno a Christo nato. 1598. In -4⁰.
Vorhanden: Aug, Bln 2, Dtm, Lüb, Ulm, Utr.

6.4 Dasselbe: Lichae, 1600, in -4⁰, wird nur von Paquot 493 Nr. 10 und von Rommel 472 erwähnt.

7.1 De formandis concionibus sacris, seu de interpretatione scripturarum populari libri II,
Marpurgi: Andreas Colibius, Anno 1553. In -8⁰.
Die Erstausgabe der Homiletik des Hyperius umfaßt 1 Blatt Vorwort und 135 beidseitig bedruckte Blätter Text.
Vorhanden: Amd 1, Brü, Hnv 2, Hrb, Jen, Mch 1, Stg, US/ICU, Zür.

7.2   De formandis concionibus sacris, seu de interpretatione scripturarum populari libri II,
Authore Andrea Hyperio.
Appositae praeterea sunt nunc primum conciones divinorum Vatum & Apostolorum ex interpretatione Sebastiani Castalionis, quibus singula genera illustrantur.
Tremoniae (Dortmund): Albertus Sartorius, Anno 1555. In -8⁰.
Die Vorrede von Hyperius an den Leser auf Bl. 2a–3a ist datiert: Marpurgi X. Calen. Octob. 1552. Die Homiletik steht auf Bl. 3b–95b. Bl. 97 bringt den Titel der Beigabe und Bl. 98a–116a die Beispiele für die genera concionum aufgrund folgender Texte: Act 13, Dtn 9–10, Jer, Act 2, Dtn 2, Jer 44, Act 20, Hebr 2, Jes 42–44, Jes 28, Jes 58, Am 4, Jes 40. Die Seitenüberschrift lautet „Conciones Biblicae".
Vorhanden: Hal 2, Hnv 1, Köln.

7.3   De formandis Concionibus sacris, seu de interpretatione Scripturarum populari, Libri II.
Andrea Hyperio authore.
Marpurgi: Andreas Colibius, Anno 1562. In -8⁰.
Epistola nuncupatoria: Nobili, amplissimis viris prudentia & virtute praestantibus, D. Burgrauio (Joh. Brendel von Homburg), Consulibus, Senatoribus Reip. Fridbergensis, datiert: IIII. Nonarum Septembrium 1562 (14 S.). Die gegenüber 7.1 erheblich erweiterte und inhaltlich veränderte Homiletik auf den beidseitig bedruckten Bl. 1–283a. Auf S. 283b sind Errata vermerkt, auf der Schlußseite: Marpurgi ex officina Andreae Colibii, Anno salutis humanae 1562, Mense Septembri.
Vorhanden: Aug, Bas, Brn, Bon, Brü, Grd, Hal 3, Kmp, Kas, Mbg 1, Mch 1, Stg, Tüb 1.

7.4   Nachdruck von 7.3 mit zusätzlichem Index.
Basileae, Per Thomam Guarinum, 1563. In -8⁰.
Epist. nunc. wie 7.3 (20 S.), die Homiletik auf S. 1–423, Indices (48 S.).
Vorhanden: Bas, Hrb, Mbg 1, Mst, Rtl, Spe, Stg, Str 1, Ueb, US/PPLT, Zür.

7.5   Nachdruck von 7.1.
Basileae, ex officina Oporiniana, 1573. In -8⁰.
Praefatio von 1552 auf S. 3–6, Erstfassung der Homiletik auf S. 7–201, dazu Epigramme auf Hyperius auf S. 202–204. Schlußseite:

Basileae, ex officina Oporiniana, Anno Salutis humanae 1573, Mense Februario.
> Vorhanden: Amd 2, Brn, Par, Rst, Tüb 1, US/MnU.

7.6 Nachdruck von 7.5.
Basileae: Officina Oporiniana, 1579. In -8°.
> Vorhanden: Bln 2, Erl, Göt, Hal 2, Hnv 1, Jen, Lon, Nür 1, Stg, Utr, Ven.

7.7 Nachdruck von 7.3 bzw. 7.4.
Adiectis animadversionibus et Orthii Orat. de vita ac obitu Hyperii Edidit Henricus Balthasar Wagnitz V. D. M. Halensis.
Halae, Impensis Orphanotrophei, 1781. In -8°.
Praefatio des Herausgebers S. III-VIII, datiert: Hal. II. Octobr. 1781. Epist. nuncupatoria des Hyperius von 1562 auf S. IX–XXIV. Text der Zweitfassung der Homiletik S. 1–434. Gedenkrede Wigand Orths über Hyperius vom 27. Febr. 1564, S. 435–464. Index Auctorum (I) und Rerum (II) auf 15 angehängten S.
> Vorhanden: Brn, Erl, Göt, Grd, Hal 1/2/3, Hfg, Kiel, Lpz, Mbg 1, Mst, Rst, US/NjNbS/PPWe, Zür.

7.8/Ü Enseignement à bien former les sainxtes prédications et sermons des églises du Seigneur: contenant vray methode d'interpreter et appliquer populairement les sainctes Escritures par lieux communs, artifices et observations necessaires ... traduit en Francois ...
Génève: Jean Crespin, 1563. In -8°.
> Vorhanden: Brn, Stg, Str 1.

7.9/Ü The Practis of preaching, otherwise called the Pathway to the Pulpit ... first written in Latin by ... Andreas Hyperius; and now lately ... Englished by J. Ludham ... Hereunto is added an oration as concerning the lyfe and death of the same Hyperius, (penned and pronounced in ... Marpurge by W. Orthius and done into English by J. Ludham), etc. 2 pt.
London: Thomas East, 1577. In -8°.
Der Band enthält 181 numerierte Blätter und 18 nicht numerierte.
> Vorhanden: Amd 1, Lon, US/CSmH/DFo/IU/MH/NN/NNUT-Mc/OrU.

7.10/Ü Die Homiletik und die Katechetik des Andreas Hyperius, verdeutscht und mit Einleitungen versehen von Ernst Christian Achelis und Eugen Sachsse.
Berlin 1901. IV, 214 S.
Achelis hat die Erstfassung der Homiletik (7.1) übersetzt.

7.11/Ü Graham Allan David Scott, La première Homilétique Protestante: Le ‚De formandis concionibus sacris seu de interpretatione scripturarum populari libri II', 1553 et 1562, d'André Gérard Hyperius (1511–1564), introduction, traduction, et notes. Thèse présentée à la Faculté de Théologie Protestante de l'Université de Strasbourg II, en vue de l'obtention du diplôme de Docteur ès sciences religieuses. Juin 1971. (Untertitel der englisch geschriebenen Dissertation: Preaching biblically and persuasively: A Study and Translation of the first protestant Homiletics, the ‚De formandis concionibus sacris seu de interpretatione scripturarum populari libri duo', 1553 and 1562, of Andrew Gerardus Hyperius (1511–1564).

Die bisher nur masch.schriftlich vorliegende Dissertation bringt die Übersetzung der für nur „formal neu" gehaltenen, ausführlicheren und umgearbeiteten Ausgabe von 1562 (HypBibl. Nr. 7.3) ins Englische auf den Seiten IV-XV u. 1–350, in den folgenden Kapiteln zahlreiche wertvolle Bezugnahmen von Hyperius auf antike, mittelalterliche, humanistische und reformatorische Rhetorik und Homiletik, Register aller von Hyperius angeführten Bibelstellen und patristischen Autoren, sowie einen Nachweis der Zitate und Anspielungen in der epistola nuncupatoria. Auf die Dortmunder Ausgabe (HypBibl. Nr. 7.2) geht Scott nicht ein. Der Titel der Schrift von Hyperius ist durchgehend falsch geschrieben („scriptuarum"), die Bibliographie ihrer Ausgaben gelegentlich auch.

7/Inh. Zur Selbstkritik des Hyperius u. zu den Basler Nachdrukken: HypBr. Nr. 48, 53, 61. Die 7.2 zitierte Bibelübersetzung Seb. Castellios lobte Hyperius in „De Theologo" (1559, p. 82, s. HypBibl. Nr. 8.2), was Pernas Ausgabe des Bibelwerks von Castellio 1573 abdruckte und später oft wiederholt wurde (H. R. Guggisberg, S. Castellio i. Urteil s. Nachwelt, 1956). – Literatur über die Homiletik in Auswahl: F. Theremin, Die Beredsamkeit eine Tugend oder Grundlinien e. systemat. Rhetorik (1814), ²1837. – Rommel 471. – W. Mangold, Dt. Zs. 1854, 253 f. – A. Krauß, Lbch. d. Homiletik, 1883, s. Reg. – P. Biesterveld, Andr. Hyperius, voornamelik als Homilet, 1895. – M. Schian, Die Homiletik d. Andr. Hyperius, ihre wissenschaftl. Bdtg. u. ihr prakt. Wert: Zs. f. prakt. Theol. 18/19, 1896/97. – E. Chr. Achelis, Einleitung zu 7.10/Ü (1901) u. RE³ 8, 505. – P. Kawerau, Die Homiletik d. Andr. Hyperius: ZKG LXXI. Bd., 1960, 66–81. – W. Uhsadel, Die gottesdienstl. Predigt, 1963,

182–190. – D. Frielinghaus 148–155. – G. Krause: ThR 34, 1969, 327–334 (Irrtümer d. bibliogr. Angaben S. 327 Anm. 1 sind hier in HypBibl. Nr. 7 korrigiert). – G. A. D. Scott, La première Homilétique Protestante (HypBibl. Nr. 7.11/Ü). Diss. theol. Strasbourg 1971, versucht zu zeigen, daß die Theorie von den fünf biblischen Predigtgenera in der ersten (1553) und zweiten Fassung (1562) der Homiletik dieselbe sei.

8.1 De recte formando Theologiae studio, libri IIII,
Andrea Hyperio autore.

Cum gemino rerum & verborum, locorumque Scripturae obiter explicatorum, Indice.

Basileae, Per Ioannem Oporinum (Schlußseite: 1556, Mense Martio). Epistola nuncupatoria „Reverendo in Christo Patri ac Domino, D. Petro Lotichio Abbati Solitariensi longe dignissimo", datiert: Mense Martio, 1556 (10 S. – Über Lotichius: Rommel 470). Praefatio (14 S.), De ratione studii Theologici (so die Seitenüberschriften) auf S. 11–717, Indices (74 S.). In -8°.

    Vorhanden: Amd 1, Aug, Bas, Brü, Dil, Dst, Eit, Hal 2 u. 3, Hnv 1, Hrb, Mbg 1, Nbg, Old, Stg, Str 1, Tüb 2, US/MnU, Wolf, Zür, Zwb.

8.2 Nur im Titel veränderte Neuausgabe von 8.1:
De Theologo, seu de ratione studii Theologici libri IIII,
Andrea Hyperio autore.

Basileae, per Ioannem Oporinum (Schlußseite: Anno Salutis humanae 1559. Mense Augusto). In -8°.

Epistola nuncupatoria wie 1556 (S. 3–12), Praefatio (S. 13–23) teilweise neu formuliert und mit der 1556 den Text der Schrift eröffnenden 2. Praefatio verbunden: De ratione studii Theol. (S. 24–756); zwei Indices (82 S.).

    Vorhanden: Amb, Aug, Bas, Dil, Eit, Erl, Frb, Hal 1, Jen, Ldn, Lon, Mbg 2, Mch 1, Par, Soe, Stg, Str 2, Ueb, US/ICN/MoSCS, Zei.

8.3 Nachdruck von 8.2:
Excusum Argentinae apud Paulum Machaeropoeum, sumptibus Ioannis Oporini (Schlußseite: Anno 1562). In -8°.

Epistola nuncupatoria (S. 3–10), Praefatio (S. 11–23), De ratione studii Theol. (S. 24–756), Indices (87 S.).

    Vorhanden: Brn, Bon, Brü, Emd, Göt, Hal 3, Mbg 2, Mstf, Par, US/MdE.

8.4 Nachdruck von 8.2:
Basileae, ex officina Oporiniana (Schlußseite: Anno Salutis humanae 1572. Mense Martio). In -8°.

Seitenzahlen wie 8.2, aber Indices auf 86 S.
Vorhanden: Amd 1, Bas, Bon, Bsg, Brü, Grd, Hdl, Hrb, Jen, Lpz, Lon, Mgb 1, Nür 1, Rgb, Rst, Stg, Str 1, Ulm, US/MB/ICU/DFo/NNUT/PPLT, Ven.

8.5   Nachdruck von 8.4.:
Basileae, ex officina Oporiniana (Schlußseite: 1582). In -8⁰.
Vorhanden: Amb, Apd, Brü, Dst, Erl, Frb, Göt, Kiel, Str 2, Tüb 1, Zür.

8.6   Paquot 493 erwähnt zwei Ausgaben (Tiguri: Christ. Froschoverus, 1572 und 1582) Strieder 308 und Rommel 470 eine Ausgabe (Antverpen 1587), die aber von keiner der befragten Bibliotheken als vorhanden gemeldet wurden.

8/Inh.   Zur Selbstkritik des Hyperius und zur Epistola nuncupatoria vgl. HypBr. Nr. 16 u. 22. – Schröckh 265: „Sein bestes Buch, und überhaupt eines der vortrefflichsten, das über diese Materie geschrieben worden. Aus demselben kann man sehen, wie viel Gelehrsamkeit ein Theologus besitzen müsse; man wird darin nicht bloß das Verzeichnis der Teile dieser Gelehrsamkeit, sondern zugleich eine sehr praktische und einsichtsvolle Anweisung zur Erlernung derselben, insonderheit der exegetischen und dogmatischen Theologie, finden." – Paquot 493: „C'est ce qu'on estime le plus des Ouvrages d'Hyperius. Il y traite de l'étude des Pères, des Conciles, & du Décret de Gratien; il affecte de se taire sur les Controverses, & ne fait pas la moindre mention de Zuingle ni de Luther." – Rommel 470 f. – A. P. L. Pelt, Theol. Enzyklopädie als System, Hamburg u. Gotha 1843, Einleitg. – Mangold, Dt. Zs. 243. – O. Zöckler, Hdb. d. theol. Wiss., I (1885²), 96 f. – G. Heinrici: RE³ 5, 355. – E. Chr. Achelis: RE³ 8, 504 f. – W. Caspari: RE³ 19, 648 f. – H. E. Weber, Reformation, Orthodoxie und Rationalismus, I/2 (1940), Nachdr. Darmstadt 1966, 295 f. u. ö. (s. Register). – D. Frielinghaus 144–148. – G. Krause, ThR 34, 1969, 268. 285 f, 292 f., 304–314. – R. Preus, The Theology of Post-Reformation Lutheranism, St. Louis/London 1970, S. 82–88 (Inhaltsangabe und Würdigung). – Die meisten Biographien behandeln entschuldigend oder verurteilend die nur in kontroverstheologischen Fragen veränderte Plagiatausgabe des spanischen Augustiners Laurentius à Villavicentio (Köln 1575), der 1558 in Loewen zum Doctor der Theologie promoviert war, sich lange Zeit in Brügge als „agent de Philipp II." und Gehilfe der Inquisition aufhielt, und seit seiner Rückkehr nach Spanien Berater des Königs war (H. de Vocht, History II, 510; III, 293; IV, 153; L.-E. Halkin, La Réforme 86. – F. H. Reusch, Der Index d. verbotenen Bücher, Nachdr. 1967, I, S. 574).

9.1 De Methodo in conscribenda historia Ecclesiastica Consilium. Herausgegeben nach einer in Wolfenbüttel befindlichen Abschrift, datiert „in Julio 1556", von Wilhelm Julius Mangold in: Indices Lectionum et publicarum et privatarum, quae in Academia Marburgensi per Semestre aestivum ... habendae proponuntur, Marburgi: Typis Academicis Elwerti, MDCCCLXVI (1866), S. 7–19.

Vorhanden: Amd 2, Gnt, Grd, Jen, Lpz, Lon, Mbg 1, Mch 1, Nau, Nür 1, Str 1, Tüb 1, US/MH, Wlf.

9/Inh. Hyperius erwähnt in seinem Brief an Caspar von Niedbruck vom 10. Septbr. 1555 (= HypBr. Nr. 13), daß sein Gutachten an Matth. Flacius Illyricus abgesandt sei. Zugleich sendet er Niedbruck ein Autograph des Gutachtens, das im Vergleich mit dem an Flacius gesandten Exemplar geringfügige stilistische Änderungen und eine andere Zählung der Abschnitte aufweist; es entbehrt dazu, wie der Brief vermerkt, auch einige spätere Zusätze. Das Autograph befindet sich in der Österreichischen Nationalbibliothek zu Wien. – Eine Rezension der Mangoldschen Ausgabe schrieb Christian Palmer im Jahrbuch für deutsche Theologie 12, Gotha 1867, S. 156. – Achelis 504. – Kantzenbach 58. – G. Krause: ThR 34, 1969, S. 269, 287 f., 291. – Über das Verhältnis zu Flacius vgl. auch O. Fatio.

10.1 Judicium d. Andreae Hyperii

De Parocho quodam, qui in Administratione Coenae Dominicae priori loco sacrum calicem, postea sacrum panem porrexerat; num is hac in parte grave commiserit peccatum, an vero sive poenitentia publice acta excusari possit?

Marpurgi 10. Calend. Martij Anno 1557.

Abgedruckt in: Georgius Dedekennus, Thesauri Consiliorum et decisionum, Vol. I, Pars II, Lib. III, Sectio III, Nr. XI, Hamburg 1623, S. 256–258.

10.2 Abdruck von 10.1 mit Übersetzung und Kommentar von Gerhard Krause im Jahrbuch der Hessischen kirchengeschichtlichen Vereinigung, 23. Band, 1972, S. 33–41.

10/Inh. Siehe 10.2

11.1 De sacrae Scripturae lectione ac meditatione Quotidiana, omnibus omnium ordinum hominibus Christianis perquam necessaria, Libri II. Andrea Hyperio autore.
Basileae, per Ioannem Oporinum (Schlußseite: Anno Salutis humanae 1561. Mense Augusto). In -8⁰.
Epistola dedicatoria: Illustrissimo principi Ludovico Duci Bauariae, Comiti Palatino Rheni, etc. Clementissimo Domino, Andreas Hyperius S., datiert: Idibus Martij 1561 (S. 3–23). Text der beiden Bücher (S. 25–261). Indices (37 S.).

Vorhanden: Dst, Erl, Frb, Hal 1, Hrb, Ldn, Mbg 1, Mch 1, Nbg, Nür 1, Stg, Tüb 1, Ueb.

11.2 Paquot erwähnt S. 493 Nr. 20 eine Ausgabe: Marpurgi 1561 bei Andreas Colbius.

11.3 Nachdruck von 11.1: Basileae, Per Ioannem Oporinum (Schlußseite: 1563 Mense Augusto). In -8⁰
Der Text der beiden Bücher hier auf S. 25–266.

Vorhanden: Aug, Bas, Cob, Emd, Göt, Lon, Lüb, US/PPLT, Zür.

11.4 Nachdruck von 11.3: Basileae, ex officina Oporiniana (Schlußseite: Anno Salutis humanae 1569, Mense Martio). In -8⁰.

Vorhanden: Amd 1 u. 2, Aug, Bln 2, Bsg, Brü, Hrb, Hfg, Jen, Par, Rgb, US/ICN/NNUT/TxDaM, Zür.

11.5 2. Nachdruck von 11.3: Basileae, ex officina Oporiniana (Schlußseite: Anno Salutis humanae 1581, Mense Martio). In -8⁰

Vorhanden: Erl, Frb, Hal 1 u. 2, Mbg 1, Mch 1, Nür 1, Pas.

11.6/Ü Ein trewer und Christlicher Rath, Wie man die Heil. Schrifft teglich lesen und betrachten soll, allen Stenden der Christenmenschen sehr notwendig, Zwey Bücher. Erstlich in Latein beschrieben, von dem Hochgelehrten und Ehrwirdigen Herrn Andrea Hyperio, der heiligen Schrift Doctor zu Marpurgk, etc., Unnd yetzundt verdeutscht von Georgio Nigrino. Mülhausen im oberen Elsaß: Peter Schmid, 1562. In -4⁰. 143 Bl.

Vorhanden: Bln, Mch 1 u. 4, Nbg, Rgb, Rst, Str 1, Zür.

11.7/Ü The Course of Christianitie: or, As touching the dayly Reading and Meditation of the holy Scriptures ... Two Bookes. Translated out of Latine ... by Iohn Ludham.
London: Henry Bynneman, 1579. In -4⁰. 228 pp.

Vorhanden: Lon, US/DFo.

11.8/Ü Vermaninghe tot een daghelicxsche ... Ondersouckinghe der Heyligher Schrift, Midts-gaders een aenwijsinghe hoe-men den ghantschen Bybel ... alle Iaren eens door-lesen can ... Nu niens int corte te samen ghetoghen enn verduytschet door J. Gerobulum. Middelburg, 1581. In -8⁰.
    Vorhanden: Lon.

11.9/Ü Kalendier der Bybelen, Inhoudende Een aenwysinge hoe-men den gantschen Bybel sonder verlet/ende met grooter nuttigheyt alle Jaren eens doorlesen kan/in forme van kalendier van daghe tot daghe voor-geschreven. Eerst wijt-loopigh in't Latijn ghestelt door den Hoogh-gheleerden ende Godtsalighen Andream Hyperium, ende nu nieuws in't korte te samen getogen ende verduytschet, door Joannem Gerobulum, Dienaer des Heylighen Euangelij tot Vlissingen/in Zeelant.
T'Amsterdam: Marten Jansz Brant, o. J. (um 1628–1637?). In -8⁰. Der Band enthält nur 1 S. Einleitung und 12 S. Bibellesekalender.
    Vorhanden: Amd 1 u. 2, Erl.

11.10/Ü Ein treuer und christlicher Raht, wie man die heilige Schrift täglich lesen und betrachten solle ... in zwei Büchern abgefasset. Erstlich in Latein beschrieben von Andreas Hyperius, verdeutscht von G. Nigrino, jetzund ... verbessert und mit einer Vorrede vermehret von El. Veiel. Ulm: Kuehn, 1672. In -8⁰. – Über Veiel: ADB 39, 531 f.
    Vorhanden: Erl, Stg, Ulm.

11/Inh. Ernst Ranke, Der Fortbestand des herkömmlichen Pericopenkreises von geschichtlichem und praktisch-theologischem Standpunkt aus beleuchtet, Gotha 1859, S. 67: „Würde für die liturgische Schriftlesung eine ähnlich bestimmte Ordnung aufgestellt worden sein, wie die, welche Hyperius in seinem Calendarium sacrae scripturae, dem wenig gekannten Vorläufer aller Bibelkalender und Lesetafeln unserer Tage für die häusliche vorgeschlagen hat, so würde sie sich ohne Zweifel besser als der Fall gewesen auf die Folgezeit vererbt haben." Hyperius muß sich mit Fragen der gottesdienstlichen Schriftlesungen schon früh befaßt haben, denn zum Thema der von Orth (s. o. S. 26) als unvollendet erwähnten Schrift „Observationes locorum in eas Evangelicorum particulas, quae singulis Dominicis recitari in ecclesiis consueverunt" enthält die im Zofinger Stadtarchiv befindliche Handschrift (Pa 50/Nr. 3) eine von Benedict Aretius gefertigte Vorlesungsnachschrift vom Juli 1547 (Frielinghaus 149 Anm. 82). – Zur Druckanordnung des Kalenders und zu 11.3 vgl. HypBr. Nr. 42, 46, 61. – Rommel 471. – Mangold Dt.Zs. 254 f. – Müller 69–83 (Inhaltsangabe und auszugsweise Übersetzung). – Achelis 503 f. – W. Caspari, Elementa 17 f. – Frielinghaus 141 f. – G. Krause, ThR 34, 1969, 267 u. 294 f.

12.1 Pastoralschreiben an die Gemeinde zu Wesel. Gutachten zum luther. Weseler Bekenntnis von 1561. Datiert: Marpurgi 23. Decembr. 1562. Erschienen in: Sammlung von Alten und Neuen Theologischen Sachen auf das Jahr 1738, Anhang S. 710–716 (vgl. BDG V, 50953a).

12.2/Ü J. D. von Steinen, Kurtze und generale Beschreibung der Reformationshistorie des Herzogtums Cleve, Lippstadt 1727, S. 224–250.

12.3/Ü Werner Teschenmacher, Annales ecclesiatici reformationis ecclesiarum Cliviae (1563), Düsseldorf 1962 (Schr. d. V. f. Rhein. KG 12), S. 199–210.

12/Inh. Das Manuskript einer anderen Übersetzung befindet sich im Archiv der ev. Gemeinde zu Wesel. – A. Wolters, Reformationsgeschichte der Stadt Wesel, Bonn 1868, S. 240 f. – J. F. G. Goeters, Zum Weseler Abendmahlsstreit von 1561–1564. Fünf Briefe d. Weseler Predigers Nik. Rollius an den Antistes d. Zürcher Kirche H. Bullinger, in: Monatsschr. f. Rhein. Kirchengesch. N. F. 2, 1953, 85–90, 117–127, 135–145. – Weseler Konvent 1568-1968. Eine Jubiläumsschrift, Düsseldorf 1968, S. 9–11, 28–49. – G. Krause, ThR 34, 1969, S. 267 u. 302–304.

13.1 Elementa Christianae religionis, Andrea Hyperio auctore. Hebr. 6. Fundamentum jacientes poenitentiae ab operibus mortuis, fidei in Deum, baptismatum, doctrinae ac manuum impositionis, et resurrectionis mortuorum et judicii aeterni.
Psalm 111. Proverb. 1. Timor Domini initium est scientiae. Marpurgi Andr. Colbius excudebat, MDLXIII (1563). In -8°. 6 Bl. Hyperius' Widmung an „ornatissimis viris praeceptoribus et paedagogis" ist datiert: Calendis Februarii 1563.
Vorhanden: Aug, Brü, Nür 1, Stg, Tüb 1, US/CtY/NNUT/PPLT/Utr, Wzb, Zür.

13.2   Dasselbe: Basileae, Per Thomam Guarinum. 1563. In -8⁰.

Epistola nuncupatoria (S. 3–29), fünf biblische Grundtexte: Markus 10, Hebräer, 6, Matthäus 21,2. Timotheus 3, Galater 6 (S. 30–31), Elementa (S. 33–101), Errata (S. 102).
   Vorhanden: Bas, Hal 1 u. 2, Lpz, Lon, Mbg 1, Zür.

13.3   Dasselbe: Marburg, Andr. Colbius, 1565.
   Vorhanden: Hrb.

13.4   Neuausgabe von 13.1 mit einer Abhandlung „über die Bestrebungen des A. Hyperius auf dem Gebiete der praktischen Theologie" von D. Walter Caspari, Erlangen und Leipzig 1901. Der lateinische Originaltext der Elementa auf S. 23–76.

13.5   Abdruck von 13.1 in: Joh. Michael Reu, Quellen zur Geschichte des kirchlichen Unterrichts in der evangelischen Kirche Deutschlands zwischen 1530 und 1600, Teil 1, Band 2, 2. Abteilung, Gütersloh 1911, S. 1046–1077.

13.6/Ü Les fondements de la religion christienne.
   Lyon 1566. In -8⁰.

13/Inh. Zum Nachdruck bei Oporin in Basel vgl. HypBr. Nr. 61. – Rommel 471. – W. Caspari, s. o. 13.4. – M. Reu, s. o. 13.5, Teil 1, Bd. 2, 1. Abt. S. 419–424. – G. Krause: ThR 34, 1969, S. 335, 337–340. – Die Ausgabe 13.4 rezensierte F. Cohrs in ThLZ 27, 1902, 247–250.

14.1   M. Lipenius, Bibl. Theol., 1685, II., p. 869b, Strieder 309, Rommel 471 und Mangold Dt. Zs. 254 verzeichnen:
   Topica theologica, Tiguri 1561. In -8⁰.

14.2   Topica theologica, conscripta a clarissimo viro gravissimoque theologo, Doctore ANDREA HYPERIO sacrarum literarum in inclyta schola Marpurgensi professore celeberrimo. Tiguri, excudebat Christophorus Froschouerus, Anno 1564. In -8⁰. Der undatierte Widmungsbrief „Christophorus Froschouerus bonarum artium & sacrae Theologiae studiosis adolescentibus S. D." umfaßt 12 S., die „Locorum inventionis Andreae Hyperii cum locis R. Agricolae collatio" 3 S. Der Text der Topica steht auf den beidseitig bedruckten Blättern 1–135.
   Vorhanden: Bas, Got, Lüb, Mgb 1, Mch 1, Nbg, Pas, Stg, Tüb 1 u. 3, Zür.

14.3   Abdruck von 14.2:
Witebergae, excudebat Petrus Seitz, 1565. In -8⁰.
Froschauers Vorrede (10. S.), Locorum collatio (3 S.), Topica (Bl. 1–130, beidseitig bedruckt).
   Vorhanden: Amb, Bln 2, Bon, Brü, Göt, Jen, Köln, Lon, Nau, Rst.

14.4   Abdruck von 14.2:
Basileae, ex officina Oporiniana, 1573. In -8⁰.
Froschauers Vorrede, am Schluß gekürzt, auf S. 3–15, Topica auf S. 16–288, Index rerum et verborum auf 30 unnumerierten S.
   Vorhanden: Brn, Hal 1 u. 2, Hnv 1, Jen, Kiel, Lüb, Soe, SPt, Stg, Ulm, Zür.

14/Inh. Laut HypBr. Nr. 61 wollte Hyperius im Winter 1563/64 letzte Hand an die Topica theologica legen. – Rommel 471. – Mangold Dt. Zs. 254. – F. L. Steinmeyer, Die Topik im Dienste der Predigt, Berlin 1874, widmet Hyperius zwar einen längeren Abschnitt (S. 12–24), beurteilt dessen Topik aber „nicht als eine gereifte Frucht" (S. 38). – Achelis 503. – Caspari (s. 13.4) 2 f., 11. – Hans Emil Weber, Reformation, Orthodoxie und Rationalismus, Bd. I, 2 (1940), Nachdr. Darmstadt 1966, S. 295 f. – Frielinghaus 151. – G. Krause ThR 34, 1969, 329–331. – O. Fatio, L. Daneau, s. Reg.

15.1   Andreae Hiperii viri doctiss.
De Dialectica liber unus.
Item eiusdem alius De arte Rhetorica liber alter.
Der Titel der Dialektik ist ohne Ort und Erscheinungsjahr nur durch die Gesner-Vignette gekennzeichnet, die auf dem Schlußblatt der Rhetorik (S. 411) wiederholt wird. Auf dem Titelblatt der Rhetorik (S. 221) steht außer der Gesner-Vignette: Tiguri excudebat Iacobus Gesnerus. (Keine Jahreszahl) In -8⁰.
Epistola: Typographus Lectori S. (S. 1–2), Dialektik (S. 3–219), Rhetorik (S. 221–410). – Vermutlich ist dies die von Paquot, 493 Nr. 6 u. 7, Strieder 312 und anderen verzeichnete Ausgabe von 1566.
   Vorhanden: Par, Zür.

15.2   Verbesserter Nachdruck von 15.1:
   Editio secunda longe priori castigatior. Accessit operi Index locupletissimus et utilissimus.
Expensis Josiae Gesneri Tigurini. Auf dem Titelblatt der Rhetorik unter der Gesner-Vignette: M.D.LXXXI (1581). In -8⁰. Brief des

Typographen an den Leser (S. 1–2), Dialektik (S. 3–250), Rhetorik (S. 255–478), Index auf 15 unbeziff. Seiten.
Vorhanden: Par.

15.3 Seitengetreuer Nachdruck von 15.2:
Sangalli, Ex officina Leonhardi Straubij, M.D.LXXXI (1581). In -8⁰.
Vorhanden: Zür.

15/Inh. Infolge der außerordentlichen Seltenheit wird das Buch schon von Mangold, Dt. Zs. 238, nur noch ohne Jahreszahlen, von den meisten späteren Autoren über Hyperius überhaupt nicht mehr erwähnt. Im Widmungsbrief an den Leser zu 15.1 teilt der Verleger mit, daß er hier die von einem Studenten gefertigte Nachschrift einer Vorlesung von Hyperius herausgebe. Zum Inhalt ist auf die 14/Inh. genannte Literatur zu verweisen.

16.1 Methodi Theologiae, sive praecipuorum Christianae religionis locorum communium Libri III.
Sowohl die von Paquot 493 Nr. 16 vermerkte Ausgabe „Marpurgi, Andr. Colbius, 15..." als auch die von Strieder 310, Rommel 471 und Mangold Dt. Zs. 245 erwähnte Ausgabe „Basel 1566" sind nicht mehr oder waren überhaupt niemals vorhanden.

16.2 Andreae Hyperii, Methodi Theologiae,
sive praecipuorum Christianae religionis Locorum communium Libri tres, nunc primum in lucem editi. Cum locuplete Rerum et verborum praecipue in iisdem memorabilium Indice. Adiecta est etiam de eiusdem D. Hyperii vita et obitu, D. Wigandi Orthii Oratio: una cum Doctorum, de eiusdem morte, Epicedijs.
Basileae, Per Ioannem Oporinum, 1567. In -8⁰.
Epistola nuncupatoria von Henricus Vietor an Ludwig Graf Wittgenstein, datiert: „Marpurgi Cal. Martij 1567 (B 2–5); Justus Vulteius, In Methodum Andr. Hyperii (Bl. 5b); Carmen des Petrus Paganus an Joh. Oporin (Bl. 6–8a); Praefatio Hyperii (S. 1–23); Text der Methodus (S. 24–710); Oratio Orthii (S. 711–738); Epicediae (S. 739–773); Indices auf 95 unbezifferten Seiten.
Vorhanden: Amd 1, Aug, Bas, Brn, Emd, Grd, Hal 1, Hdl, Köln, Ldn, Lpz, Mch 1, Nbg, Par, Rgb, Rtd, Stg, Tüb 1, Wzb.

16.3 Nachdruck von 16.2:
Basileae, ex officina Oporiniana, 1568. In ›8⁰. 8 Bl. 768 S. 22 Bl.

Vorhanden: Apd, Brü, Dil, Frb, Göt, Hal 2 u. 3, Hml, Rst, Stg, Tüb 1, US/ CtY/PPLT, Zür, Zwb.

16.4   Verbesserter Nachdruck:
Basileae, ex officina Oporiniana, 1574. In -8⁰. 8 Bl., 722 S., 22 Bl.
Vorhanden: Erl, Göt, Hal 3, Jen, Mbg 1, Nür 1, Ulm, US/MnU/NNG.

16.5/Ü Lieux communs de la religion Chrestienne: ou Méthode de théologie . . .; traduits de Latin en Francois.
Génève, 1568. In -8⁰.
Vorhanden: Lon.

16/Inh. Hyperius arbeitete im Herbst 1563 an der Methodus (HypBr. Nr. 61). – Rommel 471. – Mangold Dt. Zs. 245, 253. – Achelis 504. – O. Ritschl, Dogmengeschichte des Protestantismus, Bd. 3, 1926, 252–256. 415. – H. Heppe u. E. Bizer, Die Dogmatik der ev.-reformierten Kirche, 1958². – H. E. Weber, Reformation, Orthodoxie u. Rationalismus, I/2, Nachdr. Darmstadt 1966, 325 f., 340. – Frielinghaus 13–120. – P. Althaus, Die Prinzipien der dt. reformierten Dogmatik im Zeitalter der aristotel. Scholastik (1914), Nachdr. Darmstadt 1967, 218 ff. u. ö. – G. Krause ThR 34, 1969, 268, 290–292, 294–302. Vgl. auch Gottlob Schrenk, Gottesreich und Bund im älteren Protestantismus, (1923) Nachdruck Darmstadt 1967, S. 56.

17.1   Theses Theologicae D. Joh. Hyperii
de trinitate, quod Filius Patri coessentialis, coaeternus et per omnia coaequalis sit, propositae a doctore Andrea Hyperio in academia Marpurgensi, 28. Augusti MDLXIV (1564), erschienen in:
Valentini Gentilis teterrimi haeretici impietatum ac triplicis perfidiae et perjurii brevis explicatio ex actis publicis Senatus Genevensis, optima fiede descripta. Earundem refutationes a doctissimis aetatis nostrae theologis (i. e. J. Calvin, J. Simlerus, A. Gerhardus, J. Wigand, A. Alesius, B. Aretius, T. de Bèze) scriptae (hg. von T. Beza). Eiusdem Gentilis extremae perfidiae, et justi supplicii de eo sumpti historia (hg. von B. Aretius) seorsim est excussa. 2 partes.
Geneva, ex officina Francisci Perrini, 1567, in -4⁰, p. 74–76.
Vorhanden: Lon, Par, US/DFo (da der Band unter Bezas Namen katalogisiert wird, dürfte er auch in anderen – hier nur nach Hyperius-Werken befragten Bibliotheken vorhanden sein).

17/Inh. Die 16 Thesen sind nach Müller 119 f. und Frielinghaus 122 f. nicht identisch, wie noch Strieder 310 vermutete, mit der Abhandlung „De his qui Deo patri ita summam tribuunt dignitatem etc." (s. u. Nr. 19/Inh. [6]), sondern eine akademische Disputation über die Lubliner Antitrinitarier, die den Namen Gentilis gar nicht erwähnt und, wie die ungenauen Namens- und Datumsangaben des Titels vermuten lassen, „zumindest auf dunkle Weise in die Sammlung Bezas geraten sein müssen" (Frielinghaus).

18.1 Andreae Hyperii Varia opuscula Theologica, in totius Christianae Reipublicae utilitatem conscripta, nuncque primum in lucem data: Quorum Catalogum proxima post Praefationem pagella reperies. Accessit rerum et verborum, item locorum Scripturae explicatorum, geminus Index.
Basileae, ex officina Oporiniana, 1570. In -8⁰.
Widmung an Landgraf Wilhelm von Hessen von Henricus Vietor Fridbergensis, & suo & haeredum D. Andreae Hyperii pie defuncti nomine, und Praefatio, undatiert, (11 S.), Inhaltsverzeichnis (2 S.), Opuscula (S. 1–998), Indices (92 S.). Schlußseite: Basileae, ex officina Oporiniana, anno Salutis humanae 1570, Mense Augusto.
Vorhanden: Amb, Amd 1, Bas, Brn, Bon, Bsg, Brü, Dst, Erl, Frb, Göt, Got, Hrb, Jen, Kmp, Kiel, Lpz, Lon, Mbg 1, Mch 2, Nau, Nbg, Nür 1, Par, Pas, Rgb, Rst, Soe, Stg, Str 1, Tüb 2, Ulm, US/MH/PPLT, Zür.

18/Inh. Der Band enthält 15 Schriften, die hier nach Titel, Umfang, Einzelausgaben, Übersetzungen und Inhaltsangaben angeführt werden. Zur ganzen Edition der Aufsätze vgl. 19/Inh.

(1) De sacrarum literarum non deserendis, p. 1–304. – Ausführliche Inhaltsangabe mit zahlreichen, übersetzten Zitaten bei Müller 116–130; ferner vgl. Mangold Dt. Zs. 242 f. und Frielinghaus 144–46.

(2) De institutione novorum collegiorum, in quibus iuventus eruditur ad suscipiendam Ecclesiarum gubernationem, p. 305–363. – Einige Zitate bei Müller 65, 67, 86–90, 116, 119; ferner G. Krause ThR 34, 1969, 283–286.

(3) De publico studiosorum in schola Theologica examine, consilium, p. 364–436. – Zitate daraus bei Müller 87–91; ferner Frielinghaus 146.

(4) De Catechesi, p. 436–510. – Indem Orth die „Elementa" (s. o. Nr. 13) als „illa catechesis, quam proxime edidit" bezeichnete (o. S. 26), rief er zahlreiche bibliographische Verwechslungen hervor, schon in Gesners Bibl. Univers. von 1574. Auf sie wird auch der von

Paquot 493, Nr. 13 erwähnte Einzeldruck (Andr. Colbius, Marburg 15. . .) zurückgehen.

(4.1) Andreas Hyperius, De catechesi libellus, herausgegeben von Joh. Andr. Schmid, Helmstedt 1704 *(vorhanden: Hnv 1, Grd, Lüb, Nür 1)*.

(4/Ü) E. Chr. Achelis und Eugen Sachsse, Die Homiletik und die Katechetik des Andreas Hyperius, Berlin 1901. Die Catechesis übersetzte und leitete Sachsse ein. – Zum Inhalt: W. Maurer, Gemeindezucht, Gemeindeamt, Konfirmation, Kassel 1940, S. 100–106; G. Krause ThR 34, 1969, 334–341.

(5) De fide hominis iustificandi, ac de fide operibusque hominis iustificati, quaestiones, p. 511–640. – Zum Inhalt kurz: Mangold Dt. Zs. 255, Müller 63–66, 116, 130, Achelis 503, Frielinghaus 93 ff.

(6) Christum non instrumentalem modo esse salutis nostrae causam, verum etiam efficientem et principem, p. 641–663.

(7) Non esse aliam iustificationis viam, quam qua Abraham iustificatus est, per fidem scilicet absque operibus, p. 664–684. – Zum Inhalt kurz: Mangold Dt. Zs. 255, Achelis 503, Frielinghaus 93 ff.

(8) De spiritu et litera, p. 685–695. – Dazu kurz: Frielinghaus 96, 102.

(9) Conciliatio horum locorum: Qui legem factis exprimunt, iusti habebuntur, ad Rom. 2. Et: Ex operibus legis nemo iustificabitur, ad Rom. 3, et similium, qui pari modo videntur inter se dissidere, p. 696–710. – Zum Inhalt kurz: Mangold Dt. Zs. 255, Frielinghaus 91, 93, 95.

(10) De hominis merito apud Deum, p. 710–748. – Kurze Hinweise auf den Inhalt: Mangold Dt. Zs. 255, Müller 68, Frielinghaus 96.

(11) Historiam quae legitur 2. Machab. 12 (43) de donariis missis Ierosolymam ad sacrificium pro expiandis peccatis mortuorum, parum esse efficacem ad comprobandum, mortuis ad salutem prodesse Missarum celebrationem, p. 749–759. –

(11.1) Der Traktat wurde mit dem folgenden (12) zusammen herausgegeben von Daniel Gerdes in den Miscellanea Duisburgensia, Tom. 1, Amsterdam/Duisburg/Groningen, 1736 *(vorhanden: Lon, Lüb)*.

(11.2) Zusammen mit den folgenden Traktaten Nr. (12) und Nr. (15) erschien dieser Aufsatz unter dem Titel: „Tractatus tres peculiares theologici, 1. . . ., 2. . . ., 3. . . ., junctim denuo ex bibliotheca Guelpherbytana publicati a Brandano Detrio Superint. & Consistor., Guelpherb. (Wolfenbüttel) 1664, in -8⁰. *(Vorhanden: Erl, Göt, Hal 1 u. 3, Jen, Mch 1, Stg, Str 1, Ulm, US/CtY, Wlf).*

(11.3) Nachdruck von 11.2: Francofurti 1718 *(vorhanden: Soe).*

(12) Verba Apostoli Pauli 1. Cor. XV de his qui baptizantur pro mortuis ..., p. 759–768. – Hyperius sandte diesen Traktat mit einem Brief vom 3. Aug. 1555 an Justus Didamarus (HypBr. Nr. 11). Spätere Einzeldrucke s. o. Nr. 18 (11.1–11.3). – Zum Inhalt kurz: Paquot 494, Nr. 33.

(13) De synodis annuis, p. 768–869. –

(13/Ü) Dry tractaetgens van de Ordre int beroepen ende beleydinge der jaerlijcsche Synoden ... III. Andreae Hyperii ... Alles by een gebracht ende uyt de Latijnsche tale overgheset door Joannem Lydium, Amsterdam: voor Jan Evertsz: 1610, in -4⁰. *(Vorhanden: Amd 1, Ldn, Lon, Mst).*

(13/Ü2) Een boecxken Andreae Hyperii. Van de jaerlijcksche Synoden, eerst int Latijn beschreven ende nu in de duytsche tale overgeset, Amsterdam 1612, in -4⁰. *(Vorhanden: Lon).* Ausführliche Behandlung des Einzeldrucks vom 3. Traktat voriger Nr., übersetzt v. Joh. Lydius, bietet: J. Hovius, Hyperius' Geschrift De Synodis annuis, Rede, Apeldoorn 1958, Sneek o. J. Ferner: Müller 89 f., 95, 119, 134 u. G. Krause ThR 34, 1969, 321–327.

(14) De publica in pauperes beneficentia, p. 870–965. –

(14.1) Einzeldruck: Toruniae (Thorn), bei Melchior Nering, 1584, in -8⁰. *(Vorhanden: Hal 2, Jen).*

(14.2) Der von Paquot 494, Nr. 35, Strieder 306 und Müller 96 verzeichnete Einzeldruck (Lipsiae: Henning Groß, 1586 bzw. 1596) scheint nicht mehr vorhanden zu sein.

(14/Ü) The Regiment of the Pouertie ... Translated into Englishe by H. T(ripp).minister. London: F. Coldock and H. Bynneman, 1572, in -8⁰. *(Vorhanden: Lon, US/CSmH/MiU).* –

Zum Inhalt vgl. o. Kap. III Nr. 3, S. 51 f.; ferner das ausführliche Referat nebst Übersetzung längerer Abschnitte bei Müller 96–112, sowie G. Krause ThR 34, 1969, 326 f.

(15) De feriis bacchanalibus, quodque apud Christianos locum habere nullo modo debeant, p. 966–998. – Einzeldrucke s. o. Nr. 18 (11.2 u. 11.3).

(15/Ü) Tractaet van de Bacchus-Festen, dat siin vastelavenden, kerremissen, enz ... Nu inde nederduytsche tale overgheset door Godefridum Corn. Udelmans, Middelburgh 1610, by R. Schilders. *(Vorhanden: Brü, US/OCI)*.

Kurz zum Inhalt: Müller 67, Frielinghaus 143.

19.1 Andreae Hyperii opusculorum Theologicorum Pars Secunda. Catalogum Variorum hac Parte contentorum Tractatum statim post Praefationem videre licet. Accessit Rerum et verborum, item Locorum Scripturae explicatorum, geminus Index.

Basileae, Ex officina Oporiniana, 1571. In -8⁰. (Schlußseite: Mense Augusto).

Widmung an die Grafen Philipp und Franz von Waldeck, sowie die Praefation von Justus Vulteius, datiert „Marpurgi Calendarum 11 mensis Aprilis 1569" (15. S.), Widmungsgedicht des Herausgebers I. Vulteius (3 S.), Inhaltsverzeichnis (2 S.), Text der Opuscula Theol. Pars II (S. 1–746), Index (42 S.).

<small>Vorhanden: Bas, Bon, Brü, Dst, Erl, Göt, Got, Jen, Kmp, Kiel, Nau, Nür 1, Pas, Rst, Soe, Stg, Ulm.</small>

19.2 Seitengetreuer Nachdruck von 19.1, aber unter dem nach 18.1 veränderten Titel: Andreae Hyperii Varia opuscula Theologica, in totius Christianae Reipublicae utilitatem conscripta, nunque denuo in lucem data, ...

Basileae, ex officina Oporiniana, 1580. In -8⁰.

<small>Vorhanden: Bas, Brn, Göt, Hal 3, Hrb, Mbg 1, Str 2.</small>

19/Inh. Die in den Bänden Nr. 18 und 19 posthum edierten 26 Traktate behandeln dogmatische Lehrfragen, wie den Rechtfertigungs- und Trinitätsglauben, Aufgaben der Studienreform und der Theologenausbildung, Probleme der synodalen Kirchenleitung und des Amtes, am häufigsten aber Themen des pädagogischen, kultischen, glaubenden und sozialethischen Verhaltens der Gemeinde; diese letztgenannten erfreuen sich, will man nach den Sonderausgaben und Übersetzungen urteilen, eines besonderen Interesses und zeigen, daß Hyperius als „praktischer Theologe" nicht auf Homiletik und Katechetik beschränkt war. – Die 11 Traktate des II. Teils der „Opuscula Theologica" sind folgende:

(1) De piorum auditorum in dijudicandis doctrinis officio, p. 1–93. – Zum Inhalt: Müller 64–68, 117–130; Achelis 503; Frielinghaus 92, 142–144.

(2) De providentia Dei & consolationibus contra omnis generis pericula ab ea petendis: cum enarratione Psalmi iuxta Hebr. 107, p.

94–363. – Zum Inhalt kurz: Müller 89, 95, 123; Frielinghaus 99–101.

(2/Ü) A special Treatise of God's providence ... With an exposition of the 107. Psalme (by A. Gerardus) ... Englished by J. L(udham), etc. (London, 1588?), in -8⁰. *(Vorhanden: Lon, US/MH).*

(2/Ü2) Dasselbe: London: Iohn Wolfe, 1602, pp. 374, in -8⁰. *(Vorhanden: Lon).*

(3) De probatione sui ispius, Tractatus, p. 364–465. – Zum Inhalt kurz: Müller 67, 86, 90, 124; Frielinghaus 90, 102. –

(3/Ü) The true Tryall and Examination of a Mans own selfe (by A. Gerardus) ... Done into English by Thomas Newton. (London: Iohn Windet, 1586/87), pp. 179, in -12⁰. *(Vorhanden: Lon, US/MH).*

(3/Ü2) Dasselbe: London 1602 *(vorhanden: US/DFo).*

(4) Consultatio de coniugio ministrorum Ecclesiae, p. 466–600. – Der Traktat wurde 1540 für den englischen Bischof Richardus Carmanus abgefaßt; dazu Müller 57–73, 89–93, 126; Frielinghaus 173.

(5) Utrum eorum sententia, qui Babylonem in apocalypsi interpretantur significare urbem Romam, recipi ulla ratione queat, p. 600–619. – Zum Inhalt kurz: Mangold Dt. Zs. 242.

(6) De his qui Deo patri ita summam tribuunt dignitatem, ut Filium constituant inferiorem, et Patri inaequalem, p. 620–656. – Zum Inhalt kurz: Müller 120; Frielinghaus 122 f.; vgl. oben Nr. 17/Inh.

(7) Praecepta Decalogi aliter olim digeri solita, atque nunc vulgo cernuntur digesta, superque ea re veterum tam Hebraeorum quam Graecorum et Latinorum sententiae, p. 657–670. – Bemerkungen zum Inhalt: Mangold Dt. Zs. 255; Müller 69, 116, 118.

(8) Ad verba illa Apostoli 2. Corinth. 3, Epistola mea vos estis, & Deus idoneos nos fecit ministros novi testamenti: de veris Apostolatus, Doctoratus, et similium graduum insignibus, Proposita quaedam, p. 671–683. – Zum Inhalt: Müller 117; Frielinghaus 118 f.

(9) De sacramentis in genere, ubi nonnulla de circumcisione & baptismo, p. 684–712. – Zum Inhalt: Mangold Dt. Zs. 256; Frielinghaus 112–114, 144.

(10) Super verbo Apostoli ad Rom. 3. Iustificantur autem gratis, per gratiam. tum de locutione illa, qua dicuntur iustificari homines

sola fide, p. 712–735. – Zum Inhalt kurz: Mangold Dt. Zs. 242; Müller 62 f.; Frielinghaus 94.

(11) Quomodo intelligendum, quod Apostolus sit ad Roman. 1. homines a Deo in reprobam mentem tradi: tum quomodo peccata peccatis puniantur, p. 736–746. – Zum Inhalt kurz: Mangold Dt. Zs. 242.

20.1 Andreae Hyperii in Jesaia prophetae Oracula Annotationes breves eruditae, nunc primum in S. Theologiae studiosorum gratiam in lucem datae.

Basileae, ex officina Oporiniana, 1574. In -8⁰.

Widmung vom Herausgeber, Laurentius Hyperius, an Burcard von Kramp, Proprinceps von Hessen an der Lahn, und an Alhard von Hortden (S. 3–8), der Kommentar (S. 9–624), Index rerum et verborum (31 unbeziff. S.).

Vorhanden: Bas, Bsg, Dst, Ful, Hal 2, Jen, Ldn, Mch 1, Ner, Nür 1, US/PPLT, Ulm.

20.2 Eine von Paquot 495, Nr. 54, verzeichnete Ausgabe: Tiguri, Christ. Froschoverus, 1578, scheint nicht mehr zu existieren.

20/Inh. Eine von Benedict Aretius gefertigte Nachschrift der von Hyperius seit April 1547 bis Febr. 1548 gehaltenen Vorlesung „In Jesajam prophetam breve exegema" befindet sich in der Stadtbibliothek zu Zofingen/Schweiz (Sign.: Pa 50; Nr. 2). Vgl. Frielinghaus 80–81.

21.1 Andreae Hyperii compendium Physices Aristoteleae, etc. cum locuplete Rerum et verborum memorabilium Indice.

Basileae, ex officina Oporiniana, 1574. In -8⁰.

Praefatio von Laurentius Hyperius als Herausgeber samt Widmung an Moritz und Ernst Grafen in Dietz usw., datiert: Marpurgi, 7. Idus Septemb. Anno 1568 (S. 3–6), Text des Buches (S. 7–336), Index (16– unbeziff. S.).

Vorhanden: Aug, Bam, Erl, Göt, Jen, Rot, Zür.

21.2 Nachdruck von 21.1:

Excudebat Henricus Midletonus, impensis Georgii Bishop, London 1583, pp. 220, in -8⁰.

Vorhanden: Lon.

21.3 Seitengetreuer Nachdruck von 21.1:

Basileae, Ex officina Oporiniana, 1585. In -8⁰.

Vorhanden: Erl, Frb, Lon, Par, Tüb 2, Ven.

21/Inh. Das in den meisten Biographien und Bibliographien erwähnte Werk scheint noch nie untersucht worden zu sein; vgl. G. Krause ThR 34, 1969, 293 f.

22.1   Commentarii in epistolis D. Pauli ad Philippenses, Colossenses, ac Thessalonicenses ambas,
Doctissimi viri ac Clarissimi Theologi, Andreas Hyperii. Cum Indice gemino, Rerum scilicet & verborum: Locorum item sacrae scripturae, qui in hoc opere fidelissime explicantur. Tiguri apud Christophorum Froschoverum, Anno a Christo nato 1582. In -4⁰.
Widmung an Landgraf Wilhelm von Hessen und Praefatio vom Herausgeber Ioannes Mylius, datiert: Gemunda supra Vuohram ibid. Martijs Anno salutis reddita 1581 (20 S.), Kommentar (283 S.), Indices (18 S.).
   Vorhanden: Aug, Bon, Bsg, Erl, Hal 1 u. 2, Hml, Hfg, Jen, Mbg 1, Nür 1, Str 1, US/NNUT.

22/Inh. Zur Praefatio dieses ersten der insgesamt fünf von Joh. Mylius posthum edierten Kommentare des Hyperius, die nach Strieder 301 „voll ist von Lobeserhebungen des Hyperius sowohl in Ansehung seines Verstandes als Herzens" und aus der Müller zahlreiche Zitate bringt (21, 25, 50, 54, 58, 60–64), vgl. K. Schottenloher, Die Widmungsvorrede im Buch des 16. Jahrhunderts, Münster 1953, S. 158, Nr. 351, und S. 181. – W. Bornemann, Die Thessalonicherbriefe (Meyer-Kommentar, ⁵/⁶1894, S. 586 u. 592), hat aus dem Thess.-Kommentar des Hyperius das auslegungsgeschichtlich Wichtigste dargestellt. – Allgemein zur Exegese des Hyperius: Rommel 471 f., Mangold Dt. Zs. 242 f., Achelis 504. – Über Joh. Mylius s. oben Kap. III, Nr. 23, S. 78.

23.1   Commentarii D. Andreae Hyperii doctissimi,
In epistolas D. Pauli ad Timotheum, Titum, Philemon & D. Judae, nunc primum opera Iohannis Mylii in lucem editi. Cum Indicibus rerum et verborum, locorum item sacrae sripturae, qui in his Commentarijs passim eruditi et pii explicantur, ac Locorum denique communium, locupletissimis.
Tiguri, apud Christophorum Froschoverum, Anno 1582. In -4⁰. Widmung an Graf Joh. von Nassau und Praefatio von Joh. Mylius, datiert: Gemunda supra Vuohram Calend. April. Anno 1582 (10 S.), Kommentar (244 S.), Indices (18 S.).
   Vorhanden: Bsg, Erl, Hal 1, Hml, Hfg, Jen, Mbg 1, Nür 1, Str 1, Ulm, Wmr, Zrb.

24.1   Commentarii D. Andreae Hyperii, Doctissimi ac clarissimi Theologi, In epistolas D. Pauli ad Galatas & Ephesios. Cum Indicibus rerum et verborum, locorum item sacrae scripturae, qui his Commentarijs fideliter exponuntur, ditissimis.

Tiguri, apud Christophorum Froschoverum, Anno 1582. In -4^0. Widmung an die Erben des Erzmarschalls Hessens (Adolph Hermann, Georg, Ioannes, Ropert, Cunrad Riedesel in Eysenbach) und Praefatio von Ioannes Mylius, datiert: Gemunda supra Vuohram Calendis Iuniis Anno 1582 (10 S.), Kommentar (148 S.), Indices (11 S.).

> Vorhanden: Aug, Bsg, Erl, Hal 1, Hml, Jen, Mbg 1, Nür 1, Str 1, Ulm, US/NcD, Zrb.

24/Inh. Nach der Praefatio von Joh. Mylius hat Hyperius diesen Kommentar schon 1538 in England geschrieben, ihn 1543 zur Vorlesung in Marburg weiter bearbeitet und 1556 noch einmal durchgesehen. Die Bedeutung dieser posthumen Veröffentlichung liegt insofern auch in den Hinweisen auf die theologische Arbeit und Urteilsbildung von Hyperius in England. Zum Inhalt: Frielinghaus 49 f., 81 f.,; Müller 13, 15, 23, 59, 63.

25.1   Commentarii D. Andreae Hyperii, doctissimi ac clarissimi Theologi, in epistolam D. Pauli Apostoli ad Romanos, et utramque ad Corinthios, nunc primum opera Ioannis Mylii in lucem editi. Tiguri, apud Christophorum Froschoverum 1583. In -4^0.

Praefatio von Joh. Mylius und Kommentar (428 S.), Indices (22 S.).

> Vorhanden: Amd 1, Aug, Erl, Hal 1 u. 2, Jen, Lüb, Mch 1, Nür 1, Str 1, US/NcD.

25.2   Paquot 494, Nr. 49, verzeichnet eine Ausgabe „Commentarii in Epistolas D. Pauli ad Corinthios", in: „Epistola secunda D. Pauli ad Corinthios; cum Commentariis Andreae Hyperii, Sebastiani Meyeri, & Davidis Paraei, Heidelbergae 1607."

25/Inh. Nach der Vorrede von Joh. Mylius verstarb Hyperius im Verlauf seiner vierten Vorlesung über den Römerbrief, als er kaum das 5. Kapitel beendet hatte. Mylius nahm daher vom 6. Kapitel an den Kommentar aus „In D. Pauli ad Romanos epistolam Exegema", und zwar „ex tertiae editionis eiusdem autoris commentariis, quos Londini Thomas Vautrollerius excudit" (vgl. oben Nr. 5.2). Nach dieser Ausgabe wäre mit einer heute nicht mehr bekannten 3. Ausgabe von Nr. 5.1 zu rechnen. Dazu vgl. Müller 21, 23, 25, 58 f., 63, 113, 137; Frielinghaus 81 f. – Eine von Benedict Aretius gefertigte Nachschrift der von Hyperius vom Januar bis März 1547 gehaltenen Vorlesung „In ep. D. Pauli ad Romanos dispositio M. Andreae Hyperii" befindet sich in der Stadtbibliothek von Zofingen/Schweiz (Pa 50/Nr. 1).

26.1 Commentarii D. Andreae Hyperii, doctissimi ac clarissimi Theologi, In Epistolam D. Pauli Apostoli ad Hebraeos, nunc primum opera Ioannis Mylii in lucem editi. Cum Indice locupletissimo. Tiguri, apud Christophorum Froschoverum, Anno a Christo nato, 1584. In -4⁰.

Widmung an Reinhard Baumbach, Iustus Bottler und Alexander Donngo, Räten des Landgrafen von Hessen, und Praefatio von Joh. Mylius, datiert: Gemundae supra Vuohram Hassiae cal. Iunii anno ab incarnatione Christi 1584 (10 S.), Kommentar (617 S.), Indices (43 S.).

Vorhanden: Aug, Bon, Erl, Göt, Hal 2, Hfg, Nür 1, Str 1, Tüb 2, Zür.

26/Inh. Joh. Mylius berichtet (p. 7), daß Hyperius an diesem Kommentar vom 21. April 1544 bis zum 24. April 1548 gearbeitet habe, aber sein Wunsch, ihn zu überarbeiten, sei durch seinen Tod verhindert worden. Nach Paquot 494, Nr. 53, ist die teils literarische, teils moralische Auslegung viel ausführlicher als in den anderen Kommentaren und wertvoll durch zahlreiche Zitate aus Chrysostomus, aber unterbrochen durch viele Calvinismen und Invektiven gegen die Katholische Kirche, dazu von mittelmäßigem Stil. – Zum Inhalt Hinweise bei Frielinghaus 49, 51, 81, 111.

27.1 Commentarii D. Andreae Hyperii, doctissimi ac clarissimi Theologi, In omnes D. Pauli Apostoli Epistolas, atque etiam in epistolam D. Judae, nunc primum opera Ioannis Mylii in lucem editi. Cum Indicibus locupletissimis.

Tiguri, apud Christophorum Froschoverum, Anno a Christo nato 1582–1584. In -4⁰.

Widmung an Landgraf Ludwig von Hessen und Praefatio von Joh. Mylius, datiert: Gemundae, supra Vuohram, Idibus Iannuarij, Anno Domini 1584 (9 S.). Es folgen Nachdrucke der Bände Nr. 22–26.

Vorhanden: Amd 2, Apd, Brü, Emd, Göt Hfg, Kiel, Ldn, Lüb, Mbg 1, Mch 1, Rst, US/MH, Zür.

27/Inh. Außer der Vorrede ist die Gesamtausgabe eine nicht in jedem vorliegenden Falle korrekt ausgeführte Buchbinderarbeit. Ein langes Zitat aus der Vorrede bringt Rommel 469 Anm. 4.

28.1 Judicium D. Andreae Hyperii, utrum ad coenam surdos et mutos liceat admittere?
Ohne Unterschrift und Datum abgedruckt in: Georgius Dedekennus, Thesauri Consiliorum et decisionum, Vol. I, Pars II, Lib. III, Sectio VI, Nr. IX, Hamburg 1623, S. 300–303.
28.2/Ü Neudruck von 28.1 mit Übersetzung und Kommentar von Dietfried Gewalt, Zwei wiederentdeckte Abendmahlsgutachten von Andreas Hyperius, in: Jahrbuch der Hessischen kirchengeschichtlichen Vereinigung, 23. Band, 1972, S. 41–54.
28/Inh. Siehe 28.2.

29.1 Two common places taken out of Andreas Hyperius a learned diuine, whereof, in the one, he sheweth the force that the sonne, moone and starres have over men, etc. In the other, Wether the devils have bene the shewers of magicall artes, etc. Translated into English by R. V(aux).
London, Imprinted by Iohn Wolfe, 1581. In -8⁰.
Die Widmung ist unterzeichnet von R. Vaux. Die Seitenzählung ist durcheinander geraten: auf pp. 1–79 folgen pp. 40–55, 78–110.
Vorhanden: Lon, US/CSmh/MH.

29/Inh. Diese Auswahl wird in keiner der an die Hyperius-Biographien angeschlossenen Bibliographien erwähnt, aber unter den englischen Übersetzungen deutscher theologischer Arbeiten verzeichnet in: Neue Beiträge von Alten u. Neuen Theol. Sachen ... Auf das Jahr 1751, Viertes Stück, S. 518. Aus welchen Schriften des Hyperius die Auswahl zusammengestellt wurde, konnte nicht festgestellt werden. Vgl. G. Krause, ThR 34, 1969, 266.

VIII. Quellen- und Literaturverzeichnis

1. Wichtige Hyperius-Biographien in chronologischer Folge

Wigandi Orthii Oratio de vita et obitu clarissimi viri, gravissimique Theologi Andreae Hyperii, Marpurgi 1564.

Pantaleon, Heinrich, Artikel „Andreas Hyperius Theologus zu Marpurg", in: Ders., Der dritte und letste Theil Teutscher Nation Heldenbuch, Basel 1570, S. 395–398.
Boissard, Jean Jacques, Icones virorum illustrium, Pars III, Frankfurt a. M. 1598, p. 235–240.
Jacob Verheiden, Praestantium aliquot Theologorum, qui Rom. Antichristum praecipue oppugnarunt, Effigies, Hagae-Comitis 1602, p. 95–98.
Adam, Melchior, Vitae Germanorum Theologorum, qui superiori seculo ecclesiam Christi voce scriptisque propagarunt, congestae, Heidelberg 1620, p. 389–397.
Valerius Andreas Desselius, Bibliotheca Belgica: De Belgis vita scriptisque claris., Löwen ²1643, p. 49.
Freher, Paul, Theatrum virorum eruditione clarorum ..., Nürnberg 1688, Pars I, Sectio III, p. 198.
Foppens, Joh. Franc., Bibliotheca Belgica, sive Virorum in Belgio vita, scriptisque illustrium Catalogus, Vol. 2, Pars I, Brüssel 1739, p. 53.
Bayle, Pierre, Dictionnaire historique et critique, Tome II, Basel 1741, p. 766–767.
Schröckh, Joh. Matth., Abbildungen und Lebensbeschreibungen berühmter Gelehrten, 1. Bd., 3. Sammlung, Leipzig 1765, S. 259–267.
Paquot, Jean Noel, Mémoires pour servir à l'histoire Littéraire des dix-sept Provinces des Pays-Bas, de la Principauté de Liège, et de quelques Contrées Voisines, Löwen 1765–70, Tome III, p. 491–495.
Strieder, Friedrich Wilhelm, Grundlage zu einer Hessischen Gelehrten- und Schriftstellergeschichte seit der Reformation, Kassel 1786, S. 293–312.
Rommel, Chr. von, Artikel „Hyperius (Andreas Gerhard)", in: J. S. Ersch und J. G. Gruber, Allgemeine Encyklopädie der Wissenschaften und Künste, 2. Section, 12. Theil, Leipzig 1835, S. 468–472.
Mangold, Wilhelm Julius, Andreas Gerhard Hyperius. Habilitationsvorlesung, gehalten zu Marburg den 7. November 1852, in: Deutsche Zeitschr. für christl. Wissenschaft und christl. Leben, 5. Jg., Berlin 1854, S. 234–40, 241–45, 253–56 (Nr. 30–32).
Nicolas, Michel, Artikel „Hyperius (André Gerhard)", in: Nouvelle Biographie Générale, Tome 25, Paris 1861, p. 717–719.

Aa, Abraham Jakob van der, Biographisch Woordenboek der Nederlanden, Haarlem 1867, Bd. VI, p. 479–480.

Reusens, E.-H.-J., Artikel „Gheeraerds (André)", in: Biographie Nationale publiée par l' Académie Royale des sciences, lettres et des beaux-arts de Belgique, Tome 7, Brüssel 1880–1883, Sp. 701–707.

Heppe, Heinrich, Artikel „Hyperius", in: Allgemeine Deutsche Biographie, Bd. 13, Leipzig 1881, S. 490–492.

Müller, K. F., Andreas Hyperius, ein Beitrag zu seiner Charakteristik, Kiel 1895.

Achelis, Ernst Christian, Artikel „Hyperius, Andreas", in: Realencyklopädie für protestantische Theologie und Kirche, Bd. 8, Leipzig ³1900, S. 501–506.

Kantzenbach, Friedrich Wilhelm, Andreas Hyperius, Professor der Theologie in Marburg (1511–1564), ein Beitrag zum Verständnis seiner Persönlichkeit und zur Problematik seiner Theologie, in: Jahrbuch d. hess. kirchengeschichtlichen Vereinigung 9, 1958 (Darmstadt), S. 55–82.

Frielinghaus, Dieter, Ecclesia und Vita, eine Untersuchung zur Ekklesiologie des Andreas Hyperius, Neukirchen-Vluyn 1966.

Jahr, Hannelore, Artikel „Hyperius (eigtl. Gheeraerdts), Andreas", in: Neue Deutsche Biographie, Bd. 10, Berlin 1974, S. 108–109.

2. Abkürzungen der Nachschlagewerke

ADB	Allgemeine deutsche Bibliographie, Leipzig, Bd. 1 (1875)–56 (1912).
ARG	Archiv für Reformationsgeschichte, 1903 ff.
BDG	Bibliographie zur deutschen Geschichte im Zeitalter der Glaubensspaltung 1517–1585, hg. von Karl Schottenloher, Leipzig ²I (1956)–VII (1966).
BiblBelg.	Biblioteca Belgica, Bibliographie générale des Pays-Bas, fondée par Ferd. van der Haeghen, paraît sous la direction de A. Roersch et V. Tourneur, Serie 1–2, Gand/La Haye 1880–1923.
BNBelg.	Biographie nationale, publ. par l'Académie Royale des sciences etc. de Belgique, Bruxelles Bd. 1 (1866)–38 (1973).

BWPGN	Biographisch Woordenboek van Protestantsche Godgeleerden in Nederland, uitg. door J.-P. de Bie, J. Lindeboom e. a., 5 Teile, 's-Gravenhage 1919 ff.
DNB	Dictionary of national Biography from the earliest times to 1900, London 1 (1885)–63 (1900), 1. Supplem. 1–3 (1901), 2. Supplem. 1 (1912)–6 (1971).
EBrit	Encyclopaedia Britannica, 11. Edition, Cambridge 1910–1911.
ErEpA	Opus Epistolarum Desiderii Erasmi Roterodami, denuo recognitum et auctum per P. S. Allen, H. M. Allen and H. W. Garrod, I (1960)-XII = Index (1958).
EWPrins	De Grote Winkler Prins Encyclopedieen, 7. Druck, Amsterdam/Brüssel 1 (1946)–20 (1975).
HBLS	Historisch-biographisches Lexikon der Schweiz, Neuenburg 1 (1921)–7 u. Supplem. (1934).
HypBibl.	Hyperius-Bibliographie: 3. Teil dieses Buches, Kap. VII, S. 130–158.
HypBiogr.	Hyperius-Biographie: 1. Teil dieses Buches, Kap. I–III, S. 1–89.
HypBr.	Hyperius-Briefe, lateinisch und deutsch mit historisch-theologischen Anmerkungen, in Vorbereitung.
MennLex	Mennonitisches Lexikon, Frankfurt am Main 1 (1913)–4 (1967).
NBG	Nouvelle Biographie générale, Paris 1 (1852)–45 (1866).
NDB	Neue deutsche Biographie, Berlin 1 (1953)–10 (1974).
NNBW	Nieuw Nederlandsch Biografisch Woordenboek, hg. v. P. C. Molhuysen, J. P. Block, K. H. Kossmann, Leiden 1 (1911)–10 (1937).
RE³	Realencyclopädie für protestantische Theologie und Kirche, Leipzig ³1 (1896)–24 (1913).
RGG³	Die Religion in Geschichte und Gegenwart, Tübingen ³1 (1957)–6 (1962).
TRE	Theologische Realenzyklopädie, Berlin/New York 1 (1977).
WA	D. Martin Luthers Werke, kritische Gesamtausgabe, Weimar 1883 ff.
ZKG	Zeitschrift für Kirchengeschichte, 1876 ff.

3. Sekundärliteratur

(Die Autoren der vor allem in den Kapiteln III, V und VII lediglich zu Einzelfragen angeführten Literatur finden sich im Namensregister.)

Achelis, Ernst Christian und Sachsse, Eugen: Die Homiletik und die Katechetik des Hyperius, verdeutscht und mit Einleitungen versehen, Berlin 1901.

Allen, P.S.: The Age of Erasmus, Oxford 1914.

Andreas, Willy: Deutschland vor der Reformation. Eine Zeitenwende, Stuttgart 1959.

Bakhuizen van den Brink, Jan Nicolaas: Melanchthon, De ecclesia et de autoritate verbi Dei (1539) und dessen Gegner, in: Reformation und Humanismus, FS Robert Stupperich zum 65. Geburtstag, hg. von J. F. G. Goeters u. M. Greschat, Witten, 1969, S. 91–106.

Benzing, Josef: Buchdruckerlexikon des 16. Jahrhunderts (deutsches Sprachgebiet), Frankfurt a. M., 1952.

Bizer, Ernst, Historische Einleitung zu Heinrich Heppe, Die Dogmatik der evangelisch-reformierten Kirche, Neukirchen ²1958, S. XVII-XCVI.

Blockx, Karel: De Veroordeling van Maarten Luther door de Theologische Faculteit te Leuven in 1519, Brüssel 1958.

Bourrilly, V.-L. u. Weiss, N.: Jean du Bellay, les Protestantes et la Sorbonne (1529–1535). Les poursuites – l'affaire des Placards, in: Bulletin de la Société de l'histoire du Protestantisme français. LIII. Jg., Paris: Fischbacher, 1904, p. 97–143.

Brandi, Karl: Deutsche Geschichte im Zeitalter der Reformation und Gegenreformation, Leipzig ²1941.

Brandi, Karl: Kaiser Karl V. (1937), Frankfurt a. M. ⁶1976.

Brückner, Wolfgang (Hg.): Volkserzählung und Reformation. Ein Handbuch zur Tradierung und Funktion von Erzählstoffen und Erzählliteratur im Protestantismus, Berlin 1974.

Burckhardt, Jacob: Die Kultur der Renaissance in Italien. Vollständige Textausgabe, hg. und mit einem Anhang versehen von Reinhard Jaspert, Berlin 1941.

Burger, Heinz Otto: Renaissance, Humanismus, Reformation. Deutsche Literatur im europäischen Kontext, Bad Homburg v. d. H./Berlin/Zürich 1969.

Buscher, Hans: Heinrich Pantaleon und sein Heldenbuch, Basel 1946.

Caspari, Walter: Elementa christianae religionis. Auctore Andrea Hyperio, neu hg. mit einer Abhandlung über „die Bestrebungen des A. Hyperius auf dem Gebiete der praktischen Theologie", Erlangen u. Leipzig 1901.

Chastel, André u. Klein, Robert: Die Welt des Humanismus, Europa 1480–1530, München 1963.

Clemen, Otto: Beiträge zur Reformationsgeschichte, 3 Bde, Berlin 1900–1903.

Dankbaar, Willem Frederik: Martin Bucers Beziehungen zu den Niederlanden, Den Haag 1961.

Decavele, Johan: De dageraad van de reformatie in Vlaanderen (1520–1565), 2 Bde, Brüssel 1975.
Diegerick, J. L. A.: Inventaire analytique et chronologique des chartes et documents appartenant aux archives de la ville d'Ypres, Tome 5–7, Bruges 1860, 1864, 1868.
Diegerick, J. L. A.: Essai de Bibliographie Yproise. Étude sur les imprimeurs Yprois 1547–1843 (Ypres 1873–81), Réimpression Nieuwkoop 1966.
Diegerick, J. L. A.: Archives d'Ypres, Documents du XVIe siècle, Mémoire justificatif du magistrat d'Ypres sur les troubles religieux arrivés en cette ville, en 1566 & 1567, avec pièces à l'appui; suivi de documents inédits concernant la réforme à Ypres, Tome 1–4, Bruges 1874–1877.
Dilthey, Wilhelm: Weltanschauung und Analyse des Menschen seit Renaissance und Reformation (= Ges. Schriften Bd. II), ^{6}1960 Göttingen.
Dommer, Arey von: Die ältesten Drucke aus Marburg in Hessen 1527–1566, Marburg 1892, Reprint Nieuwkoop 1961.
Dürer, Albrecht: Das Tagebuch der niederländischen Reise 1520–52, mit dem Silberstift-Skizzenbuch und den während der Reise ausgeführten Bildern und Zeichnungen, Einführung und Anmerkungen von J.-A. Goris und G. Marlier, (1937), ins Deutsche übersetzt von Dieter Kuhrmann und Rüdiger Becksmann, Brüssel: La Connaissance, 1970.
Erasmus en zijn tijd, Ausstellungskatalog zum 500. Geburtstag, Museum Boymans- van Beuningen (3. Okt. bis 23. Nov. 1969), 2 Bde., Rotterdam 1969.
Erasmi Roterodami, Desiderii: Opus Epistolarum, denuo recognitum et auctum per P. S. Allen, H. M. Allen and H. W. Garrod, Oxford I (1906)–XII (1958).
Falckenheimer, Wilh.: Personen- und Ortsregister zu der Matrikel und den Annalen der Universität Marburg 1527–1652, Marburg 1904.
Fatio, Olivier: Méthode et Théologie. Lambert Daneau et les débuts de la scolastique réformée (= Travaux d'Humanisme et Renaissance 147), Genève 1976.
Fatio Olivier: Hyperius et Flacius, in: Actes du Colloque International d'histoire de l'exégèse biblique au XVIe siècle, Genève 1977 (im Druck).
Flitner, Andreas: Erasmus im Urteil seiner Nachwelt. Das literarische Erasmusbild von Beatus Rhenanus bis zu Jean Leclerc, Tübingen 1952.
Franz, Günther: Urkundliche Quellen zur Hessischen Reformationsgeschichte, Bde. II–IV, Marburg 1951–1955.
Gewalt, Dietfried u. Krause, Gerhard: Zwei wiederentdeckte Abendmahlsgutachten von Andreas Hyperius (1511–1564), in: Jahrbuch der hessischen kirchengeschichtlichen Vereinigung, Bd. 23, 1972, S. 33–54.
Goeters, J. F. Gerhard: Zum Weseler Abendmahlsstreit von 1561–1564, in: Monatshefte für Evangelische Kirchengeschichte des Rheinlandes, 2. Jg. 1953, S. 85–90, 117–127, 135–145.
Goeters, J. F. Gerhard: Die Beschlüsse des Weseler Konvents von 1568, hg. und ins Deutsche übertragen, Düsseldorf 1968.
Goeters, J. F. Gerhard: Der Weseler Konvent niederländischer Flüchtlinge

vom 3. November 1568, in: Weseler Konvent 1568–1968, eine Jubiläumsschrift, Düsseldorf 1968, S. 88–114.

Guggisberg, Hans Rudolf: Sebastian Castellio im Urteil seiner Nachwelt vom Späthumanismus bis zur Aufklärung (Basler Beitr. z. Gesch.wissenschaft Bd. 57), Basel 1956.

Gundlach, Franz: Catalogus Professorum Academiae Marburgensis 1527–1910, Marburg 1927.

Halkin, Léon-E.: La Réforme en Belgique sous Charles Quint, Bruxelles 1957.

Hartmann, Rolf: Das Autobiographische in der Baseler Leichenrede, Basel und Stuttgart 1963.

Harvey, A. Edward: Martin Bucer in England, Marburg 1906.

Hassencamp, Friedrich Wilhelm: Hessische Kirchengeschichte seit dem Zeitalter der Reformation, Bd. I, Marburg 1852.

Heppe, Heinrich: Geschichte des deutschen Protestantismus in den Jahren 1555–1581, Marburg, Bd. I 1852, Bd. II 1853, (Bd. III 1857, Bd. IV 1859).

Heppe, Heinrich: Kirchengeschichte beider Hessen, Bd. I, Marburg 1876.

Hermelink, Heinrich u. Kaehler, S. A.: Die Philipps-Universität zu Marburg 1527–1927, Marburg 1927.

Hildebrand, Bruno: Urkundensammlung der Universität Marburg, Marburg 1848.

Hoop-Scheffer, Jakob Gijsbert de: Geschichte der Reformation in den Niederlanden von ihrem Beginn bis zum Jahre 1531 (niederländisch Amsterdam 1873). Deutsche Originalausgabe, hg. von P. Gerlach, Leipzig 1886.

Horawitz, Adalbert: Erasmus von Rotterdam und Martin Lipsius. Ein Beitrag zur Gelehrtengeschichte Belgiens. Sitz. ber. d. phil. hist. Classe d. Kaiserl. Akademie, Wien, t. C. 2, 1882, p. 665–799.

Hovius, J.: Hyperius' Geschrift ,De synodis annuis', Rektoratsrede, Apeldoorn 1958.

Hütteroth, Oskar: Die althessischen Pfarrer der Reformationszeit, 2 Bde., 1.–3. Teil, Marburg u. Kassel 1953–1958.

Huizinga, Johan: Erasmus (1924), deutsch von Werner Kaegi (1928), Neuausgabe Basel 1936.

Huizinga, Johan: Das Problem der Renaissance. Renaissance und Realismus (1920, 1929), deutsch von Werner Kaegi, Darmstadt ²1952.

Jahr, Hannelore: Die Traditionsbestimmtheit der Ursprünge des ev. Kirchenwesens in Hessen, in: Arch. f. hess. Gesch. u. Altertumskde. NF 25, 1956/57, S. 183–198.

Joachimsen, Paul: Geschichtsauffassung und Geschichtsschreibung in Deutschland unter dem Einfluß des Humanismus (1910), Neudruck Aalen 1968.

Jongh, H. de: L'ancienne Faculté de théologie de Louvain au premier siècle de son existence (1432–1540), Louvain 1911.

Jüttner, Guido: Wilhelm Gratarolus. Benedikt Aretius. Naturwissenschaftliche Beziehungen der Universität Marburg zur Schweiz im 16. Jahrhundert. Diss. Nat. wiss., Fotodruck: E. Mauersberger, Marburg 1969.

Jüttner, Guido: Carolus Clusius und seine Beziehungen zu Marburg und Kassel in: Alma mater philippina, hg. vom Marburger Universitätsbund, Wintersemester 1971/72, S. 35–36.

Junod, Louis u. Meylan, Henri: L'Académie de Lausanne au XVIe siècle (Etudes et documents pour servir à l'Histoire de l'Université de Lausanne 5), Lausanne 1947.

Kalkoff, Paul: Die Anfänge der Gegenreformation in den Niederlanden (Schr. d. Ver. f. Ref. gesch. Nr. 79 u. 81), 2 Teile, Halle 1903.

Kalkoff, Paul: Der Inquisitionsprozeß des Antwerpener Humanisten Nikolaus von Herzogenbusch im Jahre 1522, in: ZKG 24, 1903, 416–429.

Kawerau, Peter: Die Homiletik des Andreas Hyperius, in: ZKG 71, 1960, 66–81.

Köhler, Walther: Hessen und die Schweiz nach Zwinglis Tod im Spiegel gleichzeitiger Korrespondenzen, in: Philipp der Großmütige, Beitr. zur Geschichte seines Lebens und seiner Zeit, hg. vom Histor. Ver. f. d. Großherzogtum Hessen, Marburg 1904, S. 460–495.

Kohls, Ernst-Wilhelm: Die Theologie des Erasmus, 2 Bde., Basel 1966.

Kohls, Ernst-Wilhelm: Luther oder Erasmus. Luthers Theologie in der Auseinandersetzung mit Erasmus, Bd. 1, Basel 1972.

Kooiman, Willem Jan: Luthers Kirchenlieder in Holland (1951), abgedruckt in: Walther Hubatsch (Hg.), Wirkungen der deutschen Reformation bis 1555, Darmstadt 1967, S. 318–332.

Krause, Gerhard: Andreas Hyperius in der Forschung seit 1900, in: Theologische Rundschau 34, 1969, S. 262–341.

Lang, August: Puritanismus und Pietismus, Neukirchen 1941.

Lenz, Max: Briefwechsel Landgraf Philipps des Großmütigen von Hessen mit Bucer, 3 Bde. (Publ. a. d. kgl. preuß. Staatsarchiven Bd. 5, 28, 47), Leipzig 1880–1891.

Lenz, Rudolf: Leichenpredigten als Quelle historischer Wissenschaften, Wien/Köln 1975.

Lindeboom, J.: Het Bijbelsch Humanisme in Nederland, Leiden 1913.

Lindeboom, J.: Erasmus' Bedeutung für die Entwicklung des geistigen Lebens in den Niederlanden: ARG 43, 1952, 1–12.

Ludolphy, Ingetraut: Die Voraussetzungen der Religionspolitik Karls V. (Aufs. u. Vortr. z. Theol. u. Religionswissenschaft, Heft 32), Berlin: EVA 1965.

Mangold, Wilhelm Julius: Artikel „Hyperius" in RE^{1}6 (1856), 356–362 und in RE^{2}6 (1880), 408–412.

Maurenbrecher, Wilhelm: England im Reformationszeitalter, Düsseldorf 1866.

Maurer, Wilhelm: Gemeindezucht, Gemeindeamt, Konfirmation, Kassel 1940.

Maurer, Wilhelm: Das Bild der Reformationsgeschichte bei August Vilmar und Heinrich Heppe, in: Jahrbuch der Hessischen kirchengeschichtl. Vereinigung 2, 1950/51.

Maurer, Wilhelm: Bekenntnisstand und Bekenntnisentwicklung in Hessen, Gütersloh 1955.

Maurer, Wilhelm: Der junge Melanchthon, 2 Bde., Göttingen 1967, 1969.
Meissner, Paul: England im Zeitalter von Humanismus, Renaissance und Reformation, hg. von Heinrich Kauter, Heidelberg 1952.
Moreau, Gérard: Histoire du Protestantisme à Tournai jusqu'à la veille de la Révolution des Pays-Bas, Paris 1962.
Müller, Gerhard: Philipp Melanchthon und die Studienordnung für die hessischen Stipendiaten vom Mai 1546, in: ARG 51, 1960, 223–242.
Müller, Gerhard: Die römische Kurie und die Anfänge der Reformation, in: Zeitschr. f. Religions- u. Geistesgeschichte, Bd. XIX, 1967, 1–32.
Nigidius, Petrus: Elenchus professorum Academiae Marpurgensis vita defunctorum, Marburg 1591.
Osten, Gert von der: Deutsche und niederländische Kunst der Reformationszeit, Köln 1973.
Petri, Franz: Maß und Bedeutung der reformatorischen Strömungen in den niederländischen Maaslanden im 16. Jahrhundert, in: Reformation und Humanismus, FS Robert Stupperich z. 65. Geburtstag, hg. v. J. F. G. Goeters u. M. Greschat, Witten 1969, S. 212–224.
Politisches Archiv des Landgrafen Philipp des Großmütigen von Hessen, Bd. I u. II, hg. v. Friedrich Küch (Publikat. a. d. kgl. preuß. Staatsarchiven Bd. 78 u. 85), Leipzig 1904/1910, Bd. III u. V bearb. v. Walter Heinemeyer (Veröffentlichungen d. Histor. Kommission f. Hessen u. Waldeck, Bd. 24, 1–2), Marburg 1954/59.
Preus, Robert D.: The Theology of Post-Reformation Lutheranism. A Study of Theological Prolegomena, St. Louis/London: Concordia 1970.
Rassow, Peter: Erasmus und der Augsburger Reichstag 1530, in: Ders., Die politische Welt Karls V., München 1942, S. 40–65.
Ringelbergij, Ioachimi Fortii Andouerpiani: Opera, APUD GRYPHIUM LUGDUNI, Anno M. D. XXXI. (1531). Facsimile-Ausgabe: B. De Graaf, Nieuwkoop, 1967 (= Monumenta Humanistica Belgica, Vol. 3).
Ritter, Gerhard: Die Neugestaltung Europas im 16. Jahrhundert, Berlin 1950.
Roersch, Alphonse: L'Humanisme belge à l'époque de la Renaissance. Etudes et portraits. Bruxelles 1910, 2. Serie, Louvain 1933 (= Hum. Lov. III).
Roersch, Alphonse: Correspondance de Nicolas Clénard. 3 Vols., Bruxelles 1940–41.
Rommel, Christoph von: Geschichte von Hessen, 3. Teil, 1. Abtlg. 1458–1528, 2. Abtlg. 1528–1567, Kassel 1827 u. 1830.
Rutgers, F. L.: Calvijns invloed op de reformatie in de Nederlanden, Leiden (1899) ²1901.
Schilling, Heinz: Niederländische Exulanten im 16. Jahrhundert, ihre Stellung im Sozialgefüge und im religiösen Leben deutscher und englischer Städte, Gütersloh 1972.
Schottenloher, Karl: Die Widmungsvorrede im Buch des 16. Jahrhunderts, Münster 1953.
Schüller, Sepp: Albrecht Dürer in den Niederlanden, hg. von der königl. niederländischen Botschaft in Bonn, Bonn o. j. (1971).

Scott, Graham Allan David: La première Homilétique Protestante. Preaching biblically and persuasively, a Study and Translation of the first protestant Homiletics, the „De formandis concionibus sacris seu de interpretatione scripturarum populari libri duo", 1553 and 1562, of Andrew Gerardus Hyperius (1511–1564), Diss. Strasbourg 1971.

Sehling, Emil: Die Evangelischen Kirchenordnungen des XVI. Jahrhunderts, 8. Bd. Hessen, 1. Hälfte: Die gemeinsamen Ordnungen, bearbeitet von Hannelore Jahr, Tübingen 1965.

Skalweit, Stephan: Reich und Reformation, Frankfurt/Main und Berlin 1967.

Steinmann, Martin: Johannes Oporinus, ein Basler Buchdrucker um die Mitte des 16. Jahrhunderts, Basel und Stuttgart 1967.

Steitz, Heinrich: Geschichte der Evangelischen Kirche in Hessen und Nassau, 2 Bde., Marburg 1961 und 1962.

Stupperich, Robert: Erasmus von Rotterdam und seine Welt, Berlin/New York 1977.

Vandenpeereboom, Alphonse: Ypriana. Notices, études, notes et documents sur Ypres, Tomes I-III, Bruges 1878–1880.

Varrentrapp, C.: Landgraf Philipp von Hessen und die Universität Marburg, (Marburger akadem. Reden 1905 Nr. 11), 1904.

Vaucher, Edouard: André Gérard d'Ypres et la Théologie Pratique, in: Etudes de Théologie et d'Histoire, publiées par MM. les Professeurs de la Faculté de Théol. Protestante de Paris en Hommage à la Faculté de Montauban à l'occasion du Tricentenaire de sa Fondation, Paris 1901, p. 189–209.

Verheyden, A. L. E.: Het Gentsche Martyrologicum (1535–1595), Brugge 1945.

Vilmar, August Friedrich Christian: Geschichte des Confessionsstandes der evangelischen Kirche in Hessen, besonders in Hessen-Kassel, Frankfurt a. M. ²1868.

Vocht, Henry de (Hg.): Literae virorum eruditorum ad Franciscum Craneveldium 1522–1528, edited from the manuscript and illustrated with notes and commentaries, Louvain 1928 (= Humanistica Lovaniensia 1).

Vocht, Henry de: Monumenta Humanistica Lovaniensia. Texts and studies about Louvain Humanists in the first half of the XVIth Century (Hum. Lov. 4), Louvain 1934.

Vocht, Henry de: History of the foundation and the rise of the Collegium Trilingue Lovaniense 1517–1550, Bd. I–IV (Hum. Lov. 10–13), Louvain 1951–1955.

Weber, Alfred: Heinrich Bullingers ,Christlicher Ehestand', seine zeitgenössischen Quellen und die Anfänge des Familienbuches in England, Leipzig 1929.

Weber, Hans Emil: Reformation, Orthodoxie und Rationalismus, Erster Teil in 2 Halbbänden (1937/1940), Darmstadt ²1966.

Wenckebach, Karl: Zur Geschichte der Stadt, des Stiftes und der Kirche zu Wetter in Hessen, Wetter 1966.

IX. 1. Register der Orte und Länder

(Vergleiche auch die Orte der Bibliotheken mit Hyperius-Büchern auf S. 127–130)

Aiguesmortes 68
Alsfeld 77, 80
Antwerpen 21, 49, 52 f., 56 f., 58 f., 61, 68, 95, 115, 130, 132 f.
Arlon/Luxbg. 65
Artois 49
Augsburg 63, 76, 87, 127, 135 f., 139, 142, 144, 147, 154 ff.

Basel 53 f., 59, 68, 81 f., 84, 91, 93, 104, 112, 127, 138
Belgien 8, 63, 67, 159 f., 164
Bergen op Zoom 57
Bern 81, 88, 112, 128
Besançon 112
Blankenburg a. Harz 53
Bologna 17, 65
Brabant 56, 62
Bremen 50, 54
Brügge 49, 54, 71, 73, 140
Brüssel 49 f., 54, 56, 59, 66, 115

Calais 71
Calviacum Collegium, Paris 15, 58 f.
Cambrai 50, 58
Cambridge 7, 19, 66, 73 f.
Campen (Over-Yssel) 58
Coburg Veste VI, 113, 119
Como 92, 109

Darmstadt 101 ff.
Den Haag 67, 115
Deventer 75
Diest 64
Dordrecht 70
Dresden VI, 95, 113, 121 f., 123
Duisburg 150

England 4, 7 f., 19, 21, 49, 57, 70 ff., 79, 87, 94, 113, 134, 156
Erfurt 19, 83

Fienstedt 121
Flandern 13, 49, 51, 54, 56 ff., 62, 69, 109 f., 114, 121
Florenz 99
Frankfurt a. M. 21, 81, 102, 108, 112 ff., 118 f.
Frankreich 4, 17, 19, 49, 54, 63, 66 f.
Freiburg i. Br. 58, 65, 87
Friedberg 136, 149
Friesland 17
Furnes 52

Geldern 17
Gemünden a. d. Wohra, Hessen 78, 155 ff.
Genf 57, 92, 105, 108, 114, 117, 122, 148
Gent 49, 52, 56, 66, 119
Göttingen 103
Goßfelden 48
Granada 64

Hagenau 21, 60, 65, 76
Halle a. d. Saale 121, 123 f.
Hamburg 100
Hammes, Schloß 71
Herzogenbusch 53
Hessen 3, 6, 8, 11, 76 f., 79, 81 ff., 88 f., 104, 109 f., 117, 121
Holland 17, 56
Homburg 77

Ingolstadt 112
Italien 4, 17, 19, 58, 65, 112

Jena 83, 107

Kaldern 85
Kassel (Hessen) 79, 87 f.
Katzenelnbogen 83

Koblenz 65
Köln 17, 54, 65 f.
Kortryk (Courtrai) 58

Landriano 58
Lausanne 81 f.
Leiden 70, 116
Leipzig 19, 112, 123
Lille 15, 52 f.
Löwen 3 f., 15, 17, 52 ff., 58, 61, 64 ff., 68, 70, 73 ff., 109, 133, 141
Lombardei 65
London 21, 48, 73
Lüttich (Liège) 65, 112
Lyon 59

Mainz 79
Mannebach (Pfalz) 78
Marburg VI, 1, 3 f., 6, 8, 17, 21, 23, 48, 54, 60, 66, 69, 75 ff., 84 f., 87 f., 92, 100 ff., 116 ff., 120 f., 123 f.
Marokko 64
Mechelen 49 f., 55
Mellnau (Hessen) 78
Metz 112
Middelburg 50, 75, 119
Münster (Westf.) 66

Naumburg a. d. Saale 74, 80
Neapel 68
Niederlande 6, 49, 53, 55 ff., 62, 66, 72, 75 f., 112, 115 f.
Nimwegen (Nijmwegen) 75 f.
Nizza 68
Nürnberg 119, 122

Orléans 59
Oxford 7, 21, 54, 66, 74

Padua 87
Palermo 19, 67
Paris VI, 1, 3 f., 7, 15, 17, 49, 51 f., 54, 56, 59 f., 62 ff., 68, 72, 79, 88, 108, 116

Poperinge 50
Prag 123
Provence 67

Regensburg 21, 65, 77, 81
Rom 58, 66, 153
Rotterdam 53

Sachsen 89, 95
Savoyen 67
Schmalkalden 76
Schweiz 7, 108 f.
Seeland 17, 56
Smithfield 73
Spanien 3, 64 f., 140 f.
St. Omer 50
Straßburg 3, 21, 48, 51, 65, 74 ff., 83, 92, 107 ff., 112 f., 117, 121, 124

Tiel i. Geldern 75
Toledo 64
Tournai (Doornik) 15, 49, 53 ff., 71
Trient 80, 88
Trier 65
Tübingen 62, 84, 87

Utrecht 17, 71, 75

Venedig 58
Warneton (Wästen) 13, 51 f., 58
Wesel 54, 57, 83, 144
Wetter i. Hessen 48, 78
Wien 141
Wiesbaden 119
Wittenberg 3, 17, 49 f., 73, 75 ff., 95, 121
Worms 65, 75, 81

Ypern 13, 21, 49 ff., 55 ff., 63, 66, 71, 74, 106, 109, 114, 121
Zofingen/Schweiz 143, 154, 157
Zürich 76, 79 ff., 88, 92, 95, 107, 112

2. Register der Personen

Aa, Abraham Jakob van der 76, 160
Achelis, Ernst Christian 65, 77, 137 f., 140, 144, 146, 148, 150, 152, 155, 160, 162

Adam, Melchior 48, 72, 85, **89**, **123**, **125**, 130, 159
Agricola, Rudolf 131
Alesius, Alexander 74, 148

Allen, P. S. 69 f., 161 ff.
Althaus, Paul 148
Ambrosius 41
Amerbach, Bonifac. 132
Ammon, Klemens 113, 118 f.
Andreas, Valerius Desselius 60, 159
Andreas, Willy 62, 87, 162
Andresen, Andreas 107 f., 118
Anna von Cleve 19, 73
Apianus, Petrus 61
Arcadius 41, 87
Aretius Benedict 79, 82, 143, 148, 154, 157
Aristoteles 15, 27, 135, 154
Arminius, Jacobus 70, 133
Asper, Hans 95

Bainton, Roland 72
Bakhuizen, J. N. 57, 162
Baldus, Henricus 60, 131
Bale, John 93
Barbatus, Nicol. Asclep. 110
Barbirius, Petrus 53
Barnes, Robert 7, 19, 73
Baumbach, Reinhard 157
Bayle, Pierre 8, 60, 65, 100, 117, 159
Benzing, Joseph 60, 162
Bergen, Gimel 95
Beza, Theodor 70, 81, 95, 99, 105 f., 108 f., 110, 116 f., 148
Bibliander, Theodor 95
Biesterwald, P. 138
Bizer, Ernst 8, 148, 162
Blockx, Karel 56, 162
Boissard, Jean Jacques 77, 96, 99, 118 f., 123 ff., 159
Boissard, Robert 113 f., 119, 123 ff.
Bornemann, Wilhelm 155
Bosmans, H. 59
Bottler, Justus 157
Bourilly, V. L. 63, 162
Brandi, Karl 49, 57 f., 66 f., 77, 86, 162
Brant, Sebastian 90
Brendel, Max 108
Brendel v. Homburg, Johann 136
Brenz, Johannes 102
Brückner, Wolfgang 94, 123, 162
Bry, Johann Theodor de 96, 112 ff., 118 f., 123 f.
Bry, Johann Theodor de, d. J. 113, 118 ff.
Bry, Johann Israel de 113

Bucer, Martin 7, 21, 43, 65 f., 74 ff., 163
Budé, Guilleaume 64 f.
Buedens, Oliver 50
Bugenhagen, Johannes 117
Bullinger, Heinrich 78, 80 f., 92, 95, 144, 167
Burckhardt, Jakob 9, 92, 98, 162
Burger, Heinz Otto 162
Buscher, Hans 93, 162
Buscoducensis, Nicolas 15, 53 ff., 75

Caesar, Julius, Prof. 118
Calvin, Johannes VI, 5, 7, 63, 70, 74, 88, 148
Campegio, Lorenzo 87
Campen, Jean von den 64
Campis, Johannes de (Curteacensis) 15, 58
Cannicus, Nicolas 59
Carmanus, Richard 153
Caspari, Walter 140, 144 ff., 162
Cassander, Georg VI, 55, 69, 133
Castellio, Sebastian VI, 136, 138, 164
Cesar, Martin 52, 132
Charondilet, Johannes 19, 67
Chastel, A. 96, 162
Chrysostomus, Johannes 157
Chyträus, Nathan 88 f.
Cicero, Marc. Tull. 41
Clemen, Otto 53, 162
Clenard, Nicolas Beken 17, 64, 166
Clericus, Ioannes 133
Clusius, Carolus 165
Coccejus, Joannes 132
Cock, Simon 52
Cohrs, Ferdinand 145
Cop, Nicolas 63
Copius, Rüdiger 78
Cordatus, Adrianus 50
Cornarius, Janus 112
Craneveldius, Franciscus 75, 168
Cromwell, Thomas 7, 19, 73
Croock, Joh. de 51
Crucius, Joh. 71
Crucius, Levinus 57
Cruickshank, C. G. 72
Curtius, Ernst Robert 123

Daneau, Lambert 70, 146, 163
Dankbaar, W. F. 50, 74, 162
Dathenus, Petrus 50
Decavele, J. 50, 52, 60, 163

Dedeken, Georg 141, 158
Didamarus, Justus 151
Diegerick, A. 49 f., 52, 163
Diehl, Balthasar 108
Die(t)z, E. u. M., Grafen in 154
Dilich, Wilhelm 117 f.
Dilthey, W. 57, 163
Dommer, Arey von 163
Donngo, Alexander 157
Dorpius, Martinus 131
Drach von 101
Draconites, Johannes 77, 112
Driedaens, Johannes 56
Dryander, Johann 101
Dürer, Albrecht 49, 53, 57, 97, 163

Egenolphus, Christian 133
Ei(y)senbach Söhne 156
Eisenhart 85
Eisermann (Ferrarius), Johannes 103, 134
Eleonore, Königin v. Portugal u. Frankreich 62
Elia u. Elisa 41
Erasmus, Desiderius v. Rotterdam VI, 4 f., 19, 49, 51 ff., 56, 58 f., 65 ff., 75 f., 84, 86 f., 90, 131 ff., 161 ff.
Ernst, Viktor 81

Faber, Jac. Stapulensis 63
Falckenheimer, Wilhm. 163
Farnese, Alexander 57
Fatio, Olivier 70, 141, 146, 163
Favaro, Antonio 87
Fellvelvus, Ion. Sperlecanus 133
Ferdinand I. 88
Ficinus, Joh. (Feige) 4, 21, 23, 76 f.
Ficker, Johannes 92, 108
Fischart, Johann 107
Fisher, John 72
Flacius, Matthias Illyr. VI, 80, 93, 141
Flitner, Andreas 70, 92, 105, 112, 133, 163
Foppens, Joh. Franc. 60, 159
Foxe, John 93 ff.
Franz I., Kg. v. Frankr. 15, 58, 62, 67
Franz, Günther 1, 78, 80 ff., 163
Franz v. Iperen 50
Freher, Karl Joa. 122 f., 125
Freher, Paul 122 f., 159
Friedrich II., Kg. v. Dänemark 108
Frielinghaus, Dieter 4, 8, 59, 74, 76, 86,
125, 130, 134, 139 f., 144, 146, 148 ff., 153 f., 156 f., 160
Frisius, Gemma 61
Frisius, Joh. Jac. 125
Froben, Hieronymus 68
Froben, Johannes 133
Froschauer, Christoph 82, 140, 146, 154 ff.

Galilei 88
Galle, Philipp 95 f., 115
Gardy, Frédéric 105
Garnerius, Johannes 82
Garas, Klara 97
Geldenhauer, Gerhard Noviomagus 6, 21, 23, 51, 59, 66, 71, 75 ff., 82, 88 f.
Geldsetzer, Lutz 123
Gentilis, Valentin 83, 148 f.
Georg Thomas v. Basel, Maler 102 ff.
Gerdes, Daniel 150
Gerhard (Gheeraerdts), Andreas, Rechtsanwalt, Vater d. Hyperius 13, 15, 49, 54 ff., 71
–, Catharina, geb. Coets, Mutter d. Hyperius 13, 15, 66
–, Andreas Hyperius, Prof. d. Theol.
– – Bildungsgang 2 ff., 6, 8, 15, 17, 19, 21, 52, 54 ff., 59, 63 ff., 74, 76, 79, 109
– – Briefe 9, 50, 55, 68 f., 76, 78 ff., 87 f., 138, 140 f., 144 f., 148, 151, 161
– – Erasmianer 4 ff., 68 ff., 72, 131 ff.
– – Geschwister 55
– – Grab in Marburg 88 f.
– – Name 1, 60 f., 70 f., 108
– – Rektor 79, 82 f.
– – Theologie 4–9, 62, 72, 76, 86, 152, 156
–, Catharina Hyperius, geb. Orth, verw. Happel, Frau d. Hyperius 11, 23, 33, 48, 77 f., 87
–, Kinder: Anna 78
    Johann Albert 35, 78 f., 87
    Lorenz 78 f., 87, 154
    Margarethe 78
    Marie 78
Gerobulus, J. 143
Gesner, Conrad 4, 60, 79, 98, 114, 125, 134, 149
Gesner, Jacob 147
Gewalt, Dietfried 158, 163

Giovio (Jovius), Paolo 9, 92–99, 108, 112
Goclenius, Rudolf 135
Goeters, J. F. G. 57, 144, 163 f., 167
Goetz, Walter 91
Goldschmidt, Ernst 103
Granvelle 77
Grapheus, Cornelius 53, 68
Gratarolus, Wilhelm 69, 84, 88, 112, 165
Grimm, Harold J. 51
Groß, Henning 152
Grotius, Hugo 133
Grydonck, M. 53
Grynäus, Simon 68, 93
Gryphius, Sebastian 59, 130
Gualther, Rudolf 79, 92 f., 95
Günterode, Tileman 79
Guggisberg, Hans Rudolf 138, 164
Gundlach, Franz 48, 79, 80, 85, 88, 164

Hadrian VI. 53
Hales, Christoph 95
Halkin, L.-E. 75, 141, 164
Happelius, Joh. 23, 78
Happel, Margarethe 78
Hardenberg, Albert Rizäus VI, 68
Harder, Georg 103 f.
Hartmann, Rolf 86, 164
Harvey, A. Edward 164
Hassencamp, F. W. 83, 164
Hautcoeur, E. 53
Heinrich VIII. von England 71 ff.
Heinrici, G. 140
Helhucius, Antonius Vastinensis 15, 58
Heppe, Heinrich 7 f., 65, 84, 148, 160, 164
Hermelink, Heinrich 48, 164
Hildebrand, Bruno 82, 164
Hillen, Michael 59
Hocquet, Adolphe 55
Hollstein, F. W. H. 116
Hondius, Hendrik 96, 115 f., 117, 123
Honorius 41
Hoop-Scheffer, Jak. Gijsbert de 50, 53, 67, 164
Horawitz, Adalbert 164
Hordten, Alhard von 154
Houckaert, Eligius 52 f.
Hovius, J. 151, 164
Hütteroth, Oskar 78, 164
Huizinga, Johan 51, 69, 71, 96, 100, 131, 164

Hulsen (Hulsius), Friedr. van 119 f.
Hulsen, Lewin van 119 f.
Hunnius, Ägidius 89
Huyghenaert, N. OSB 50
Hymans, H. 50
Hyperiis, Johannis de 51
Hyperius, Andreas Gerhard s. Gerhard

Iken, J. F. 50

Jacob VI. v. Schottland 106
Jahn, J. 107
Jahr, Hannelore 160, 164, 167
Janku, Joh. Baptist 113 f.
Jansenius, Cornelius 50
Janssen, H. G. 50
Jaspert, R. 92, 162
Joachimsen, Paul 164
Jobin, Bernhard 107 f.
Jöcher, Christ. Gottl. 125
Jongh, H. de 58, 164
Joris, David 72
Jüttner, Guido 68, 79, 84, 88, 102, 164 f.
Julian, Apostata 80
Junod, Louis 165
Justi, Ferdinand 102, 118

Kaehler, S. A. 48, 164
Kalkoff, Paul 50, 53, 165
Kantzenbach, Friedr. Wilh. 141, 160
Karl V. 15, 49, 54, 57 f., 62, 67, 71, 74 f., 77
Karlstadt, Andreas Bodenstein 75
Katharina v. Aragon 72
Kawerau, Gustav 65
Kawerau, Peter 138, 165
Kippenberger, Albrecht 103
Knipsel, W. 100
Köhler, Walther 92, 165
Könnecke, Gustav 101
Kohls, Ernst-Wilhelm 165
Kolb, Andreas 48, 101, 134 ff., 142, 145, 147, 150
Kooiman, Willem Jan 165
Krafft, Adam 81
Kramp, Burcard von 154
Krause, Gerhard 4, 48, 62, 85 f., 88, 125, 139, 141, 144 ff., 148, 150 f., 155, 158, 165
Krauß, Alfred 138
Küch, F. 102, 166
Kurzwelly, J. 118

Register der Personen

Labarre, Albert 60
Lacteus, Johannes 15, 52 f., 68
Lam(m)b, Markus zum 101, 116, 120
Lambert von Avignon, Franz 75
Lang, August 165
Langhe, Jean de 50
Laon, Jean de 105
Latomus, Bartholomäus 65
Latomus, Jacobus 17, 56 f., 64
Lautrec, Odet de Foix 58
Lemmer, Manfred 92, 95, 107 ff.
Lenz, Max 165
Lenz, Rudolf 165
Leonardo da Vinci 97
Lindeboom, J. 161, 165
Lipenius, Martin 134, 145
Lipsius, Martin 164
Löscher, Valentin 100, 123 f., 134
Longolius, Christophorus 131
Lonicer, Johannes 45, 82, 88
Lotichius, Petrus 139
Ludham, John 48, 137, 142, 153
Ludolphy, Ingetraut 165
Ludwig Kurfürst von der Pfalz 142
Ludwig IV. Landgraf v. Hessen 157
Luther, Martin 7, 43, 50 f., 53 f., 56 f., 73, 75, 77, 161
Lydius, Johannes 151

Machiels, Jérôme 60 f.
Magalhâes, Fernâo de 61
Maire, Joannes 132
Mangold, Wilh. Julius 7, 55, 59, 63, 86 f., 130, 135, 138, 140 f., 144, 146, 153 ff., 159, 165
Marbach, Johannes 82
Margarethe v. Österreich 50, 55
Matthaeus, Konrad 29, 82, 85
Maurenbrecher, Wilhelm 165
Maurer, Christoph 62, 107
Maurer, Wilhelm 87, 150, 165 f.
Maximilian v. Burgund 75
Meissner, Paul 7, 73, 166
Melanchthon, Philipp 43, 54, 57, 62, 74 ff., 80, 88 f.
Merian, Matthaeus 113
Meyer, Julius 119
Meyer, Sebastian 156
Michelangelo Buonarroti 88
Midletonus, Henricus 154
Moreau, Gérard 54 f., 57, 166
Moreri 60

Morus, Thomas 73
Mountjoy, Charles 3 f., 19, 21, 71, 74
Mountjoy, Wilhelm 19, 71 f., 74
Müller, Gerhard 166
Müller, K. F. 1, 48, 85 f., 88, 119, 144, 150-154, 156 f., 160
Müntz, Eugen 92
Musculus, Wolfgang 43, 88
Mylius (Molitor), Johannes 78, 135, 155-157

Nagler, G. K. 105, 116, 119, 121, 124
Nassau, Heinrich Graf von 54
Nassau-Dillenburg, Johann Graf von 155
Nausea, Friedrich 57, 68, 132
Nering, Melchior 152
Nève, F. 64
Newton, Thomas 153
Nicolas, Michael 159
Niedbruck, Kaspar von 81, 141
Nigidius, Petrus 114, 166
Nigrinus, Georg 143
Nolf, J. 51

Oldendorp, Johannes 80, 82, 112
Oncken, Hermann 73
Oporinus, Johannes 80, 82, 135 ff., 139 f., 142, 145 f., 148 f., 153 ff.
Orth, Ludwig 23, 78
Orth, Margarethe 85
Orth, Wigand 1-11, 33, 48, 51, 54 f., 58, 63, 65, 71-78, 80, 84 ff., 89, 101, 104, 109, 117, 125, 137, 143, 147, 149, 158
Osiander, Andreas 80
Osten, Gert von der 166

Paganus, Petrus 110, 148
Palmer, Christian 141
Pantaleon, Heinrich 84, 89, 93 f., 104, 105, 159, 162
Papa, Jacobus 13, 50 ff.
Paquot, Jean Noel 7, 56, 59 f., 65, 67, 100, 125, 134 f., 140, 142, 147, 150 f., 154, 157, 159
Paracelsus 90
Paul III. 67, 69 f.
Paulus, Apostel 25, 72, 84, 122, 151
Pellikan, Konrad 95
Pelt, Anton Friedr. Ludw. 140
Perna, Peter 91 ff., 95 f., 98, 138
Perrini, Franciscus 148

Petri, Franz 166
Peuckert, Will-Erich 86
Philipp von Burgund 75
Philipp d. Großmütige, Landgraf von Hessen 77–81
Pincier, Johannes 83
Pirkheimer, Willibald 56
Pistorius, Jan Janszoon 67
Pistorius, Johannes Niddanus 82 f.
Plato 122
Poblatio Siliceo, Juan Martinez 62
Preus, R. 140, 166
Preuss, Hans 86
Prinsen, J. 76
Propst, Jacobus 49 f.
Pupper, Johann von Goch 68

Quercetanus, Eustachius 68
Quétif, Jacobus 61

Rahlenbeck, C. A. 53
Ramus, Petrus 65
Ranke, Ernst 143
Rassow, Peter 87, 166
Reedijk, C. 69
Reimann, Georg 104
Reu, Johann Michael 145
Reusch, F. H. 141
Reusens, E.-H.-J. 8, 88, 160
Reusner, Nikolaus 65, 67, 95, 99, 107–112, 114, 116
Rhenanus, Beatus 132
Rijckaert, Jean 56
Ringelberg, Joachim Sterck 15, 58, 61, 65, 68, 130 f., 166
Ritschl, Otto 148
Ritter, Gerhard 73, 166
Roding, Nikolaus 45, 82, 84, 87–89, 110
Roersch, Alphonse 51 ff., 58, 64 f., 160, 166
Rollius, Nikolaus 144
Rommel, Christoph von 2, 8, 65, 78, 125, 130, 135, 138 ff., 144 ff., 155, 158 f., 166
Rudolf II. 111
Rudolphi, Caspar 82
Rückbrod, Konrad 58
Rutgers, F.-L. 166
Rythovius, Martin 50

Sachsse, Eugen 138, 150, 162
Salisbury, Johann von 122

Schian, Martin 138
Schilling, Heinz 166
Schmid, Joh. Andr. 150
Schmidt, Adolf 103
Schmidt, K. 99
Schnabel, Tilemann 77, 80
Schnack, Ingeborg 91
Schneider, Leonhard 82
Schnellboltz, Gabriel 95
Schnepf, Theodorich 84
Schöne, Albrecht 99, 123
Schottenloher, Karl 155, 160, 167
Schrenk, Gottlob 148
Schröckh, Joh. Mathias 100, 119, 124, 140, 159
Schüller, Sepp 57, 167
Scorel, Jan van 53
Scott, G. A. D. 64, 77, 138 f., 167
Scriverius, Petrus 132 f.
Sehling, Emil 82, 87, 167
Sepanus, Johannes 13, 52
Servet, Michael 80
Seyn, Eug. de 116
Shakespeare 88
Siegmund,Schultze, E. 74
Simler, Josias 125, 148
Singer, H. W. 105, 108, 113, 116, 119, 121 f.
Skalweit, Stephan 58, 67, 167
Slartius, Isidorus 60 f., 131
Slee van 76
Sleidan, Johannes 72
Smet, Peter de Vulcanius 71
Sorbon, Robert de 58
Spiegel, Bernhard 68
Steinen, J. D. von 144
Steinmann, Martin 94, 167
Steinmeyer, Franz Ludw. 146
Steitz, Heinrich 167
Stimmer, Tobias 92, 107 f., 114, 118, 121
Stoeffler, Johannes 62
Stölzel, Otto 88
Strieder, Friedr. Wilh. 7, 65, 77, 85, 87, 100, 125, 134 f., 140, 145, 147 f., 151, 155, 159
Stromerius, Johannes 60, 131
Strubbe, E. J. 56
Stupperich, Robert 65, 70, 72, 162, 167
Sturm, Johannes 7, 17, 64 f., 74, 92
Sysang, Joh. Christoph 123 f.

Teschenmacher, Werner 144
Thamer, Theobald 78
Theodosius 41, 87
Theremin, Franz 138
Thöne, F. 107, 108
Tholde, Kaspar 82
Tripp, H. 151
Tyndale, William 73

Udelmans, Godefrid Corn. 152
Uffenbach, Daniel 102
Uhsadel, Walter 138

Vandenpeereboom, A. 50 f., 167
Varrentrapp, C. 168
Vasari, Giorgio 9, 99
Vaucher, Edouard 167
Vautrollerius, Christian 134, 156
Vaux, R. 87, 158
Veiel, El. 143
Venn, J. 74
Verheyden, A. L. E. 167
Verheiden, Jac. 65, 77, 85, 88 f., 96, 115, 117, 125, 159
Vermeyen, Jan 67
Vermigli, Petrus Martyr 43, 48, 88, 135
Viëtor, Heinrich 48, 147, 149
Villavicentio, Laurentius à 140
Vilmar, Aug. Friedr. Christ. 78, 80, 83, 167
Viret, Petrus 81
Vives, Joh. Ludw. 52, 62, 71

Vocht, Henry de 51 ff., 55 f., 58 f., 62, 64 f., 71 f., 75, 133, 141, 167
Volz, Paul 68
Vultejus, Iustus 48, 110, 147, 152

Wagner, Hermann 61
Wagnitz, Balthasar 48, 124, 134, 137
Waldeck, Franz u. Phil. Graf von 152
Walther, Ph. A. F. 101
Walther, Rolf 101 f.
Walter, F. G. 119
Weber, Alfred 167
Weber, Hans Emil 140, 146, 148, 167
Welzig, Werner 51
Wenckebach, Karl 48, 167
Wiercx, Jan 115
Wigand, A. 148
Wilhelm IV., Langraf von Hessen-Kassel 82 ff., 87 f., 149, 155
Winkler, G. B. 51
Wittgenstein, Ludwig Graf von 147
Wolf, Johann 76, 153, 158
Wolsey (Kardinal) 71
Wolters, A. 144

Zanchi, Hieronymus VI, 48, 82 f.
Zeidler, Joh. Gottfried 121
Zeir, P. van 51
Ziegler, Th. 65
Zöckler, Otto 140
Zwingli, Huldreich 5, 7, 92, 95

DATE DUE			
GAYLORD			PRINTED IN U.S.A.